Alan Mazuco

Tutorial JavaServer Faces
com PrimeFaces, CDI e WildFly

Volume 3

Alan Mazuco

Tutorial JavaServer Faces

com PrimeFaces, CDI e WildFly

Volume 3

EDITORA CIÊNCIA MODERNA

Tutorial JavaServer Faces com PrimeFaces, CDI e WildFly – Volume 3
Copyright© Editora Ciência Moderna Ltda., 2021

Editor: Paulo André P. Marques
Produção Editorial: Dilene Sandes Pessanha
Arte Final e Capa: Daniel Jara
Diagramação: Alan Mazuco
Copidesque: Equipe Ciência Moderna

FICHA CATALOGRAFICA

MAZUCO, Alan Saulo da Costa.

Tutorial JavaServer Faces com PrimeFaces, CDI e WildFly – Volume 3

Rio de Janeiro: Editora Ciência Moderna Ltda., 2021.

1. Linguagem de Programação 2. Programas e Dados

I — Título

ISBN: 978-85-399-1076-2 CDD 005.133

Editora Ciência Moderna Ltda.
R. Alice Figueiredo, 46 – Riachuelo
Rio de Janeiro, RJ – Brasil CEP: 20.950-150
Tel: (21) 2201-6662/ Fax: (21) 2201-6896
E-MAIL: LCM@LCM.COM.BR
WWW.LCM.COM.BR **06/21**

Tutorial JavaServer Faces com PrimeFaces, CDI e WildFly - Volume III

Todo o esforço para fornecer a melhor informação foi feito pelo autor, contudo, o mesmo não se responsabiliza pela má aplicação do código e orienta a realização de todos os testes quando solicitados ao longo da leitura.

Este livro não contém CD-ROM, mas o autor disponibiliza o código-fonte dos aplicativos em sua home page **www.amazu.eti.br** ou **amazu.com.br**.

Marcas Registradas: Os termos mencionados e reconhecidos como Marcas Registradas e/ou Comerciais são de responsabilidades de seus proprietários. As ferramentas de TI utilizadas para a elaboração e aplicação das lições deste livro são de código aberto, podendo o leitor utilizá-las sem custo algum, exceto o Microsoft Windows, único software que o leitor deverá possuir uma licença comercial. No decorrer da obra são apresentadas inúmeras ilustrações, nomes de produtos e fabricantes, mas o autor não está associado a nenhuma delas e o uso desses artifícios visa apenas a didática e a educação, sem objetivar lucros e ao mesmo tempo promovendo uma imagem positiva delas.

AGRADECIMENTOS

À Deus, que é a causa primária de todas as coisas. À minha esposa e filha, que me acompanham sempre. Aos meus professores ao longo da minha vida, que souberam e não mediram esforços no ministério do saber, que me fizeram tornar o profissional que sou hoje. Ao meu saudoso pai e todos os meus familiares que sempre me apoiaram na labuta do meu dia-a-dia. À todos os leitores, que me prestigiam na leitura desta obra.

Palavras Iniciais

Esta obra está dividida em três volumes porque explora três universos distintos, mais para facilitar a compreensão e a didática do que para uma simples exposição de assuntos. O conjunto dos três volumes foca as principais tecnologias de software existentes no mercado que facilitam o trabalho do dia-a-dia do desenvolvedor web com Java.

O Volume I realizou a ambientação necessária para dar prosseguimento aos laboratórios subsequentes dos outros dois volumes que completam a obra. No Volume II, o leitor teve a oportunidade de fazer seus treinamentos, sempre por meio de pratica laboratorial, que abrangeu aspectos de modelagem e acesso a bancos de dados.

Neste Volume III, o leitor irá completar seus estudos e terminará o aplicativo BlankApp, que é considerado um pontapé para a elaboração de qualquer sistema corporativo que o leitor vier a construir no futuro. Neste volume, serão explorados algumas rotinas por que passam os desenvolvedores de software dentro de uma fábrica, principalmente aquelas que iniciam os projetos, por onde devem ser canalizados os maiores esforços de desenvolvimento, consistindo um verdadeiro ponto de referência para novatos e também para veteranos.

Caso o leitor não tenha estudado os volumes anteriores, poderá dar sequência com este, porque os três volumes não dependem um do outro, mas se complementam. As lições deste volume se iniciam pela número 35, sem contudo, depender dos ensinamentos das lições anteriores. Assim sendo, o leitor que não concluiu os estudos das lições dos Volumes I e II, poderá realizar o download do projeto disponível em www.amazu.eti.br, sob o nome de **blankApp-volume-II.zip**. Esse arquivo possui o artefato desenvolvido até o último laboratório da Lição 34/Volume II e as instruções para obtê-lo e configurá-lo estão presentes no Apêndice deste volume.

Bons livros são aqueles que ensinam o passo-a-passo, sem muitas teorias e mais voltados para a prática. Não estou querendo dizer que a teoria não seja importante, muito pelo contrário, pois também me esforcei um pouco para apresentá-la da melhor maneira possível, na tentativa de solidificar o conhecimento, mas sem contudo me aprofundar, deixando que o aprendiz concentre seus esforços na prática e ao mesmo tempo aprendendo a construir código Java que realmente funcione.

Ao se enveredar pelas próximas páginas, você entenderá do que realmente estou querendo dizer.

Boa prática!

Alan S C Mazuco

Apresentação dos três volumes

A presente obra, em seus três volumes, tem por finalidade a criação de um framework de persistência a dados na forma mais genérica ou eclética possível, além de culminar com a produção de um aplicativo web em seu último volume. Para atingir o objetivo, presumimos que o leitor possua alguma experiência na linguagem Java e também noções da API de Servlets. O código apresentado ao longo das lições foi dimensionado para produzir um efeito-aprendizado rápido, contendo extensos comentários para facilitar a compreensão. Assim sendo, é possível até ao leigo a consecução dos trabalhos apenas seguindo os exemplos, visto que a didática empregada é na forma de tutoria e prática de laboratório. Mas essa é a proposta inicial, pois caso o leitor deseje se aprofundar um pouco mais, sugerimos leituras complementares sobre os assuntos tratados.

Optamos por escrever este livro de uma maneira diferente, já que ele traz em seu título a palavra "tutorial". Ele está dividido em três **volumes** subdivididos em **lições**, e cada lição contendo várias **práticas de laboratório**. Sua redação está diagramada de forma a produzir um maior impacto na leitura, talvez apenas para diferenciá-lo de um livro comum.

Principais softwares que o leitor irá utilizar nos laboratórios dos três volumes:

- Windows, JDK, Servidor de Aplicações WildFly e Eclipse;
- Os frameworks Maven, EJB, JPA, Hibernate, CDI, JSF + PrimeFaces;
- Banco de Dados PostgreSql + PGAdmin (ou Oracle, a critério do leitor).

VOLUME I - AMBIENTAÇÃO

No primeiro volume, o leitor será apresentado à ferramenta de desenvolvimento Eclipse, uma das IDEs mais famosas entre os profissionais de TI, e irá criar os seus primeiros aplicativos usando o Maven e o Eclipse da forma mais simples possível. À medida que for avançando pelas lições, a complexidade também vai aumentando. Começando com um simples "Hello World", o leitor aprenderá a usar técnicas que lhe permitirão criar softwares mais elaborados e a configurar o Eclipse e Servidor de Aplicações WildFly. Irá criar seu primeiro Servlet e configurar o primeiro programa web utilizando o PrimeFaces como camada de apresentação e a utilização de elementos de CDI, testando também alguns de seus componentes.

Ainda nesse volume, o leitor terá a oportunidade de criar os seus primeiros componentes JSF, colocando em prática as técnicas de criação de componentes mais usuais, empacotando-os em bibliotecas para uso em qualquer outro projeto futuro. O produto final desse volume será o aplicativo **BlankApp**, que será incrementado nos volumes subsequentes até chegar ao produto final.

VOLUME II - MODELAGEM

No segundo volume, serão transmitidos os principais conhecimentos para que o leitor se torne um verdadeiro desenvolvedor de sistemas. Nessa fase do aprendizado, o leitor irá utilizar as ferramentas de JPA-Hibernate, CDI, EJB, técnicas de mapeamento Objeto-Relacional, conexão com banco de dados, transações e outros elementos que compõem a API de persistência do Java, que lhe permitirão usufruir dos seus benefícios.

Serão dezenas de testes, por onde o leitor poderá comprovar, definitivamente, a eficácia do código produzido por ele, sempre focando a web como objetivo primordial do aprendizado. Utilizando os bancos de dados PostgreSQL e Oracle, o leitor irá desenvolver um Módulo "Show Case" — código para acessar e manipular dados com as principais formas de emprego da tecnologia JPA/Hibernate e CDI, o que será um verdadeiro compêndio de referências (modelos) para o desenvolvimento de seus futuros aplicativos.

Abaixo, alguns padrões e técnicas empregadas no segundo volume:

- Model View Controller (MVC);
- Data Access Object (DAO);
- Facade;
- API de Transações;
- etc.

VOLUME III - APLICATIVO

No terceiro volume, o leitor irá empregar as técnicas para a construção de Casos de Uso partindo-se do princípio de que toda a análise foi previamente realizada, visto que o leitor focará a prática. O estudo de cada um deles terá como ponto de partida sempre um diagrama de estado (mapeamento de processo) como etapa de um planejamento, por onde o leitor irá se basear para construir o código, obviamente através de um estudo dirigido em práticas de laboratório, com acompanhamento passo-a-passo, sempre realizando testes antes de passar para a próxima fase.

Um exemplo de algoritmo utilizado em Caso de Uso no terceiro volume:

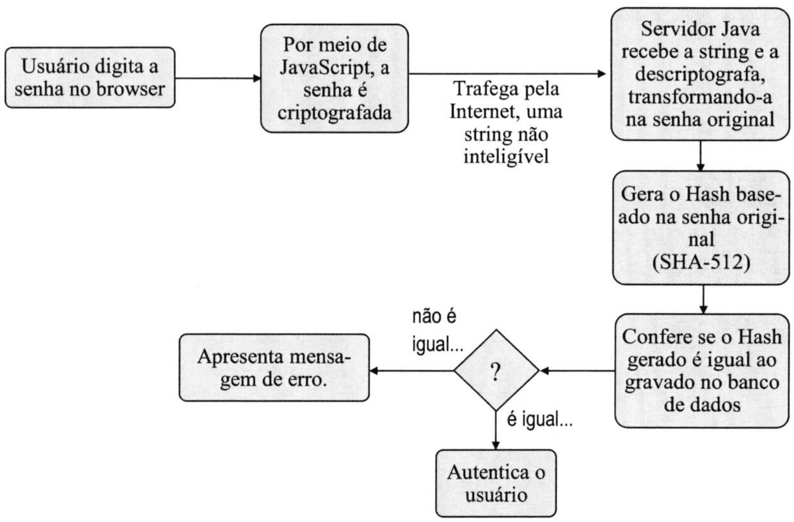

Os Casos de Uso abaixo serão postos em prática:

- Realizar Login;
- Manter Menus;
- Manter Perfis de Acesso;
- Manter o Cadastro de Pessoas e de Usuários;
- Manter Arquivos (download e upload).

O produto final desse Volume será o aplicativo BlankApp que poderá ser o ponto de partida para a construção de qualquer outro software baseado em web que o leitor vier a construir no futuro usando as ferramentas JSF, PrimeFaces, CDI e WildFly como servidor de aplicações.

VOLUME III - APLICATIVO

Laboratórios do Volume III

Volume III
APLICATIVO

Lição 35
Setup: Primeira Parte

Objetivos:

- Realizar a primeira parte do setup da aplicação
- Incorporar novas bibliotecas
- Recuperar dados a partir de arquivos de configurações *(properties)*
- Recuperar classes Java de forma recursiva, a partir de um pacote dado
- Realizar a primeira prova de funcionamento

Palavras Iniciais

O arquivo pworld-1.0.jar (ou pworld-1.4.jar de amazu.eti.br)

No Volume I desta coleção, nós criamos vários componentes que foram sendo incorporados gradativamente ao aplicativo BlankApp. No Volume II, ao final da última lição, empacotamos o pworld, que é um projeto genérico de persistência de banco de dados com JPA/Hibernate. Conforme vimos, nós podemos incorporar ao nosso projeto BlankApp qualquer um dos componentes que criamos até agora, entretanto, para qualquer um deles, se o fizer terá de excluir o arquivo-fonte correspondente. Você poderá fazer isto agora, se o desejar, mas é bom fazer um backup antes. A Lição 12 explica como se faz isto, passo-a-passo, e a Lição 34 mostrou o esqueleto do projeto pworld-1.0.jar que você próprio criou.

Lembrando ainda que o leitor tem a opção de utilizar os componentes (bibliotecas) criados, disponíveis em www.amazu.eti.br, todos na versão 1.4, que utilizam Java 8, JSF 2.2.13, Hibernate 5.2.13 e PrimeFaces 6.2, bastando apenas configurá-los no arquivo pom.xml. Qualquer dúvida que o leitor tiver a respeito desses arquivos, basta dar uma olhada nos Volumes I e II desta obra para saná-la, pois eles tiveram suas origens por lá e estão minuciosamente comentados.

IMPORTANTE! ⇨

> Se o leitor não possui os Volumes I e II, terá de ir ao site www.amazu.eti.br e baixar o projeto — arquivo **blankApp-volume-II.zip** — e instalar no seu Eclipse (veja o Apêndice).

Como faremos a primeira parte do Setup

Nesta lição, algumas atividades serão feitas conforme a sequência abaixo:

1) Incorporar novas bibliotecas — referenciar o arquivo de estilo **buttons.css** na template;
2) Definir ou redefinir alguns elementos de configurações;
3) Reescrever a classe **ConfigBean** e alterar a classe **UserSessionInBean**;
4) Criar a classe de gerenciamento dos menus, a classe **MenuBean**;
5) Recodificar as páginas de apresentação dos menus;
6) Modificar a **header.xhtml**;
7) Realizar a primeira prova;

Laboratórios da Primeira Parte do Setup

1) Incorporar novas bibliotecas

Laboratório 35.1

Abra o arquivo **pom.xml** e adicione nele o código em destaque abaixo. Salve o arquivo e aguarde o Maven se estabilizar.

```
<dependency>
  <groupId>br.eti.amazu.component</groupId>
  <artifactId>pworld</artifactId>
  <version>1.3</version>
</dependency>

<dependency>
```

```
<dependency>
  <groupId>br.eti.amazu.component</groupId>
  <artifactId>icons</artifactId>
  <version>1.4</version>
</dependency>
```

```
 </dependencies>
</project>
```

Listagem 35.1 Modificando o **pom.xml**.

Acione o *update* do Maven e dê o comando *Run As, Maven Build...* digitando na linha de comando a instrução *clean install*. Após isto, como de costume, dê o *refresh* sob a raiz do projeto e, na view Servers, o imprescindível *Full publish*.

Se aparecer erros na view Problems, suspenda todas as validações (veja no Volume I como se faz isto), apague os erros e refaça os comandos do Maven.

Dentro da biblioteca **icons-1.4** que você acabou de adicionar, existe um arquivo de estilo que necessita ser referenciado dentro da *head* da template. Faça isto agora. Abra a **template.xhtml** e adicione o código em destaque na listagem abaixo:

```
<h:outputStylesheet library="#{configBean.config.skinTheme}" name="theme.css"/>
<h:outputScript library="js" name="navegacao.js" target="head"/>
<h:outputScript library="js" name="maskValidator.js" target="head"/>
```

Adicione isto

```
<h:outputStylesheet library="css" name="buttons.css"/>
```

```
</h:head>
```

Listagem 35.2 Adicionando o estilo *buttons.css*, presente na biblioteca **icons**.

Fim do Laboratório 35.1

2) Definir ou redefinir alguns elementos de configurações

Laboratório 35.2

Neste laboratório vamos criar e/ou modificar algumas classes e arquivos de configuração do sistema (**config.properties**), necessários às diversas configurações que poderão vir a ser modificadas conforme a necessidade e/ou preferências do desenvolvedor/cliente no futuro.

Inicialmente, livremente sob *src/main/resources*, crie um arquivo com o nome **config.properties** e codifique-o como na listagem a seguir...

```
menuType=menuBar

skinTheme=aristo
skinFooter=Privacy Policy | Amazu Technology | Copyright \u00A9 2015 - All rights reserved
skinBackground=vetruvian
skinColorTextLogo=CD5C5C
skinLogo=T
skinImageLogo=amazuLogo.gif
skinAnimatedTop=F
skinTextLogo=Amazu Technology
skinAnimatedHtml=blankapp_topo_anime.xhtml

mvnVersion=${mvnVersion}
mvnVersionDate=${mvnVersionDate}
serverName=www.seu_server.xxx

localBeans=br.eti.amazu.blankapp.view.bean
```

Listagem 35.3 O arquivo **config.properties**.

Propriedades do sistema — Definições de Maven ajustadas para o arquivo ***.war***, em um processo de build, vistos mais à frente.

A configuração de localBeans é extremamente importante. Se ela estiver errada, os Managed Beans não poderão ser localizados e, consequentemente, impedindo o funcionamento.

...redefina também a classe **Config**, deixando -a como ao lado, e crie a classe **Icon** sob o pacote *br.eti.amazu.blankapp.view.vo*.

```java
package br.eti.amazu.infra.view.vo;

public class Config {

  /* Dados de Menu
   --------------*/
  private String menuType;

  /* Dados de skin
   -------------*/
  private String skinFooter;
  private String skinBackground;
  private String skinImageLogo;
  private String skinLogo;
  private String skinTextLogo;
  private String skinColorTextLogo;
  private String skinTheme;
  private String skinAnimatedTop;
  private String skinAnimatedHtml;

  /* Dados de Ambiente
   -----------------*/
  private String mvnVersion;
  private String mvnVersionDate;
  private String environment;
  private String serverName;

  /* Local dos beans do aplicativo
   -----------------------------*/
  private String localBeans;

  /*--------
   * get/set
   -------*/
```

Listagem 35.4 A classe **Config** redefinida.

```java
package br.eti.amazu.infra.view.vo;

public class Icon {

  private String icon;
  private String iconName;

  /*---------
   * get/set
   ---------*/
```

Listagem 35.5 A classe **Icon**.

As duas classes **Config** e **Icon** representam simples classes do tipo Value Object (VO). Como já explanamos, são classes que servem apenas ao transporte de valores por entre as camadas da aplicação.

Config: A classe Config carrega todos os parâmetros de configurações definidos no arquivo **config.properties**, por *stream*.

Icon: A classe Icon será muito útil para transportar os valores definidos no arquivo de estilo referente aos ícones dos diversos botões disponibilizados ao projeto.

Crie a classe **ClassUtil** sob o pacote *br.eti.amazu.infra.util*.

```
package br.eti.amazu.infra.util;

import java.io.File;
import java.io.IOException;
import java.lang.reflect.Method;
import java.util.ArrayList;
import java.util.Collections;
import java.util.Enumeration;
import java.util.List;
import java.util.zip.ZipEntry;
import java.util.zip.ZipFile;

import org.apache.log4j.Level;

import br.eti.amazu.infra.view.vo.Icon;
import br.eti.amazu.component.pworld.util.CompoundMenu;
import br.eti.amazu.infra.util.log.Log;

public class ClassUtil {

  static List<String> listaMetodos; //disponibiliza uma lista de metodos

  /* Retorna os nomes dos metodos que compoem os itens de menu
   ------------------------------------------------------*/
  public static List<String> getMethodNameMakeMenu(List<Class<?>> classes) {
    List<String> makeMenus = new ArrayList<String>();
    for (Class<?> c : classes) {
      for (Method m : c.getDeclaredMethods()){
        if(m.isAnnotationPresent(CompoundMenu.class)){
          StringBuffer b = new StringBuffer("#{");

          b.append(  c.getName().substring(c.getName().lastIndexOf(".")+1,
              c.getName().lastIndexOf(".")+2).toLowerCase()  );

          b.append(  c.getName().substring(c.getName().lastIndexOf(".")+2)  );
          b.append(".");
          b.append(m.getName());
          b.append("}");
          makeMenus.add(b.toString());
        }
      }
    }

    Collections.sort(makeMenus);
    return makeMenus;
  }


  /* Retorna as referencias aos ícones existentes no arquivo de biblioteca icons.jar.
   ----------------------------------------------------------------------------*/
    public static List<Icon> getIconsInFrameworkJar(String path){
    List<Icon> listaIcons = new ArrayList<Icon>();

    try {
      ZipFile zipFile;
    zipFile = new ZipFile(path);
    Enumeration<? extends ZipEntry> entries = zipFile.entries();
          while (entries.hasMoreElements()) {
                ZipEntry zipEntry = entries.nextElement();
                String name = zipEntry.getName();
```

continua

Listagem 35.6a A classe **ClassUtil**.

continuação

```java
              if(!zipEntry.isDirectory() && name.contains("images/buttons/")
                && !name.contains("Thumbs.db")){
               String strIcon = name.replace("META-INF/resources/images/buttons/", "");
               String iconName = strIcon.substring(0,strIcon.indexOf("."));
               Icon icon = new Icon();
               icon.setIcon(strIcon);
               icon.setIconName(iconName);
               listaIcons.add(icon);
              }
          }
          zipFile.close();

    } catch (IOException e) {
      e.printStackTrace();
    } catch (SecurityException e) {
      e.printStackTrace();
    } catch (IllegalArgumentException e) {
      e.printStackTrace();
    }
    return listaIcons;
  }

  /* Retorna uma string com o nome do pacote recebido como parametro.
  --------------------------------------------------------------*/
  public static String getBeansPackage(Package pacote){
    if(!pacote.getName().contains("bean")){
      Log.setLogger(ClassUtil.class,
        "Para obter o nome completo do pacote que contém os beans do aplicativo, "+
          "a classe chamadora tem de estar enquadrada sob um pacote \"*.view.bean.*\", "+
            "obrigatoriamente", Level.ERROR);
      return null;
    }
    return pacote.getName().substring(0, pacote.getName().lastIndexOf(".bean") + 5);
  }

     /* Recupera todas as classes de um diretorio, recursivamente.
  ------------------------------------------------------------*/
  public static List<Class<?>> findClasses(File directory, String packageName)
       throws ClassNotFoundException {

       List<Class<?>> classes = new ArrayList<Class<?>>();
          if (!directory.exists())  return classes;

          File[] files = directory.listFiles();

          for (File file : files) {
              if (file.isDirectory()) {
                  assert !file.getName().contains(".");
                  classes.addAll(findClasses(file, packageName + "." + file.getName()));

              } else {
                  classes.add(Class.forName(packageName + '.' +
                     file.getName().substring(0, file.getName().length() - 6)));
              }
          }
          return classes;
     }

}
```

Listagem 35.6b A classe **ClassUtil**.

Fim do Laboratório 35.2

3) Reescrever a classe ConfigBean e alterar a UserSessionInBean

Laboratório 35.3

A classe **ConfigBean**, novamente, sofrerá radical modificação, pois desta vez, os elementos de configurações serão obtidos de um arquivo de propriedades, o **config.properties**.

Abra a classe ConfigBean e recodifique-a, conforme a listagem a seguir (a classe está completa, omitindo-se apenas os métodos *get/set* simples).

Listagem 35.7 Alterando a classe **UserSessionInBean**.

Abra a classe UserSessionInBean e adicione o código em destaque abaixo (encapsule e organize os *imports*!):

```java
private Locale locale;
                                    Adicione isto
//LICAO 35 EM DIANTE
private List<Perfil> perfisLogado;

public UserSessionInBean(){
  this.setLocale(FacesUtil.getLocale());
}
```

```java
package br.eti.amazu.infra.view.bean;

import java.io.File;
import java.io.FileInputStream;
import java.io.IOException;
import java.io.Serializable;
import java.util.ArrayList;
import java.util.List;
import java.util.Properties;
import javax.enterprise.context.SessionScoped;
import javax.inject.Inject;
import javax.inject.Named;
import org.apache.log4j.Level;
import br.eti.amazu.infra.util.ClassUtil;
import br.eti.amazu.infra.util.FacesUtil;
import br.eti.amazu.infra.util.log.Ansi;
import br.eti.amazu.infra.util.log.Log;
import br.eti.amazu.infra.view.vo.Config;
import br.eti.amazu.infra.persistence.appfacade.IAppFacade;

@Named
@SessionScoped
public class ConfigBean implements Serializable{
 private static final long serialVersionUID = 1L;

 @Inject IAppFacade<Object> appFacade;
 @Inject UserSessionInBean userSessionInBean;
 private Config config; //O objeto config contem as variaveis de configuracoes do sistema.
 private String skinTheme;
 private String ambiente = "";

 //Armazena uma lista de idiomas suportados.
 private List<String> locales = new ArrayList<String>();

 //Disponibiliza uma lista de todos as classes beans da aplicacao.
 private static List<Class<?>> classBeans;

 public void setConfiguracoes(){
  config = new Config();

  try{
   FileInputStream fis = new FileInputStream(
      FacesUtil.getFullPath("WEB-INF/classes/config.properties"));

   Properties props = new Properties();
   props.load(fis);

   /* TIPOS DE MENU:
    * - menuBar --------- HORIZONTAL (default)
    * - tiered ---------- VERTICAL
    * - slide ----------- VERTICAL
    * - panelMenu ------- VERTICAL*/
   config.setMenuType(props.getProperty("menuType"));
```

continua

Listagem 35.8a A classe **ConfigBean**.

continuação

```java
    /* SKIN
     -----*/
    config.setSkinFooter(props.getProperty("skinFooter"));
    config.setSkinBackground(props.getProperty("skinBackground"));
    config.setSkinImageLogo(props.getProperty("skinImageLogo"));//o nome da logo
    config.setSkinLogo(props.getProperty("skinLogo")); //true ou false
    config.setSkinTextLogo(props.getProperty("skinTextLogo"));
    config.setSkinColorTextLogo(props.getProperty("skinColorTextLogo"));
    config.setSkinAnimatedTop(props.getProperty("skinAnimatedTop"));
    config.setSkinAnimatedHtml(props.getProperty("skinAnimatedHtml"));

    //O tema default eh o aristo.
    skinTheme=props.getProperty("skinTheme");
    config.setSkinTheme("primefaces-" + skinTheme);

    /* AMBIENTE
     ---------*/
    /* O aplicativo poderah rodar em varios ambientes. No nosso caso, apenas em dois:
     * - Desevolvimento (DEV)  - Producao (PROD)--> Isto eh definido por um comando Maven*/
    config.setMvnVersion(props.getProperty("mvnVersion"));
    config.setMvnVersionDate(props.getProperty("mvnVersionDate"));

    //Buscando a Unit Name ativada
    String unitName = (String) appFacade.getDao().getEntityManager().
       getEntityManagerFactory().getProperties().get("hibernate.session_factory_name");

    if(unitName.contains("PWORLD-DEV")){
      config.setServerName("http://localhost:8080"); //sempre localhost
      config.setEnvironment("Ambiente de DESENVOLVIMENTO");
      Log.setLogger(ConfigBean.class, "Rodando o ambiente de DESENVOLVIMENTO", Level.INFO);
    }

    if(unitName.contains("PWORLD-PROD")){
      config.setServerName(props.getProperty("serverName"));
      config.setEnvironment(" "); //nao renderizar o indicador de ambiente de producao
      Log.setLogger(ConfigBean.class, "Rodando o ambiente de PRODUÇÃO", Level.INFO);
    }

    //outros logs
    Log.setLogger(ConfigBean.class,"Rodando o tema: " + config.getSkinTheme(),Level.INFO);
    Log.setLogger(ConfigBean.class,"Rodando o skin: " + config.getSkinBackground(),Level.INFO);
    Log.setLogger(ConfigBean.class, "Rodando o menu: " + config.getMenuType(),Level.INFO);

    //busca onde estao localizados os beans da aplicacao (fora do pacote amazu.infra)
    String beanPackage = props.getProperty("localBeans");
    String pack = beanPackage.replace(".", "/");
    String beanPath = "/WEB-INF/classes/" + pack;
    classBeans= ClassUtil.findClasses(new File(FacesUtil.getFullPath(beanPath)), beanPackage);

    //Adicionando os beans sob o pacote amazu.infra
    List<Class<?>> clazs = ClassUtil.findClasses(new File(FacesUtil.getFullPath(
     "/WEB-INF/classes/br/eti/amazu/infra/view/bean")), "br.eti.amazu.infra.view.bean");

    if(clazs != null && !clazs.isEmpty()) classBeans.addAll(clazs);

    /*&&&&&&&&&&&&&&&&&&&&&&&&&&&&&&&&&&&&&&&&&&&&&&&&&&&&&&
      * COLOCAR NESTE ESPACO OUTROS MODULOS DE amazu.com
      &&&&&&&&&&&&&&&&&&&&&&&&&&&&&&&&&&&&&&&&&&&&&&&&&&&&&&*/

    /*&&&&&&&&&&&&&&&&&&&&&&&&&&&&&&&&&&&&&&&&&&&&&&&&&&&&&*/
    Log.setLogger(ConfigBean.class, "", Level.INFO);
```

continua

Listagem 35.8b A classe **ConfigBean**.

continuação

```


      Log.setLogger(ConfigBean.class, "    " + "TODOS OS BEANS DA APLICACAO:",Level.INFO);
      Log.setLogger(ConfigBean.class, "    " + "-------------------------------",Level.INFO);

      for(Class<?> clazz:classBeans){
        if(!clazz.getName().contains("showcase") && !clazz.getName().contains("$")) {
          if(clazz.getName().contains("infra")) {
            Log.setLogger(ConfigBean.class, "    " + clazz.getName(), Level.INFO, Ansi.GREEN);
          }else {
            Log.setLogger(ConfigBean.class, "    " + clazz.getName(), Level.INFO);
          }
        }
      }
      Log.setLogger(ConfigBean.class, "    " + "-------------------------------",Level.INFO);
      Log.setLogger(ConfigBean.class, "", Level.INFO);
    } catch (ClassNotFoundException e) {
      e.printStackTrace();
    }catch(IOException e){
      e.printStackTrace();
    }
  }

  public void saveTheme(){
    config.setSkinTheme("primefaces-" + skinTheme);
  }

  public Config getConfig() {
    if(config == null){
      this.setConfiguracoes();
    }
    return config;
  }

  public List<String> getLocales() {

    //Utliza a classe FacesUtil para obter a lista de idiomas suportados.
    if(locales.isEmpty()){
      locales = FacesUtil.getLocales();

      //realiza apenas um log
      StringBuffer strb = new StringBuffer();
      strb.append("Linguagens suportadas: ");
      int i=1;
      for(String str:locales){
        if(i == locales.size()){
          strb.append(str);
        }else{
          strb.append(str + ", ");
        }
        i++;
      }
      Log.setLogger(ConfigBean.class, strb.toString(), Level.INFO);
    }
    return locales;
  }
  /*---------
   * get/set
   ---------*/
```

Listagem 35.8c A classe **ConfigBean**.

Fim do Laboratório 35.3

Laboratório 35.4

4) A classe MenuBean

Sob o pacote *br.eti.amazu.infra.view.bean*, crie a classe **MenuBean** e codifique-a como abaixo (ela está completa)...

```
package br.eti.amazu.infra.view.bean;

import java.io.Serializable;
import java.lang.reflect.Method;
import java.util.ArrayList;
import java.util.Iterator;
import java.util.List;
import javax.annotation.PostConstruct;
import javax.enterprise.context.SessionScoped;
import javax.inject.Inject;
import javax.inject.Named;
import org.apache.log4j.Level;
import org.primefaces.model.menu.DefaultMenuItem;
import org.primefaces.model.menu.DefaultMenuModel;
import org.primefaces.model.menu.DefaultSeparator;
import org.primefaces.model.menu.DefaultSubMenu;
import org.primefaces.model.menu.MenuModel;
import br.eti.amazu.infra.domain.core.Funcionalidade;
import br.eti.amazu.infra.domain.core.Menu;
import br.eti.amazu.infra.domain.core.Perfil;
import br.eti.amazu.infra.persistence.appfacade.IAppFacade;
import br.eti.amazu.component.dialog.DialogBean;
import br.eti.amazu.component.dialog.DialogType;
import br.eti.amazu.component.pworld.persistence.exception.DaoException;
import br.eti.amazu.infra.util.FacesUtil;
import br.eti.amazu.infra.util.log.Log;

@Named
@SessionScoped
public class MenuBean implements Serializable{

  private static final long serialVersionUID = 1L;

  private MenuModel menuModel;
  private List<Menu> listaMenus = new ArrayList<Menu>();
  List<String> funcionalidades;
  List<Perfil> perfisLogado;

  @Inject
  ConfigBean configBean;

  @Inject
  UserSessionInBean userSessionInBean;

  @Inject
  IAppFacade<Menu> menuFacade;

  @Inject
  IAppFacade<Funcionalidade> funcionalidadeFacade;

  @Inject
  IAppFacade<Perfil> perfilFacade;

  @Inject
  DialogBean dialogBean;

```

continua

Listagem 35.9a A classe **MenuBean**.

continuação

```
List<Class<?>> classBeans;

@PostConstruct
public void init(){

  classBeans = ConfigBean.getClassBeans();

  if(menuModel == null){
    if(userSessionInBean != null && userSessionInBean.getPessoaLogged()!=null){
      if(listaMenus.isEmpty()){
        this.criarMenu();
        Log.setLogger(MenuBean.class, "Instantiated menus", Level.INFO);
      }

    }else{
      //Nao ha pessoa logada, nao vai ao banco... renderiza apenas menu login
      this.criarMenuNaoLogado();
    }
  }
}

public void criarMenuNaoLogado(){

  boolean criouSubMenuRecursos = false; //para o panelMenu.
  DefaultSubMenu submenuRecursos = null;

  menuModel = new DefaultMenuModel(); //Cria um novo modelo de menu em branco.

  Funcionalidade f1 = new Funcionalidade();
  f1.setLabel("mm_keyLabel_login");
  Menu menu = new Menu();
  menu.setIcon("key.gif");
  menu.setLabel("mm_keyLabel_login");
  menu.setMetodo("#{realizarLoginBean.iniciarRealizarLogin}");
  menu.setTipo("2");
  menu.setOrdem(0);
  menu.setDisabled("F");
  menu.setSelectable("T");
  menu.setVisibility("F");
  listaMenus = new ArrayList<Menu>();
  listaMenus.add(menu);

  if(configBean.getConfig().getMenuType().equals("panelMenu")){

    /*Para panelMenu, embora os menus sejam raizes, aqui ele nao serah.
     *Se ainda nao criou o menu "Recursos"...*/
    Menu mnRecursos = null;
    if (!criouSubMenuRecursos) {
      mnRecursos = new Menu();
      mnRecursos.setLabel("mm_keyLabel_recursos");
      mnRecursos.setOrdem(0);
      mnRecursos.setTipo("1");
      mnRecursos.setVisibility("T");
      mnRecursos.setDisabled("F");
      mnRecursos.setSelectable("T");
      submenuRecursos = new DefaultSubMenu();
      submenuRecursos.setLabel(FacesUtil.getMessage(mnRecursos.getLabel()));
      criouSubMenuRecursos = true; // o submenu "Recursos".
    }

```

continua

Listagem 35.9b A classe **MenuBean**.

continuação

```java
    menu.setMenu(mnRecursos);

    //Adiciona o menu "recursos" na lista que tem de ser sincronizada.
    listaMenus = rebuildListaMenus(menu);

    DefaultMenuItem menuItem = new DefaultMenuItem();

    //Seta o label
    menuItem.setValue(FacesUtil.getMessage(menu.getLabel()));
    menuItem.setIcon(menu.getIcon().substring(0,menu.getIcon().indexOf(".")));
    menuItem.setCommand(getMethod(menu.getMetodo()));
    menuItem.setOnclick("PF('dlgLoader').show()");
    menuItem.setOncomplete("PF('dlgLoader').hide()");
    submenuRecursos.getElements().add(menuItem);
    menuModel.addElement(submenuRecursos);

   }else{
    //Para outros tipos de menus, adiciona o menu como raiz que ele jah eh.
    DefaultMenuItem menuItem = new DefaultMenuItem();
    menuItem.setDisabled(menu.getDisabled().equals("T")?true:false);
    menuItem.setValue(FacesUtil.getMessage(menu.getLabel()));
    menuItem.setIcon(menu.getIcon().substring(0,menu.getIcon().indexOf(".")));
    menuItem.setCommand(getMethod(menu.getMetodo()));
    menuItem.setOnclick("PF('dlgLoader').show()");
    menuItem.setOncomplete("PF('dlgLoader').hide()");
    menuModel.addElement(menuItem);
   }
  }

  /* Dois metodos sao utilizados para criar os menus convenientemente:
   * criarMenu()
   * criarSubMenu()
   * Ambos realizam chamadas recursivas.
   * Metodo utilizado apenas para usuarios logados*/
  public void criarMenu() {

   funcionalidades = new ArrayList<String>();
   boolean criouSubMenuRecursos = false; //para o panelMenu.
   DefaultSubMenu submenuRecursos = null;

   try {
    /* Inicialmente, popular funcionalidades com as funcionalidades ostensivas.
     * Aqui, todos os menus publicos sao adicionados na lista para futura comparacao.*/
    List<Funcionalidade> todasFunc = funcionalidadeFacade.listar("Funcionalidade.all");

    List<Funcionalidade> funcNaoPublicas = new ArrayList<Funcionalidade>();

    for(Funcionalidade f:todasFunc){
     if(f.getVisibility().equals("T")) {
      if(f.getLabel().contains("/") ) {
       funcionalidades.add(f.getLabel().substring(f.getLabel().lastIndexOf("/")));

      }else{
       funcionalidades.add(f.getLabel());
      }

     }else{
      funcNaoPublicas.add(f); //as nao publicas entram aqu...
     }
    }
```

continua

Listagem 35.9c A classe **MenuBean**.

continuação

```
//remove o menu login (pois aqui jah se encontra logado)
Iterator<String> it = funcionalidades.iterator();
while (it.hasNext()){
 String f= it.next();
 if(f.contains("mm_keyLabel_login")){
  it.remove();
 }
}

//Recupera os perfis do usuario logado.
perfisLogado = userSessionInBean.getPerfisLogado();

/* Perceba que a lista (funcionalidades) jah possui as funcionalidades publicas.
 * Restando agora, adicionar as funcionalidades privadas (somente as autorizadas
 * constantes na lista de perfisLogado - se o usuario loga, tem perfil, caso contrario,
 * nao). Melhor ainda: se perfisLogado eh dif nulo, eh porque tem usuario logado).
 * Neste caso, colocar na lista de funcionalidades, apenas as funcionalidades
 * existentes na lista de perfis do usuario que estah logado no momento.
 * A ideia eh utilizar essa lista de funcionalidades para comparar com cada menu da
 * lista de menus, no momento de sua criacao.*/
for(Funcionalidade funcNaoPublica : funcNaoPublicas){

 //iterando cada label que compoe a funcnionalidade nao publica
 for(String label : funcNaoPublica.getLabel().split("/")){

   //se o usuario eh o dev, adiciona todas as funcionalidades
   if(containsPerfil("DEV")){
    if(label.length() > 1 && !funcionalidades.contains(label))
         funcionalidades.add(label);
   }else{
    //usuario nao eh o dev - adiciona apenas se ele possui a permissao de acesso
    if(containsFuncionalidade(label)){{
     if(label.length() > 1 && !funcionalidades.contains(label))
        funcionalidades.add(label);
    }
   }
  }
 }
}

menuFacade.clear(); //Limpa o entityManager
menuModel = new DefaultMenuModel(); //Cria um novo modelo de menu em branco.

// Obtem todos os menus raizes, independentemente se sao publicos ou privados.
listaMenus = menuFacade.listar("Menu.rootMenus");

//Percorrendo a lista de menus...
for (Menu menu : listaMenus) {
 String keyLabel = menu.getLabel();

 /* Aqui compara se o menu estah contido na lista de funcionalidades
  * (lembrando que esta lista de funcionalidades tambem possui as funcionalidades
  * publicas). A logica utilizada eh a seguinte:
  * Se o usuario nao logou entao a lista de funcionalidades possui apenas as
  * funcionalidades publicas. Neste caso apenas os menus publicos serao criados.
  * Se a lista de funcionalidades estiver nula ou vazia, nenhum menu serah criado.*/
 if(!funcionalidades.isEmpty() && (funcionalidades.contains("/"+ keyLabel) ||
   funcionalidades.contains(keyLabel)) ){

   //CHECANDO TODOS OS MENUS RAIZES.
   //Precisa ver se ele eh do tipo 0 ou 1.
```

continua

Listagem 35.9d A classe **MenuBean**.

continuação

```
if(menu.getTipo().equals("1")){
 /* Aqui o menu eh do tipo 1(Item) (tambem raiz)
  * Se o menu eh do tipo 1 - agrupa todos no
  * menu publico raiz "Recursos". Esta eh a regra para utilizacao de
  * menus em sistemas desktop usando Swing, ou para o panelMenu do primeFaces,
  * desde que o tipo assinalado em config seja do tipo "panelMenu".*/
 if(configBean.getConfig().getMenuType().equals("panelMenu")){

  /*Para o panelMenu, embora os menus sejam raizes, aqui ele nao serah.
   *Se ainda nao criou o menu "Recursos"...*/
  Menu mnRecursos = null;

  if (!criouSubMenuRecursos) {
   mnRecursos = new Menu();
   mnRecursos.setLabel("mm_keyLabel_recursos");
   mnRecursos.setOrdem(0);
   mnRecursos.setTipo("0");
   mnRecursos.setVisibility("T");
   mnRecursos.setDisabled("F");
   mnRecursos.setSelectable("T");
   submenuRecursos = new DefaultSubMenu();
   submenuRecursos.setLabel(FacesUtil.getMessage(mnRecursos.getLabel()));
   criouSubMenuRecursos = true; // sinaliza que jah criou o submenu "Recursos".
  }
  menu.setMenu(mnRecursos);

  //Adciona o menu "recursos" na lista que tem de ser sincronizada.
  listaMenus = rebuildListaMenus(menu);

  DefaultMenuItem menuItem = new DefaultMenuItem();

  //Seta o label
  if(menu.getLabel() != null) menuItem.setValue(
     FacesUtil.getMessage(menu.getLabel()));

  //Seta o icone
  if(menu.getIcon()!= null) menuItem.setIcon(menu.getIcon().
     substring(0,menu.getIcon().indexOf(".")));

  menuItem.setCommand(getMethod(menu.getMetodo()));
  menuItem.setOnclick("PF('dlgLoader').show()");
  menuItem.setOncomplete("PF('dlgLoader').hide()");

  //adicionando o menuItem no subMenu criado...
  if(menu.getLabel().equals("mm_keyLabel_logout")){

   //soh adiciona o menu logout se usuario estiver logado
   if(userSessionInBean.getPerfisLogado() != null )
    submenuRecursos.getElements().add(menuItem);

  }else{
   //Adiciona item de menu ao grupo.
   if(!funcionalidades.isEmpty() && funcionalidades.contains(menu.getLabel()))
    submenuRecursos.getElements().add(menuItem);
  }
  menu.setMenu(menu);

  //adiciona o subMenu criado no modelo
  if(!menuModel.getElements().contains(submenuRecursos))
   menuModel.addElement(submenuRecursos);
```

continua

Listagem 35.9e A classe **MenuBean**.

continuação

```
          }else{
            //Para outros tipos de menus, adiciona o menu como raiz que ele jah eh.
            DefaultMenuItem menuItem = new DefaultMenuItem();
            menuItem.setDisabled(menu.getDisabled().equals("T")?true:false);

            //Seta o label.
            if(menu.getLabel() != null)menuItem.setValue(
                FacesUtil.getMessage(menu.getLabel()));

            //Seta o icone.
            if(menu.getIcon()!= null) menuItem.setIcon(menu.getIcon().
               substring(0,menu.getIcon().indexOf(".")));

            menuItem.setCommand(getMethod(menu.getMetodo()));
            menuItem.setOnclick("PF('dlgLoader').show()");
            menuItem.setOncomplete("PF('dlgLoader').hide()");
            menuItem.setTitle(menu.getTitle());
            this.resolveMenuItem(menu, null, menuItem, true);
          }

        }else{
          /* Aqui o menu eh tipo 0(grupo).
           * Aqui, o menu que nao tem tem pai, nao possui um metodo.
           * Se ele nao tem metodo, entao ele eh um "grupo de menu" (tipo 0).*/
          DefaultSubMenu submenu = new DefaultSubMenu();

          //Seta o label
          if(menu.getLabel() != null) submenu.setLabel(
             FacesUtil.getMessage(menu.getLabel()));

          //Seta o icone
          if(menu.getIcon()!= null) submenu.setIcon(menu.getIcon().
             substring(0,menu.getIcon().indexOf(".")));

          //Eh grupo de menus, verifica seus filhos (se tiver)...
          for (Menu mn : menu.getMenus()) {
            if (mn.getMenus() != null && !mn.getMenus().isEmpty()) {

              //Tem filhos: Eh grupo de menu. cria um por um, recursivamente.
              DefaultSubMenu subm = new DefaultSubMenu();

              //Seta o label
              if(mn.getLabel() != null) subm.setLabel(
                 FacesUtil.getMessage(mn.getLabel()));
              subm = criarSubmenu(mn); //Recursivamente aqui...
              if(!funcionalidades.isEmpty() && funcionalidades.contains(mn.getLabel())) {
                submenu.getElements().add(subm);

                //verificando se o submenu contem separator
                if(mn.getSeparator().equals("T")) {
                  addSeparator(submenu);
                }
              }

            } else {
              //Nao tem filhos. Eh item de menu, apenas adiciona.
              if(mn.getMetodo() != null){
                DefaultMenuItem menuItem = new DefaultMenuItem();
                menuItem.setDisabled(mn.getDisabled().equals("T")?true:false);

```

continua

Listagem 35.9f A classe **MenuBean**.

continuação

```
          //Seta o label
          if(mn.getLabel() != null) menuItem.setValue(
            FacesUtil.getMessage(mn.getLabel()));

          //Seta o icone
          if(mn.getIcon()!= null) menuItem.setIcon(mn.getIcon().
            substring(0,mn.getIcon().indexOf(".")));

          menuItem.setCommand(getMethod(mn.getMetodo()));
          menuItem.setOnclick("PF('dlgLoader').show()");
          menuItem.setOncomplete("PF('dlgLoader').hide()");
          menuItem.setTitle(mn.getTitle());
          this.resolveMenuItem(menu, submenu, menuItem, false);
         }
        }
       }
       //Adiciona o submenu no modelo
       if(!funcionalidades.isEmpty() && (funcionalidades.contains(menu.getLabel())))
        menuModel.addElement(submenu);
      }
     }
    }

   } catch (DaoException e) {
    e.printStackTrace();
   }
  }

  private DefaultSubMenu criarSubmenu(Menu menu) throws DaoException {
   /* Adiciona grupos de menus recursivamente.
    * Se o grupo possuir filhos (itens de menus) eles tambem serao criados.*/
   DefaultSubMenu submenu = new DefaultSubMenu();

   //Seta o label do grupo
   if(menu.getLabel() != null) submenu.setLabel(FacesUtil.getMessage(menu.getLabel()));

   //Seta o icone do grupo
   if(menu.getIcon()!= null) submenu.setIcon(
     menu.getIcon(). substring(0,menu.getIcon().indexOf(".")));

   //Verifica se o grupo possui filhos adcionando-os recursivamente...
   for (Menu mn : menu.getMenus()) {
    if(!funcionalidades.isEmpty() && funcionalidades.contains(mn.getLabel())){
     if (mn.getMenus() != null && !mn.getMenus().isEmpty()) {

      //Se nao tem filhos eh grupo. Adiciona esse grupo, recursivamente.
      submenu.getElements().add(criarSubmenu(mn));

      //verificando se o submenu contem separator
      if(mn.getSeparator().equals("T")) addSeparator(submenu);

      //O dado foi setado diretamente no banco.
      submenu.setRendered(menu.getDisabled().equals("T")?false:true);

     } else {
      // Se nao tem filho, eh item. Nao adiciona recursivamente,
      //incorpora o item de menu ao grupo pai.
      DefaultMenuItem menuItem = new DefaultMenuItem();
      menuItem.setDisabled(mn.getDisabled().equals("T")?true:false);

```

continua

Listagem 35.9g A classe **MenuBean**.

continuação

```
      //Seta o label.
      if(mn.getLabel() != null) menuItem.setValue(FacesUtil.getMessage(mn.getLabel()));

      //Seta o icone.
      if(mn.getIcon()!= null) menuItem.setIcon(
         mn.getIcon().substring(0,mn.getIcon().indexOf(".")));

      menuItem.setCommand(getMethod(mn.getMetodo()));
      menuItem.setOnclick("PF('dlgLoader').show()");
      menuItem.setOncomplete("PF('dlgLoader').hide()");
      this.resolveMenuItem(mn, submenu, menuItem, false);
     }
    }
   }
   return submenu;
  }

  void resolveMenuItem(Menu menu, DefaultSubMenu submenu,
   DefaultMenuItem menuItem, boolean raiz){

   /*Adiciona o item no grupo de menu. Veja que o menu logout
    * (se eh que existe um menu logout) soh serah criado se houver um usuario logado.
    * Aqui estamos supondo que o menu logout nao eh raiz.*/
   menuItem.setDisabled(menu.getDisabled().equals("T")?true:false);

   if(!raiz){
    if(menu.getLabel().equals("mm_keyLabel_logout")){
     if(userSessionInBean.getPerfisLogado() != null ) {
      submenu.getElements().add(menuItem);
     }
    }else{ //Adiciona item de menu ao grupo.
     if(!funcionalidades.isEmpty() && funcionalidades.contains(menu.getLabel())) {
      submenu.getElements().add(menuItem);

      //verificando se o submenu contem separator
      if(menu.getSeparator().equals("T")) {
       addSeparator(submenu);
      }
     }
    }
    return;
   }

   /* Adiciona o menu no modelo. Veja que o menu logout (se eh que existe um menu logout)
    * soh serah criado se houver um usuario logado. Aqui estamos supondo que o
    * menu logout eh raiz. Se estiver na raiz, nao renderiza o label (apenas o icone)*/
   if(raiz){
    if(menu.getLabel().equals("mm_keyLabel_logout")){
     menuItem.setValue("");
     menuModel.addElement(menuItem);

    }else{
     if(menu.getLabel().equals("mm_keyLabel_homePage")) {
      menuItem.setValue("");
      menuModel.addElement(menuItem);
     }else{
      if(!funcionalidades.isEmpty() && funcionalidades.contains(
       "/" + menu.getLabel())) menuModel.addElement(menuItem);
     }
    }
```

continua

Listagem 35.9h A classe **MenuBean**.

continuação

```
    }
  }

  void addSeparator(DefaultSubMenu submenu){
    DefaultSeparator def = new DefaultSeparator();
    def.setStyle("margin-left:4px;width:90%;height:1px");
    def.setRendered(true);
    submenu.addElement(def);
  }

  public void setMethodNotImplemented(){
    dialogBean.addMessage(FacesUtil.getMessage("MGL042"), DialogType.INFO_CLOSABLE);
  }

  String getMethod(String action){
    if(action != null) {
      StringBuffer strClass = new StringBuffer(action.substring(2, 3).toUpperCase());
      strClass.append(action.substring(3, action.indexOf(".")));
      Boolean classExist = false;
      Boolean methodExist = false;
      for(Class<?> clazz:classBeans){
        if(clazz.getName().contains(strClass)){
          classExist = true;
          Method[] methods = clazz.getDeclaredMethods();
          for (int i = 0; i < methods.length; i++) {
            Method m = methods[i];
            if(action.contains(m.getName())){
              methodExist = true;
              return action;
            }
          }
        }
      }

      if(!classExist){
        Log.setLogger(this.getClass(), "Não encontrou o bean: " + strClass, Level.WARN);
        return "#{menuBean.setMethodNotImplemented}";

      }else{
        if(!methodExist){
          Log.setLogger(this.getClass(), "Encontrou " + strClass +
              ", mas não encontrou o método: " + action, Level.WARN);

          return "#{menuBean.setMethodNotImplemented}";
        }
      }

    }else{
      Log.setLogger(this.getClass(), "Funcionalidade nao implementada: " +
          action, Level.WARN);

      return "#{menuBean.setMethodNotImplemented}";
    }
    return null;
  }

  public List<Menu> rebuildListaMenus(Menu menu){
    List<Menu> lista = new ArrayList<Menu>();
    synchronized (listaMenus){
      lista.add(0, menu);
    }
```

continua

Listagem 35.9i A classe **MenuBean**.

continuação

```
    return lista;
  }

  //Verifica se uma funcionalidade está contida na lista de funcionalidades do usuario
  boolean containsFuncionalidade(String funcionalidade){
    if(perfisLogado != null) {

      for(Perfil perfil : perfisLogado) {
        for(Funcionalidade f:perfil.getFuncionalidades()){
          if(f.getLabel().contains(funcionalidade)){
            return true;
          }
        }
      }

    }

    return false;
  }


  boolean containsPerfil(String codPerfil) {

    if(userSessionInBean.getPerfisLogado() != null) {
      for(Perfil perfil : userSessionInBean.getPerfisLogado()) {
        if(perfil.getCodPerfil().equals(codPerfil)) {
          return true;
        }
      }
    }

    return false;
  }


  /*Actions comuns
  ---------------*/
  /* Colocar neste espaco, os metodos de alguns menus comuns ao aplicativo, como:
   * - Acionamento de help;
   * - Show Case;
   * - Home Page;
   * - outros... */

  /*--------
   * get/set
   ---------*/
  public List<Menu> getListaMenus() {
    return listaMenus;
  }
  public MenuModel getMenuModel() {
    return menuModel;
  }
  public void setMenuModel(MenuModel menuModel) {
    this.menuModel = menuModel;
  }

}
```

A princípio, a classe nos parece um tanto longa, pois está extensivamente comentada. Você pode baixar o código-fonte existente em **www.amazu.eti.br**, na lição correspondente.

Listagem 35.9j A classe **MenuBean**.

Fim do Laboratório 35.4

5) Recodificar as páginas de apresentação dos menus

Laboratório 35.5

Abra as páginas **hDynaMenu.xhtml** e **vDynaMenu.xhtml** e recodifique-as como abaixo (de forma definitiva)...

```
<ui:fragment xmlns="http://www.w3.org/1999/xhtml"
 xmlns:ui="http://java.sun.com/jsf/facelets"
 xmlns:h="http://java.sun.com/jsf/html"
 xmlns:f="http://java.sun.com/jsf/core"
 xmlns:p="http://primefaces.org/ui">

 <!-- TIPOS (variacao de menu horizontal):
      - menuBar -->

 <h:form>
   <p:menubar style="overflow:visible;padding:1px;margin-top:-4.5px; width:100%;"
     autoDisplay="false" styleClass="customMenu"
     model="#{menuBean.menuModel}">
   </p:menubar>
 </h:form>

</ui:fragment>
```

Listagem 35.10
O fragmento de página **hDynaMenu.xhtml** recodificado (versão final).

```
<ui:fragment xmlns="http://www.w3.org/1999/xhtml"
 xmlns:ui="http://java.sun.com/jsf/facelets"
 xmlns:h="http://java.sun.com/jsf/html"
 xmlns:f="http://java.sun.com/jsf/core"
 xmlns:p="http://primefaces.org/ui">

 <h:form >
   <p:tieredMenu
     rendered="#{configBean.config.menuType == 'tiered'}"
     styleClass="customMenu" backLabel="#{msg.CGL084}"
     style="margin-left:10px;margin-top:4px;width:230px;position:absolute;"
     model="#{menuBean.menuModel}"/>

   <p:slideMenu
     rendered="#{configBean.config.menuType == 'slide'}"
     styleClass="customMenu"
     style="margin-left:10px;margin-top:4px;width:230px;position:absolute;"
     backLabel="#{msg.CGL084}"
     model="#{menuBean.menuModel}"/>

   <p:panelMenu
     rendered="#{configBean.config.menuType == 'panelMenu'}"
     style="margin-left:10px;margin-top:4px;width:230px;position:absolute;"
     backLabel="#{msg.CGL084}"
     model="#{menuBean.menuModel}"/>
 </h:form>

</ui:fragment>
```

Listagem 35.11
O fragmento de página **vDynaMenu.xhtml** recodificado (versão final).

Fim do Laboratório 35.5

6) Modificar a header.xhtml

Laboratório 35.6

Abra a página **header.xhtml** e adicione o código em destaque...

```
<div style="width:#{(configBean.locales.size() * 25)}px;margin-right:30px;margin-top:-38px;">

    <ui:repeat value="#{configBean.locales}" var="locale">
     <p:commandLink immediate="true"  style="border:none;text-decoration:none;"
      action="#{userSessionInBean.mudarIdioma}"  title="#{locale}"  ajax="false">
      <f:param name="locale" value="#{locale}"/>
      <h:graphicImage style="border:none;" value="/resources/images/skin/#{locale}.gif"/>
     </p:commandLink>
     <h:outputLabel value=" "/>
    </ui:repeat>
</div>

     <!-- ***************************************************
          colocar daqui para baixo:
          - div contendo o valor da environment
          - div contendo a versao do sistema e usuario logado
      ************************************************** -->
```

Adicione isto

```
<div style="margin-right:30px;margin-top:-4px;">
 <p:outputLabel escape="false"
  value="&#60;font style='background-color:transparent;color:black;'&#62;
     #{configBean.config.environment}&#60;/font&#62;"  styleClass="inoutput"/>
</div>

<!-- versao do sistema e usuario logado -->
<div align="right"
 style="margin-bottom:-36px;position:relative; z-index:1000;margin-right:30px;">

 <p:outputLabel escape="false" value="Versão: #{configBean.config.
  mvnVersion} - #{configBean.config.mvnVersionDate}" styleClass="inoutput"/>

  <div style="margin-top:-3px;position:relative;z-index:1000;">
   &#8227;
   <h:outputLabel escape="false" value="#{userSessionInBean.userLogged}"
    style="color:##{configBean.config.skinColorTextLogo};font-weight:bold;"
     styleClass="inoutput"/>
    <ui:repeat value="#{userSessionInBean.perfisLogado}" var="perfil" >
     | <h:outputLabel value="#{perfil.codPerfil}" styleClass="inoutput"
        style="color:##{configBean.config.skinColorTextLogo};"/>
    </ui:repeat>
  </div>
</div>
```

```
      <!-- ***********************************************************
           fim das divs contendo environment, versao e usuario logado
           ***********************************************************-->
     </h:form>

    </div>
   </td>
  </h:panelGroup>
 </tr>
</table>
</ui:fragment>
```

Listagem 35.12 Modificando a **header.xhtml**.

Fim do Laboratório 35.6

Laboratório 35.7

7) Primeira prova

Coloque o WildFly para rodar. Quando estabilizar, abra um browser e acione o aplicativo (http://localhost:8080/blankapp). Nesse instante, constate os resultados por análise das listagens e figuras explicativas a seguir, com o log produzido no console do Eclipse.

Listagem 35.13
Logs do aplicativo atualizados.

```
Rodando o ambiente de DESENVOLVIMENTO
Rodando o tema: primefaces-aristo
Rodando o skin: vetruvian
Rodando o menu: menuBar

      TODOS OS BEANS DA APLICACAO:
      -------------------------------------------
      br.eti.amazu.infra.view.bean.ConfigBean
      br.eti.amazu.infra.view.bean.MenuBean
      br.eti.amazu.infra.view.bean.UserSessionInBean
      -------------------------------------------

Linguagens suportadas: pt_BR, en_US

WARN  Não encontrou o bean: RealizarLoginBean
```

O sistema loga todos os beans que existem na pasta *bean*, recursivamente. Isto será bem útil para o desenvolvedor nas próximas etapas.

Em algum lugar o objeto **realizarLoginBean** está sendo requisitado, mas o sistema informa que ele ainda não foi criado. Esse bean está sendo requisitado no primeiro menu (o menu **login**). O menu login foi criado quando rodou o experimento 02 (Volume II, Lição 28).

A última linha do log: *"Não encontrou o bean: realizarLoginBean"*, foi produzida porque o menu faz uso desse bean por meio do menu *Login*. Conforme a codificação em **menuBean**, o sistema tenta encontrar o bean previsto para ser acionado com o clique no menu *Login*, não encontrando-o, produz um log do tipo WARN, alertando o desenvolvedor de que ele necessita criar esse bean.

Posteriormente, você verá que o sistema também produzirá um log de alerta caso o bean seja encontrado, mas não o método de iniciação — o método de iniciação é o que está anotado com a interface **@CompoundMenu**. Essa interface é a responsável por marcar o método de inicialização do próprio menu que é mostrado na barra de menus do aplicativo. Por analogia, caso o sistema encontre o bean e o método de iniciação, mas não encontre a funcionalidade (tabela FUNCIONALIDADE), também produzirá o mesmo log de alerta. É um mecanismo perfeito para o desenvolvedor não deixar passar nada em branco.

Com o browser aberto e a Home Page sendo apresentada, dê um clique no menu Login...

Figura 35.1 O aplicativo agora possui um menu realista.

Dados do ambiente em execução. A versão e a data serão vistas após a configuração dos **profiles** no pom.xml.

Como o bean **RealizarLoginBean** não foi encontrado (ele ainda não foi desenvolvido), o sistema emite um aviso de "Recurso não implementado".

Experimente trocar os diversos tipos de menus, desta vez, agindo no arquivo **config.properties** — tem de parar e reiniciar o WildFly.

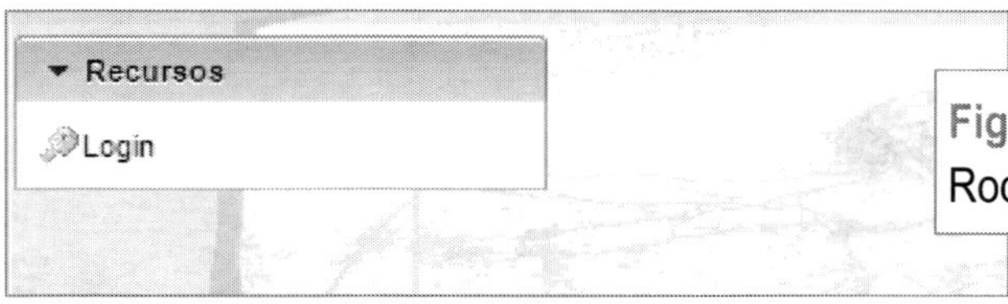

Figura 35.2
Rodando o menu **panelMenu**.

Figura 35.3 Rodando o menu **slide**.

Figura 35.4 Rodando o menu **tiered**.

Fim do Laboratório 35.7

Fim da Lição 35.

Lição 36
Setup: Segunda parte

Objetivos:

- Configurar o Maven para utilizar vários ambientes de execução *(profiles)*
- Adicionar datasource no WildFly
- Utilizar a barra de progressos profissionalmente
- Realizar a segunda e última prova do setup

Palavras Iniciais

Como faremos a segunda parte do Setup

Nesta lição, novos laboratórios serão feitos, em sequência...

1) Criar profiles no arquivo **pom.xml**: definindo os ambientes de execução;
2) Habilitar a leitura de recursos no **pom.xml**;
3) Disponibilizar os arquivos de profiles;
4) Criar o segundo datasource (o de produção) no **WildFly**;
5) Segunda prova;
6) Entender o algoritmo do Setup;
7) Criar um repositório para scripts sql;
8) Criar a classe **SetupCaseBean**;
9) Prova final.

Os diversos tipos de ambientes

Em um aplicativo profissional, uma das coisas que devemos fazer é configurar os diversos tipos de ambientes de trabalho, ou ambientes de execução, como são chamados. Sob esse aspecto, vamos utilizar a ferramenta Maven para configurar apenas dois ambientes: o de **desenvolvimento** e o de **produção**. Sinta-se à vontade para criar outros ambientes (**teste**, **homologação**, etc.).

O ambiente de desenvolvimento é utilizado pelos desenvolvedores do projeto durante as fases de desenvolvimento. Ele deverá utilizar um banco de dados que também é de desenvolvimento que, normalmente, consta de uma cópia do banco de dados original. Quando o projeto necessitar de uma nova versão, a release deverá ser preparada para o ambiente de produção, utilizando o banco de dados de produção, o que poderá ser feito com alguns comandos do Maven. Entretanto, é imperioso que algumas configurações no arquivo pom.xml sejam executadas para que todo esse mecanismo possa funcionar com eficiência.

Laboratórios da Segunda parte do Setup

1) Criar Profiles no arquivo pom.xml

Laboratório 36.1

Abra o arquivo **pom.xml** e, em suas primeiras linhas, adicione os trechos de código em destaque...

Listagem 36.1 Adicionando profiles no pom.xml.

```
<properties>
  <project.build.sourceEncoding>ISO-8859-1</project.build.sourceEncoding>

  <maven.build.timestamp.format>dd/MM/yyyy</maven.build.timestamp.format>
  <mvnVersionDate>${maven.build.timestamp}</mvnVersionDate>
  <mvnVersion>${project.version}</mvnVersion>
</properties>
```

Adicione isto

Adicione isto também

```
<profiles>
  <profile>
       <id>dev</id>

       <activation>
      <activeByDefault>true</activeByDefault>
    </activation>

       <build>
        <resources>
            <resource>
              <directory>src/main/webapp/WEB-INF/xml/persistence/dev/</directory>
              <targetPath>/META-INF/</targetPath>
            </resource>

            <resource>
              <directory>src/main/webapp/WEB-INF/xml/web-xml/dev/</directory>
              <targetPath>../</targetPath>
            </resource>
        </resources>
       </build>
  </profile>

  <profile>
       <id>prod</id>

       <build>
        <resources>
            <resource>
              <directory>src/main/webapp/WEB-INF/xml/persistence/prod/</directory>
              <targetPath>/META-INF/</targetPath>
            </resource>

            <resource>
              <directory>src/main/webapp/WEB-INF/xml/web-xml/prod/</directory>
              <targetPath>../</targetPath>
            </resource>
        </resources>
       </build>
  </profile>
</profiles>
```

O profile dev é o default.

Características dos profiles:

Desenvolvimento (dev): O servidor será o *localhost*, acessando o banco de dados de desenvolvimento, o **pworld**, no esquema **pworld**.

Produção (prod): O servidor deve ser o de produção, acessando o banco de dados de produção.

ATENÇÃO: Para a realização de nosso estudo, vamos utilizar o mesmo servidor e o mesmo banco de dados emulando os dois profiles.

Fim do Laboratório 36.1

Laboratório 36.2

2) Habilitar a leitura de recursos no arquivo pom.xml

Novamente, no arquivo **pom.xml**, habilite a leitura de recursos adicionando o código em destaque, imediatamente abaixo da tag <build> — após a declaração dos repositórios.

```
<build>
                                                        Adicione isto
   <!-- habilita a leitura de recursos-->
   <resources>
        <resource>
            <directory>src/main/resources</directory>
            <includes>
               <include>messages_pt_BR.properties</include>
               <include>messages_en_US.properties</include>
               <include>META-INF/beans.xml</include>
               <include>META-INF/faces-config.xml</include>
               <include>config.properties</include>
            </includes>
            <filtering>true</filtering>
        </resource>
   </resources>
  <pluginManagement>
    <plugins>
      <!-- compiladores para a versao 3.1 do Maven e JSE 1.8 -->
      <plugin>
        <groupId>org.apache.maven.plugins</groupId>
        <artifactId>maven-compiler-plugin</artifactId>
           <version>3.1</version>
           <configuration>
             <source>1.8</source>
                 <target>1.8</target>
           </configuration>
      </plugin>
```

Listagem 36.2 Habilitando recursos.

Fim do Laboratório 36.2

Um arquivo **.war** gerado corretamente é aquele que possui todos os arquivos genuínos configurados. Como já é do conhecimento, é o arquivo **.war** que é utilizado no ambiente de produção, e ele é gerado utilizando o comando ***clean install*** do Maven. Mas somente habilitando a leitura de recursos é que esses arquivos são copiados. O arquivo **.war** é gerado em dois locais:

- Na pasta target do projeto;
- Na pasta *C:/usuarios/seu_usuario/.m2/repository/br* (para o caso deste projeto).

Na pasta target, o nome do war é o nome do aplicativo (blankapp), isto foi configurado no pom.xml pela declaração da tag ***<warName>***. Esta configuração também evita um bug conhecido do Eclipse que é a desconfiguração do ***deploy-name*** do aplicativo — isto está no arquivo *settings/org.eclipse.wst.common.component.*

Na pasta *C:/usuarios/seu_usuario/.m2/repository/br* , o nome do war é exatamente o nome que o desenvolvedor especificou em ***<artifactId>*** seguido da versão ***<version>.*** Então, seguramente, este é o arquivo que deverá ser utilizado para a produção (deploy).

3) Disponibilizar os arquivos de profiles

Laboratório 36.3

Conforme visualizamos no *pom*, temos de criar os arquivos **web.xml** e **persistence.xml**, um para cada tipo de *profile*, pois possuem configurações diferentes. Somente um de cada irá realmente ser utilizado e isto dependerá de qual comando Maven o desenvolvedor utilizou para gerar o artefato **.war**. O quadro abaixo apresenta as diferenças entre esses arquivos em seus profiles:

web.xml	
Dev (default)	**Prod**
javax.faces.FACELETS_REFRESH_PERIOD: 0 (ligado — zero milissegundos)	javax.faces.FACELETS_REFRESH_PERIOD: -1 (desligado)
javax.faces.PROJECT_STAGE = Development *Em desenvolvimento também pode-se utilizar o valor **Product.***	javax.faces.PROJECT_STAGE = Product
com.sun.faces.defaultResourceMaxAge: 1 (1 milissegundo)	com.sun.faces.defaultResourceMaxAge: 3628800000 (6 semanas)

persistence.xml	
Dev (default)	**prod**
Nome da persistence-unit: *PWORLD-DEV*	Nome da persistence-unit: *PWORLD-PROD*
jta-data-source = *java:/jboss/datasources/PostgreSQLDS-DEV*	jta-data-source = *java:/jboss/datasources/PostgreSQLDS-PROD*
hibernate.show_sql = true	hibernate.show_sql = false
hibernate.hbm2ddl.auto = update (ou create-drop) *Habilite isto apenas quando necessário.*	

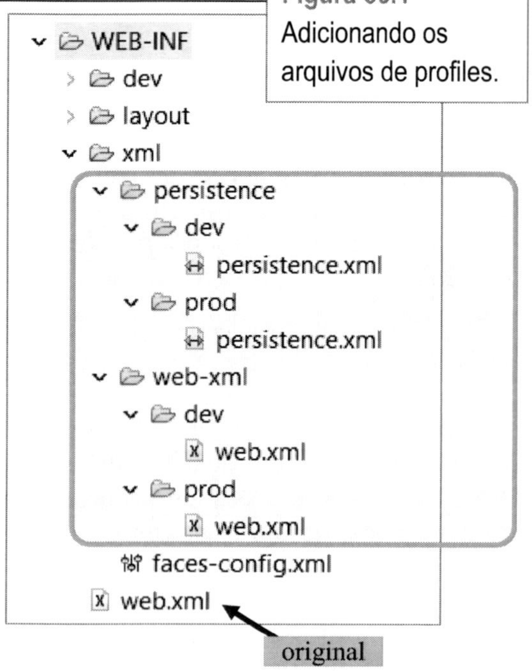

Figura 36.1
Adicionando os arquivos de profiles.

Ao lado, como deve ficar estruturado esses arquivos. Eles possuem o mesmo nome, que vão para pastas diferentes. Isto está sinalizado no arquivo *pom*, evidentemente você terá de criar essas pastas manualmente. Observe a existência do arquivo web.xml original sob a pasta *WEB-INF*. Esse arquivo é cópia idêntica ao que está dentro de *WEB-INF/xml/web-xml/dev*, visto que o ambiente default é o dev. De forma análoga, existe um outro arquivo persistence.xml dentro da pasta *src/main/resources/META-INF*, que é a cópia do que está dentro de *WEB-INF/xml/persistence/dev*.

Se ainda tem dúvidas sobre a estrutura física desses arquivos, recorra ao código-fonte, disponível em www.amazu.eti.br.

Mão na massa, execute esses procedimentos, criando a estrutura de pastas e os quatro arquivos.

Fim do Laboratório 36.3

Laboratório 36.4

4) Criar o segundo datasource no WildFly

Para completar a configuração dos dois ambientes, devemos providenciar para que exista um *datasource* para cada ambiente (planejamos assim) dentro do arquivo **standalone.xml**. Nós já possuímos um *datasource* do ambiente de desenvolvimento, devemos criar outro *datasource* para o ambiente de produção. Mão na massa, abra esse arquivo, localizado dentro da pasta onde foi instalado o WildFly e adicione o *datasource*, conforme a listagem em destaque abaixo (Pressupondo usuário e senha como "postgres" e o drive do PostgreSql já adicionado).

```
  </datasource>

  <datasource jta="true" jndi-name="java:jboss/datasources/PostgreSQLDS-PROD"
     pool-name="PostgreSQLDS-PROD" enabled="true" use-ccm="true">

     <connection-url>jdbc:postgresql://localhost:5432/pworld</connection-url>
     <driver-class>org.postgresql.Driver</driver-class>
     <driver>postgresql</driver>

    <pool>
     <min-pool-size>1</min-pool-size>
     <initial-pool-size>1</initial-pool-size>
     <max-pool-size>10</max-pool-size>
     <prefill>true</prefill>
     <use-strict-min>true</use-strict-min>
     <flush-strategy>Gracefully</flush-strategy>
    </pool>

    <security>
     <user-name>postgres</user-name>
     <password>postgres</password>
    </security>

    <validation>
     <valid-connection-checker
       class-name="org.jboss.jca.adapters.jdbc.extensions.postgres.
        PostgreSQLValidConnectionChecker"/>
     <background-validation>true</background-validation>
      <exception-sorter
       class-name="org.jboss.jca.adapters.jdbc.extensions.postgres.
        PostgreSQLExceptionSorter"/>
    </validation>

  </datasource>
    <drivers>
         <driver name="postgresql" module="org.postgresql">
              <xa-datasource-class>org.postgresql.Driver</xa-datasource-class>
         </driver>
    </drivers>

</datasources>
```

Listagem 36.3 Adicionando o *datasource* para o profile **prod**.

Fim do Laboratório 36.4

Laboratório 36.5

5) Segunda prova

Com o direito do mouse sob a raiz do projeto, acione o menu *Run As, Maven build...* Na caixa de texto *Goals*, digite o comando ***clean install –Pdev*** e aperte o botão Run. Acompanhe o log no console do Eclipse. Este comando gera um artefato do tipo **dev** (desenvolvimento) dentro da pasta **target** e também no **deploy** do WildFly. Após a estabilização do Maven ("BUILD-SUCCESS"), dê um *"refresh"* na raiz do projeto e um *"Full publish"* no aplicativo sob o servidor, sem isto pode não funcionar.

Rode o servidor e acompanhe as figuras e listagens a seguir...

```
01:14:16,405 INFO
[org.hibernate.jpa.internal.util.LogHelper] ...
HHH000204: Processing PersistenceUnitInfo [
  name: PWORLD-DEV
  ...]
01:14:16,483 INFO
```

Listagem 36.4
Log ao "subir o aplicativo". O comando aqui foi *clean install –Pdev*.

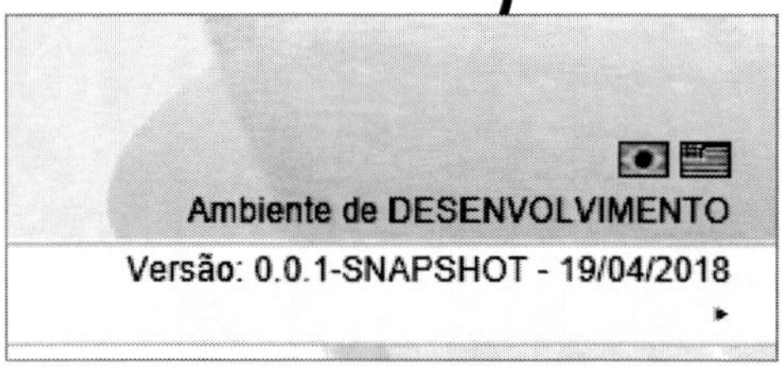

Figura 36.2
A **versão em desenvolvimento**, como escrita no pom.xml e a **data** da geração do artefato.

Dê stop no WildFly e realize novo teste, similarmente ao que foi feito, mas desta vez, modificando o profile para **prod** — o comando é *clean install –Pprod*. Se desejar, modifique também o número da versão dentro do **pom.xml**. No nosso teste, mudamos para **1.0-Release**. Perceba que no ambiente de produção não aparece o indicativo do ambiente na tela (foi configurado assim).

```
16:38:26,004 INFO
[org.hibernate.jpa.internal.util.LogHelper] ...
HHH000204: Processing PersistenceUnitInfo [
  name: PWORLD-PROD
  ...]
16:38:26,094 INFO
```

Listagem 36.5
Log ao "subir o aplicativo". O comando aqui foi *clean install –Pprod*.

Figura 36.3 A **versão**, em produção.

Ao "subir o aplicativo", observamos o log no console do eclipse indicando o *datasource* ativo (no caso, porque ativamos o profile **dev** ou o **prod**).

Você deve realizar os comandos Maven seguindo o mesmo roteiro das experiências anteriores, sempre executando um *refresh* na raiz do projeto e um "*full publish*" no servidor, após o comando *install*.

Fim do Laboratório 35.5

6) Entender o algoritmo do Caso de Uso Realizar Setup

Para o UC Realizar Setup, o algoritmo mostrado na figura abaixo deve ser implementado. Note-se a simplicidade do algoritmo sendo representado pelo diagrama, é claro que ele implementa muitas regras de negócio além das representadas, entretanto nos possibilita uma visão ampla do UC.

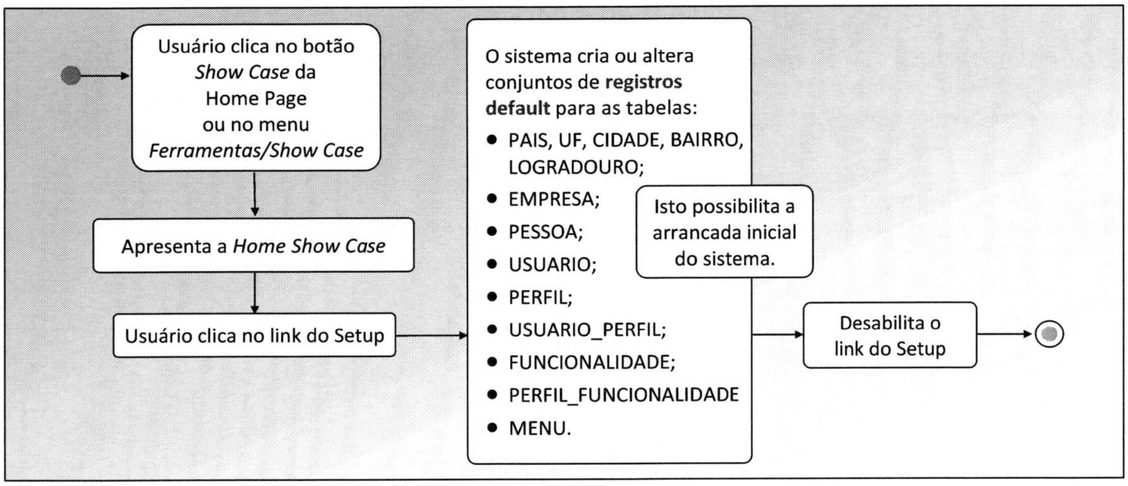

Figura 36.4 Algoritmo do UC Realizar Setup.

REGRAS DE NEGÓCIOS

Todas as regras de negócios devem ser conhecidas antes de começar a codificação.

Ao clicar no link *"Setup"* da página **Home Show Case,** o sistema deverá executar vários processos no sentido de criar os registros imprescindíveis ao funcionamento inicial do aplicativo (arrancada inicial)...

- Criando os cinco perfis default: DESENVOLVEDOR, ADMINISTRADOR, OPERADORES MASTER e SENIOR e VISITANTE;
- Criando os menus default: Administração, com seus submenus, Home Page, Login e Logout e suas respectivas funcionalidades;
- Criando a empresa, as pessoas e os usuários default: Dev, Adm, Op Master, Op Senior e Vis, bem como um endereço default comum a todos eles.

> O caso de uso **Realizar Setup** deve ser privativo do usuário DESENVOLVEDOR, portanto, não pode ser um caso de uso funcional, visto que ele deve ser acessado de dentro da página de *Show Case*, invisível a todos, exceto ao usuário desenvolvedor. Ele tem o propósito exclusivo de prover um mínimo de funcionalidades para o aplicativo arrancar pela primeira vez com sucesso. Evidentemente, após a criação dos registros default, os dados poderão ser alterados para dados reais.

Laboratório 36.6

7) Criar um repositório para os scripts SQL

Armazenar os scripts SQL do aplicativo em um repositório é considerado uma boa prática de programação, pois facilita muito a manutenção, além de separar melhor o código. Sob esse aspecto, vamos criar um repositório específico para o setup do aplicativo. Outros poderão ser criados ao longo do projeto...

Sob o pacote *br.eti.amazu.infra.persistence*, crie um tipo *enum*, chamando-o de **SetupSqlRepository**, codificando-o assim...

```
package br.eti.amazu.infra.persistence;

public enum SetupSqlRepository {

  //================================================
  QTD_RECORDS_IN_MENU_IN_SETUP(getRecordsInMenu()),
  CRIAR_FUNCAO_REMOVE_ACENTOS_IN_SETUP(criarFuncaoRemoveAcentos()),
  //===========================================================

  //menus======================================
  GET_IDS_MENUS_DEFAULT_IN_SETUP(getIdsMenus()),
  CRIAR_MENUS_RAIZ_DEFAULT_IN_SETUP(criarAlterarMenus(1, "raiz")),
  CRIAR_MENUS_NAO_RAIZ_DEFAULT_IN_SETUP(criarAlterarMenus(1, "nao raiz")),
  ALTERAR_MENUS_RAIZ_DEFAULT_IN_SETUP(criarAlterarMenus(2, "raiz")),
  ALTERAR_MENUS_NAO_RAIZ_DEFAULT_IN_SETUP(criarAlterarMenus(2, "nao raiz")),
  INCREMENTAR_SEQUENCE_MENU_DEFAULT_IN_SETUP(incrementarSequence(1)),
  //==============================================================

  //enderecos==================================
  GET_ID_PAIS_DEFAULT_IN_SETUP(getIdPaisDefault()),
  GET_ID_UF_DEFAULT_IN_SETUP(getIdUfDefault()),
  GET_ID_CIDADE_DEFAULT_IN_SETUP(getIdCidadeDefault()),
  GET_ID_BAIRRO_DEFAULT_IN_SETUP(getIdBairroDefault()),
  GET_ID_LOGRADOURO_DEFAULT_IN_SETUP(getIdLogradouroDefault()),
  CRIAR_PAIS_DEFAULT_IN_SETUP(criarAlterarPaisDefault(1)),
  ALTERAR_PAIS_DEFAULT_IN_SETUP(criarAlterarPaisDefault(2)),
  CRIAR_UF_DEFAULT_IN_SETUP(criarAlterarUfDefault(1)),
  ALTERAR_UF_DEFAULT_IN_SETUP(criarAlterarUfDefault(2)),
  CRIAR_CIDADE_DEFAULT_IN_SETUP(criarAlterarCidadeDefault(1)),
  ALTERAR_CIDADE_DEFAULT_IN_SETUP(criarAlterarCidadeDefault(2)),
  CRIAR_BAIRRO_DEFAULT_IN_SETUP(criarAlterarBairroDefault(1)),
  ALTERAR_BAIRRO_DEFAULT_IN_SETUP(criarAlterarBairroDefault(2)),
  CRIAR_LOGRADOURO_DEFAULT_IN_SETUP(criarAlterarLogradouroDefault(1)),
  ALTERAR_LOGRADOURO_DEFAULT_IN_SETUP(criarAlterarLogradouroDefault(2)),
  //=============================================================

  //funcionalidades=================================================
  GET_IDS_FUNCIONALIDADES_DEFAULT_IN_SETUP(getIdsFuncionalidades()),
  CRIAR_FUNCIONALIDADES_DEFAULT_IN_SETUP(criarAlterarFuncionalidades(1)),
  ALTERAR_FUNCIONALIDADES_DEFAULT_IN_SETUP(criarAlterarFuncionalidades(2)),
  INCREMENTAR_SEQUENCE_FUNCIONALIDADE_DEFAULT_IN_SETUP(incrementarSequence(2)),
  //==========================================================================

  //perfis=====================================
  GET_IDS_PERFIS_DEFAULT_IN_SETUP(getIdsPerfis()),
  CRIAR_PERFIS_DEFAULT_IN_SETUP(criarAlterarPerfis(1)),
  ALTERAR_PERFIS_DEFAULT_IN_SETUP(criarAlterarPerfis(2)),
  INCREMENTAR_SEQUENCE_PERFIL_DEFAULT_IN_SETUP(incrementarSequence(3)),
  //==============================================================

```

continua

Listagem 36.6a O tipo Enum **SetupSqlRepository**.

continuação

```
//perfis/funcionalidades=================================================
DELETAR_PERFIS_FUNCIONALIDADES_DEFAULT_IN_SETUP(associarPerfisComFuncionalidades(1)),
ASSOCIAR_PERFIS_COM_FUNCIONALIDADES_DEFAULT_IN_SETUP(associarPerfisComFuncionalidades(2)),
//========================================================================

//empresa=================================
GET_ID_EMPRESA_DEFAULT_IN_SETUP(getIdEmpresa()),
CRIAR_EMPRESA_DEFAULT_IN_SETUP(criarAlterarEmpresa(1)),
ALTERAR_EMPRESA_DEFAULT_IN_SETUP(criarAlterarEmpresa(2)),
INCREMENTAR_SEQUENCE_EMPRESA_DEFAULT_IN_SETUP(incrementarSequence(4)),
//=============================================================

//pessoas====================================
GET_IDS_PESSOAS_DEFAULT_IN_SETUP(getIdsPessoas()),
CRIAR_PESSOAS_DEFAULT_IN_SETUP(criarAlterarPessoas(1)),
ALTERAR_PESSOAS_DEFAULT_IN_SETUP(criarAlterarPessoas(2)),
INCREMENTAR_SEQUENCE_PESSOA_DEFAULT_IN_SETUP(incrementarSequence(5)),
//============================================================

//usuarios===================================
GET_IDS_USUARIOS_DEFAULT_IN_SETUP(getIdsUsuarios()),
CRIAR_USUARIOS_DEFAULT_IN_SETUP(criarAlterarUsuarios(1)),
ALTERAR_USUARIOS_DEFAULT_IN_SETUP(criarAlterarUsuarios(2)),
//======================================================

//usuarios/perfis==============================================
DELETAR_PERFIS_USUARIOS_DEFAULT_IN_SETUP(associarUsuariosComPerfis(1)),
ASSOCIAR_USUARIOS_COM_PERFIS_DEFAULT_IN_SETUP(associarUsuariosComPerfis(2)),
//===================================================================
;

private String sql;

//Construtor
SetupSqlRepository(String sql) {
 this.sql = sql;
}

/* ==================================
 * Contagem de registros na abela MENU
 * Permite habilitar/desabilitar o link do SETUP.
 * -------------------------------------------*/
static String getRecordsInMenu() {
 StringBuffer buff = new StringBuffer();
 buff.append("SELECT COUNT(ID_MENU) AS QTD FROM PWORLD.MENU");
 return buff.toString();
}

// Eh uma funcao que retira todos os acentos (util para pesquisas do tipo like).
static String criarFuncaoRemoveAcentos() {
 StringBuffer buff = new StringBuffer();
 buff.append("CREATE OR REPLACE FUNCTION PWORLD.sem_acento(text) RETURNS text AS ");
 buff.append("$BODY$ select ");
 buff.append("translate($1,'áàâãäéèêëíìïóòôõöúùûüÁÀÂÃÄÉÈÊËÍÌÏÓÒÔÕÖÚÙÛÜçÇ',");
 buff.append("'aaaaaeeeeiiiooooouuuuAAAAAEEEEIIIOOOOOUUUUcC'); $BODY$ LANGUAGE ");
 buff.append("'sql' IMMUTABLE STRICT");
 return buff.toString();
}//---------------------
```

continua

Listagem 36.6b O tipo Enum **SetupSqlRepository**.

continuação

```
/*=========================================
 * Seleciona todos os IDs dos menus default
 ---------------------------------------*/
static String getIdsMenus() {
  StringBuffer buff = new StringBuffer();
  buff.append("SELECT a.ID_MENU FROM PWORLD.MENU a WHERE a.ID_MENU <= 13");
  return buff.toString();
}

/*=====================================
 * Cria ou altera todos os menus default
 * ---------------------------------*/
static String criarAlterarMenus(int op, String modo) {
  StringBuffer buff = new StringBuffer();

  if(op == 1) {

    buff.append("INSERT INTO PWORLD.MENU(ID_MENU, DISABLED, ICON, LABEL, METODO, ORDEM, ");

    if (modo.equals("raiz")) { // ultimo parametro eh nulll
      buff.append("SELECTABLE, SEPARATOR, TIPO, TITLE, VISIBILITY) ");
      buff.append("VALUES (:param0, 'F', :param1, :param2, :param3, :param4, 'T', 'F', "
          + ":param5, :param6, :param7)");

    } else {// ultimo paramentro eh not null
      buff.append("SELECTABLE, SEPARATOR, TIPO, TITLE, VISIBILITY, ID_MENU_FK) ");
      buff.append("VALUES (:param0, 'F', :param1, :param2, :param3, :param4, 'T', 'F', "
          + ":param5, :param6, :param7, :param8)");
    }

  }else {
    if (modo.equals("raiz")) { // ultimo parametro eh nulll
      buff.append("UPDATE PWORLD.MENU SET DISABLED='F', ICON=:param1, "
          + "LABEL=:param2,METODO= :param3, "
          + "ORDEM=:param4, SELECTABLE='T', SEPARATOR='F', TIPO=:param5, TITLE=:param6, "
          + "VISIBILITY=:param7 WHERE ID_MENU=:param0");

    }else {// ultimo paramentro eh not null
      buff.append("UPDATE PWORLD.MENU SET DISABLED='F', ICON=:param1, LABEL=:param2,"
          + "METODO= :param3, ORDEM=:param4, SELECTABLE='T', SEPARATOR='F', TIPO=:param5, "
          + "TITLE=:param6, VISIBILITY=:param7, ID_MENU_FK=:param8 WHERE ID_MENU=:param0");
    }
  }
  return buff.toString();
}//---------------------


/*==================================================
 * busca id de pais, uf, cidade, bairro e logradouro
 * ----------------------------------------------*/
static String getIdPaisDefault() {
  StringBuffer buff = new StringBuffer();
  buff.append("SELECT a.ID_PAIS FROM PWORLD.PAIS a WHERE a.ID_PAIS=55");
  return buff.toString();
}

static String getIdUfDefault() {
  StringBuffer buff = new StringBuffer();
  buff.append("SELECT a.ID_UF FROM PWORLD.UF a WHERE a.ID_UF=7");
  return buff.toString();
}
```

continua

Listagem 36.6c O tipo Enum **SetupSqlRepository**.

continuação

```
static String getIdCidadeDefault() {
  StringBuffer buff = new StringBuffer();
  buff.append("SELECT a.ID_CIDADE FROM PWORLD.CIDADE a WHERE a.ID_CIDADE=8");
  return buff.toString();
}

static String getIdBairroDefault() {
  StringBuffer buff = new StringBuffer();
  buff.append("SELECT a.ID_BAIRRO FROM PWORLD.BAIRRO a WHERE a.ID_BAIRRO=5");
  return buff.toString();
}

static String getIdLogradouroDefault() {
  StringBuffer buff = new StringBuffer();
  buff.append("SELECT a.ID_LOGRADOURO FROM PWORLD.LOGRADOURO a WHERE a.ID_LOGRADOURO=1");
  return buff.toString();
}//------------------------

/*=====================================================
 * Cria ou altera pais, uf, cidade, bairro e logradouro
 * -------------------------------------------------*/
static String criarAlterarPaisDefault(int op) {
  StringBuffer buff = new StringBuffer();
  if(op == 1) {
    buff.append("INSERT INTO PWORLD.PAIS (ID_PAIS, NOME_PAIS) VALUES (55, 'Brasil')");
  }else {
    buff.append("UPDATE PWORLD.PAIS SET NOME_PAIS = 'Brasil' WHERE ID_PAIS = 55");
  }
  return buff.toString();
}

static String criarAlterarUfDefault(int op) {
  StringBuffer buff = new StringBuffer();
  if(op == 1) {
    buff.append("INSERT INTO PWORLD.UF (ID_UF,NOME_UF,SIGLA,ID_PAIS) "
        + "VALUES (7,'Distrito Federal','DF',55)");
  }else {
    buff.append("UPDATE PWORLD.UF SET NOME_UF='Distrito Federal', "
        + "SIGLA='DF', ID_PAIS=55 WHERE ID_UF=7");
  }
  return buff.toString();
}

static String criarAlterarCidadeDefault(int op) {
  StringBuffer buff = new StringBuffer();
  if(op == 1) {
    buff.append("INSERT INTO PWORLD.CIDADE (ID_CIDADE, NOME_CIDADE, ID_UF) "
        + "VALUES (8, 'Brasília', 7)");
  }else {
    buff.append("UPDATE PWORLD.CIDADE SET NOME_CIDADE = 'Brasília', ID_UF = 7 "
        + "WHERE ID_CIDADE = 8");
  }
  return buff.toString();
}

static String criarAlterarBairroDefault(int op) {
  StringBuffer buff = new StringBuffer();
  if(op == 1) {
    buff.append("INSERT INTO PWORLD.BAIRRO (ID_BAIRRO, NOME_BAIRRO, ID_CIDADE) "
        + "VALUES (5, 'Asa Sul', 8)");

```

continua

Listagem 36.6d O tipo Enum **SetupSqlRepository**.

continuação

```
  }else {
    buff.append("UPDATE PWORLD.BAIRRO SET NOME_BAIRRO = 'Asa Sul', ID_CIDADE = 8 "
        + "WHERE ID_BAIRRO = 5");
  }
  return buff.toString();
}

static String criarAlterarLogradouroDefault(int op) {
  StringBuffer buff = new StringBuffer();
  if(op == 1) {
    buff.append("INSERT INTO PWORLD.LOGRADOURO (ID_LOGRADOURO, CEP, NOME_LOGRADOURO, "
        + "ID_BAIRRO) VALUES (1, '70730510', 'SCLRN', 5)");

  }else {
    buff.append("UPDATE PWORLD.LOGRADOURO SET CEP = '70730510', "
        + "NOME_LOGRADOURO = 'SCLRN', ID_BAIRRO = 5 WHERE ID_LOGRADOURO = 1");
  }
  return buff.toString();
}//--------------------


/*====================================================
 * Seleciona todos os IDs das funcionalidades default
 ------------------------------------------------*/
static String getIdsFuncionalidades() {
  StringBuffer buff = new StringBuffer();

  buff.append("SELECT a.ID_FUNCIONALIDADE FROM PWORLD.FUNCIONALIDADE a "
      + "WHERE a.ID_FUNCIONALIDADE <= 10");

  return buff.toString();
}

/*=================================================
 * Cria ou altera todas as funcionalidades default
 * ------------------------------------------*/
static String criarAlterarFuncionalidades(int op) {
  StringBuffer buff = new StringBuffer();
  if(op == 1) {

    buff.append("INSERT INTO PWORLD.FUNCIONALIDADE (ID_FUNCIONALIDADE, LABEL, "
        + "VISIBILITY, DISABLED) "
        + "VALUES (:param0, :param1, :param2, :param3)");

  }else {
    buff.append("UPDATE PWORLD.FUNCIONALIDADE SET LABEL= :param1, VISIBILITY= :param2 , "
        + "DISABLED= :param3 WHERE ID_FUNCIONALIDADE = :param0");
  }
  return buff.toString();
}

/*==========================================
 * Seleciona todos os IDs dos perfis default
 ---------------------------------------*/
static String getIdsPerfis() {
  StringBuffer buff = new StringBuffer();
  buff.append("SELECT a.ID_PERFIL FROM PWORLD.PERFIL a WHERE a.ID_PERFIL <= 5");
  return buff.toString();
}
```

continua

Listagem 36.6e O tipo Enum **SetupSqlRepository**.

continuação

```
/*=======================================
 * Cria ou altera todos os perfis default
 * -----------------------------------*/
static String criarAlterarPerfis(int op) {
  StringBuffer buff = new StringBuffer();
  if(op == 1) {
    buff.append("INSERT INTO PWORLD.PERFIL (ID_PERFIL, NOME, "
        + "CARACTERISTICAS, COD_PERFIL) "
        + "VALUES (:param0, :param1, :param2, :param3)");

  }else {
    buff.append("UPDATE PWORLD.PERFIL SET NOME= :param1, CARACTERISTICAS= :param2 , "
        + "COD_PERFIL= :param3 WHERE ID_PERFIL = :param0");
  }
  return buff.toString();
}

/*====================================
 * Associar perfis com funcionalidades
 * --------------------------------*/
static String associarPerfisComFuncionalidades(int op) {
  StringBuffer buff = new StringBuffer();

  if(op == 1) {
    buff.append("DELETE FROM PWORLD.perfil_funcionalidade WHERE ID_PERFIL = :param0 "
      + "AND ID_FUNCIONALIDADE = :param1");

  }else {
    buff.append("INSERT INTO PWORLD.perfil_funcionalidade("
        + "ID_PERFIL, ID_FUNCIONALIDADE) VALUES(:param0,:param1)");
  }
  return buff.toString();
}

/*=================================
 * Seleciona o id da empresa default
 --------------------------------*/
static String getIdEmpresa() {
  StringBuffer buff = new StringBuffer();
  buff.append("SELECT a.ID_EMPRESA FROM PWORLD.EMPRESA a WHERE a.ID_EMPRESA=1");
  return buff.toString();
}//--------------------

/*================================
 * Criar ou alterar empresa default
 ------------------------------*/
static String criarAlterarEmpresa(int op) {
  StringBuffer buff = new StringBuffer();
  if(op == 1) {
    buff.append("INSERT INTO PWORLD.EMPRESA ("
        + "ID_EMPRESA, CNPJ, NOME_FANTASIA, RAZAO_SOCIAL) ");
    buff.append("VALUES (1, '00.000.000/0001-99', 'Amazu Tecnologia', "
        + "'Amazu Tecnologia Ltda')");

  }else {
    buff.append("UPDATE PWORLD.EMPRESA SET CNPJ='00.000.000/0001-99', "
        + "NOME_FANTASIA = 'Amazu Tecnologia', "
        + "RAZAO_SOCIAL='Amazu Tecnologia Ltda' WHERE ID_EMPRESA = 1");
  }
  return buff.toString();
}//---------------------
```

continua

Listagem 36.6f O tipo Enum **SetupSqlRepository**.

continuação

```java

/*==================================
 * Seleciona todos os IDs das pessoas
 ---------------------------------*/
static String getIdsPessoas() {
  StringBuffer buff = new StringBuffer();
  buff.append("SELECT a.ID_PESSOA FROM PWORLD.PESSOA a WHERE a.ID_PESSOA <= 5");
  return buff.toString();
}//--------------------


/*========================================
 * Cria ou altera todas as pessoas default
 * -----------------------------------*/
static String criarAlterarPessoas(int op) {
  StringBuffer buff = new StringBuffer();
  if(op == 1) {
    buff.append("INSERT INTO PWORLD.PESSOA (ID_PESSOA, CPF, "
        + "DATA_NASCIMENTO, IDT, NOME, CEP, ID_EMPRESA) "
        + "VALUES (:param0, :param1, :param2, :param3, :param4, :param5, :param6)");

  }else {
    buff.append("UPDATE PWORLD.PESSOA SET CPF= :param1, "
        + "DATA_NASCIMENTO= :param2 ,  IDT= :param3, "
        + "NOME=:param4, CEP=:param5, ID_EMPRESA=:param6 WHERE ID_PESSOA =:param0");
  }
  return buff.toString();
}//--------------------


/*===================================
 * Seleciona todos os IDs dos usuarios
 ----------------------------------*/
static String getIdsUsuarios() {
  StringBuffer buff = new StringBuffer();
  buff.append("SELECT a.ID_USUARIO FROM PWORLD.USUARIO a WHERE a.ID_USUARIO <= 5");
  return buff.toString();
}//--------------------------


/*=========================================
 * Cria ou altera todas os usuarios default
 * ------------------------------------*/
static String criarAlterarUsuarios(int op) {
  StringBuffer buff = new StringBuffer();
  if(op == 1) {
    buff.append("INSERT INTO PWORLD.USUARIO (ID_USUARIO, BLOQUEADO, "
        + "DATA_PRIMEIRO_ACESSO, NOME_USUARIO, "
        + "PRIMEIRO_ACESSO, SENHA) VALUES (:param0, :param1, "
        + ":param2, :param3, :param4, :param5)");

  }else {
    buff.append("UPDATE PWORLD.USUARIO SET BLOQUEADO =:param1, "
        + "DATA_PRIMEIRO_ACESSO =:param2, "
        + "NOME_USUARIO =:param3, PRIMEIRO_ACESSO =:param4, "
        + "SENHA =:param5 WHERE ID_USUARIO=:param0");
  }
  return buff.toString();
}//--------------------

```

continua

Listagem 36.6g O tipo Enum **SetupSqlRepository**.

continuação

```
  /*=====================================
   * Associar usuarios com perfis default
   * ---------------------------------*/
  static String associarUsuariosComPerfis(int op) {
    StringBuffer buff = new StringBuffer();

    if(op == 1) {
      buff.append("DELETE FROM PWORLD.USUARIO_PERFIL WHERE ID_USUARIO "
        + "= :param0 AND ID_PERFIL = :param1");

    }else {
      buff.append("INSERT INTO PWORLD.USUARIO_PERFIL(ID_USUARIO, ID_PERFIL) "
          + "VALUES(:param0,:param1)");
    }
    return buff.toString();
  }


  /*===========================
   *  Incrementar as sequencias
  ---------------------------*/
  static String incrementarSequence(int op) {
    StringBuffer buff = new StringBuffer();
    switch(op) {
      case 1:buff.append("SELECT setval('PWORLD.MENU_SEQ',"
          + "(SELECT last_value FROM PWORLD.MENU_SEQ)+1,true);");break;

      case 2:buff.append("SELECT setval('PWORLD.FUNCIONALIDADE_SEQ',"
          + "(SELECT last_value FROM PWORLD.FUNCIONALIDADE_SEQ)+1,true);");break;

      case 3:buff.append("SELECT setval('PWORLD.PERFIL_SEQ',"
          + "(SELECT last_value FROM PWORLD.PERFIL_SEQ)+1,true);");break;

      case 4:buff.append("SELECT setval('PWORLD.EMPRESA_SEQ'"
          + ",(SELECT last_value FROM PWORLD.EMPRESA_SEQ)+1,true);");break;

      case 5:buff.append("SELECT setval('PWORLD.PESSOA_SEQ'"
          + ",(SELECT last_value FROM PWORLD.PESSOA_SEQ)+1,true);");break;
    }
    return buff.toString();
  }//---------------------


  /*----------
   * get/set
   ----------*/
  public String getSql() {
    return sql;
  }

}
```

Listagem 36.6h O tipo enum **SetupSqlRepository**.

Fim do Laboratório 36.6

Laboratório 36.7

8) Criar o bean de Realizar Setup

Sob o pacote *br.eti.amazu.infra.view.showcase*, crie uma classe chamada **SetupCaseBean**, codificando-a como abaixo...

```
package br.eti.amazu.infra.view.showcase;

import java.io.Serializable;
import java.util.ArrayList;
import java.util.Date;
import java.util.List;

import javax.faces.view.ViewScoped;
import javax.inject.Inject;
import javax.inject.Named;
import org.apache.log4j.Level;
import org.primefaces.PrimeFaces;
import br.eti.amazu.component.dialog.DialogBean;
import br.eti.amazu.component.progressbar.ProgressBean;
import br.eti.amazu.component.pworld.persistence.exception.DaoException;
import br.eti.amazu.infra.persistence.SetupSqlRepository;
import br.eti.amazu.infra.persistence.appfacade.IAppFacade;
import br.eti.amazu.infra.util.Crypt;
import br.eti.amazu.infra.util.DateUtil;
import br.eti.amazu.infra.util.log.Log;


  /* ------------------------------------------------------------------------
   *                                      |            QUEM ACESSA             |
   *        MENU / FUNCIONALIDADE          -------------------------------------
   *                                      | DEV | ADM  | OPM | OPS  | VIS    |
   * ------------------------------------------------------------------------
   *  - Administracao                     |     |      |     |      |        |
   *   - Ferramentas                      |     |      |     |      |        |
   *      -  Manter Menus                 | (*) |      |     |      |        |
   *      -  Showcase                     | (*) |      |     |      |        |
   *   - Recursos Humanos                 |     |      |     |      |        |
   *     - Cadastro de Pessoal            | (*) |  x   |  x  |  x   |        |
   *     - Cadastro de Usuarios           | (*) |  x   |  x  |      |        |
   *     - Manter Perfis                  | (*) |  x   |     |      |        |
   *----------------------------------------------------------------------- |
   * - Download                           | (**) | (**) | (**) | (**) | (**) |
   * - Home Page                          | (**) | (**) | (**) | (**) | (**) |
   * - Login                              | (**) | (**) | (**) | (**) | (**) |
   * - Logout                             | (**) | (**) | (**) | (**) | (**) |
   *  - Help                              | (**) | (**) | (**) | (**) | (**) |
   * ------------------------------------------------------------------------
   * (*) O Desenvolvedor possui acesso a todas as funcionalidades.
   * (**)Funcionalidades publicas --> todos teem acesso.*
   * Essa confluencia irah culminar em 6 registros na tabela PERFIL_FUNCIONALIDADE.
   *
   * USUARIOS E PERFIS
   * -----------------
   * DEV ==> POSSUI TODOS OS PERFIS, SEM PRECISAR LANCAR REGISTROS NA TABELA USUARIO_PERFIL
   * ADM ==> ADM, OP MASTER e OP SENIOR (Produz tres registros na tabela USUARIO_PERFIL)
   * OPM ==> OP MASTER
   * OPS ==> OP SENIOR
   * VIS ==> VISITANTE
   * Essa confluencia irah culminar em 10 registros na tabela USUARIO_PERFIL. */


```

continua

Listagem 36.7a A classe **SetupCaseBean**.

continuação

```
@Named
@ViewScoped
public class SetupCaseBean implements Serializable{

  private static final long serialVersionUID = 1L;

  @Inject
  IAppFacade<Object> appFacade;

  @Inject
  DialogBean dialogBean;

  @Inject
  ProgressBean progressBean;

  public boolean existMenus(){

    //verifica se a tabela MENU possui entradas de menu.
    try {
      Object entradasMenu = appFacade.recuperarNQ(
          SetupSqlRepository.QTD_RECORDS_IN_MENU_IN_SETUP.getSql());

      if(entradasMenu == null || Long.parseLong(entradasMenu.toString()) == 0){
        return false;  //retorna false ---> habilita o link do setup
      }

    } catch (DaoException e) {
      e.printStackTrace();
    }
    return true; //retorna true ---> desabilita o link do setup
  }

  public void prepararSetup(){
    progressBean.init("setupCaseBean.realizarSetup", null, null);
    PrimeFaces.current().executeScript("PF('progressbar').show()");
  }

  public void realizarSetup(){

    Log.setLogger("", "Inicializando objetos...", Level.INFO);

    /* O codigo realiza 59 iteracoes (armazenado na variavel it).
     * Dimensionar a progressbar com um valor um a cinco pontos menor que isto.*/
    progressBean.setpSize(58);

    int it = 1; //inicia um contador para a progressBar.

    try {
      /*******************************************************
       * Inicia pelos elementos menos acoplados (nao-dependentes)
       *******************************************************/

      //1) Cria (ou recria) uma funcao no banco de dados "remove acento"
      atualizeProgressbar(it, "Inicializando objetos...");
      appFacade.executarNQ(SetupSqlRepository.CRIAR_FUNCAO_REMOVE_ACENTOS_IN_SETUP.getSql());

      //2) Menus default
      it = this.crieOuAltereMenusDefault(it);

      //3) Enderecos default
      it = this.crieOuAltereEnderecosDefault(it);

```

continua

Listagem 36.7b A classe **SetupCaseBean**.

continuação

```
      //4) Funcionalidades default
      it = this.crieOuAltereFuncionalidadesDefault(it);

      //5) perfis default
      it = this.crieOuAlterePerfisDefault(it);

      //6) Associar perfis com funcionalidades
      it = this.associePerfisComFuncionalidades(it);

      //7) Empresa default
      it = this.crieOuAltereEmpresaDefault(it);

      //8) Pessoas defaults
      it = this.crieOuAlterePessoasDefault(it);

      //9) Usuarios defaults
      it = this.crieOuAltereUsuariosDefault(it);

      //10) Associar usuarios com perfis
      it = this.associeUsuariosComPerfis(it);

    } catch (DaoException e) {
      e.printStackTrace();
    }
  }

  int crieOuAltereMenusDefault(int it){
    try{
      /* Cria os 13 menus default, caso eles nao existam (buscar pelo ID)
       * Inicialmente, guarda todos os menus (apenas ids) em uma lista para comparacoes */
      List<Object> idMenus = appFacade.listarNQ(
         SetupSqlRepository.GET_IDS_MENUS_DEFAULT_IN_SETUP.getSql());

      for(int z= 1; z<=13; z++){
        switch(z) {
          case 1:
            crieOuAltereMenu(it++,z,"edit_pen.gif","mm_keyLabel_administracao",
               null, 0,"0",null,"F",null,idMenus);
            break;
          case 2:
            crieOuAltereMenu(it++, z, "config.gif", "mm_keyLabel_ferramentas",
               null, 0, "0", null, "F", 1L, idMenus);
            break;
          case 3:
            crieOuAltereMenu(it++, z, "menu.gif", "mm_keyLabel_manterMenus",
               "#{manterMenusBean.iniciarManterMenus}", 0, "1", null, "F", 2L, idMenus);
            break;
          case 4:
            crieOuAltereMenu(it++, z, "java.gif", "mm_keyLabel_showCase",
               "#{menuBean.iniciarShowCase}", 1, "1", null, "F", 2L, idMenus);
            break;
          case 5:
            crieOuAltereMenu(it++, z, "peoples_dif.gif", "mm_keyLabel_recursosHumanos",
               null, 1, "0", null, "F", 1L, idMenus);
            break;
          case 6:
            crieOuAltereMenu(it++, z, "peoples.gif", "mm_keyLabel_cadastroPessoal",
               "#{recursosHumanosBean.iniciarManterCadPes}", 0, "1", null, "F", 5L,idMenus);
            break;


```

continua

Listagem 36.7c A classe **SetupCaseBean**.

continuação

```
        case 7:
          crieOuAltereMenu(it++, z, "user.gif", "mm_keyLabel_cadastroUsuarios",
              "#{recursosHumanosBean.iniciarManterCadUs}", 1, "1", null, "F", 5L,idMenus);
          break;
        case 8:
          crieOuAltereMenu(it++, z, "activity.gif", "mm_keyLabel_manterPerfis",
              "#{manterPerfisBean.iniciarManterPerfis}", 2, "1", null, "F", 5L, idMenus);
          break;
        case 9:
          crieOuAltereMenu(it++, z, "download.gif", "mm_keyLabel_download",
              "#{manterArquivosBean.iniciarPaginaDownloads}", 1,
              "1", "Download", "T", null, idMenus);
          break;
        case 10:
          crieOuAltereMenu(it++, z, "home.gif", "mm_keyLabel_homePage",
              "#{menuBean.iniciarHomePage}", 2, "1", "Home Page", "T", null,idMenus);
          break;
        case 11:
          crieOuAltereMenu(it++, z, "key.gif", "mm_keyLabel_login",
              "#{realizarLoginBean.iniciarRealizarLogin}", 3, "1",
              "Realizar Login", "T", null, idMenus);
          break;
        case 12:
          crieOuAltereMenu(it++, z, "logout.gif", "mm_keyLabel_logout",
              "#{realizarLoginBean.iniciarRealizarLogout}", 4, "1",
              "Sair", "T", null,idMenus);
          break;
        case 13:
          crieOuAltereMenu(it++, z, "help.gif", "mm_keyLabel_help",
              "#{menuBean.getHelp}", 5, "1", "Help", "T", null, idMenus);
          break;
      }
      atualizeProgressbar(it++, "Criando o menu " + z);
    }
  }catch (DaoException e){
    e.printStackTrace();
  }
  return it;
}

int crieOuAltereEnderecosDefault(int it) {
  Object obj = null;

  try{
    List<Object> params = new ArrayList<Object>();
    params.add(55);

    atualizeProgressbar(it++, "Criando entradas em PAIS...");

    //verifica se existe o pais com id = 55 - cria ou altera
    obj = appFacade.recuperarNQ(SetupSqlRepository.GET_ID_PAIS_DEFAULT_IN_SETUP.getSql());

    if(obj == null) {
      appFacade.executarNQ(SetupSqlRepository.CRIAR_PAIS_DEFAULT_IN_SETUP.getSql());

    }else {
      appFacade.executarNQ(SetupSqlRepository.ALTERAR_PAIS_DEFAULT_IN_SETUP.getSql());
    }//-----------------------------------------------------------------

    atualizeProgressbar(it++, "Criando entradas em UF...");

```

continua

Listagem 36.7d A classe **SetupCaseBean**.

continuação

```
      //verifica se existe o uf com id = 7 - cria ou altera
      params.clear();
      params.add(7);
      obj = appFacade.recuperarNQ(SetupSqlRepository.GET_ID_UF_DEFAULT_IN_SETUP.getSql());

      if(obj == null) {
        appFacade.executarNQ(SetupSqlRepository.CRIAR_UF_DEFAULT_IN_SETUP.getSql());
      }else {
        appFacade.executarNQ(SetupSqlRepository.ALTERAR_UF_DEFAULT_IN_SETUP.getSql());
      }//-----------------------------------------------------------------------

      atualizeProgressbar(it++, "Criando entradas em CIDADE...");

      //verifica se existe o cidade com id = 8 - cria ou altera
      params.clear();
      params.add(8);
      obj = appFacade.recuperarNQ(
              SetupSqlRepository.GET_ID_CIDADE_DEFAULT_IN_SETUP.getSql());

      if(obj == null) {
        appFacade.executarNQ(SetupSqlRepository.CRIAR_CIDADE_DEFAULT_IN_SETUP.getSql());
      }else {
        appFacade.executarNQ(SetupSqlRepository.ALTERAR_CIDADE_DEFAULT_IN_SETUP.getSql());
      }//--------------------------------------------------------------------------

      atualizeProgressbar(it++, "Criando entradas em BAIRRO...");

      //verifica se existe o bairro com id = 5 - cria ou altera
      params.clear();
      params.add(5);
      obj = appFacade.recuperarNQ(
            SetupSqlRepository.GET_ID_BAIRRO_DEFAULT_IN_SETUP.getSql());

      if(obj == null) {
        appFacade.executarNQ(SetupSqlRepository.CRIAR_BAIRRO_DEFAULT_IN_SETUP.getSql());

      }else {
        appFacade.executarNQ(SetupSqlRepository.ALTERAR_BAIRRO_DEFAULT_IN_SETUP.getSql());
      }//--------------------------------------------------------------------------

      atualizeProgressbar(it++, "Criando entradas em LOGRADOURO..."); //it termina com 19

      //verifica se existe o logradouro com id = 1 - cria ou altera
      params.clear();
      params.add(1);
      obj = appFacade.recuperarNQ(
              SetupSqlRepository.GET_ID_LOGRADOURO_DEFAULT_IN_SETUP.getSql());

      if(obj == null) {
        appFacade.executarNQ(SetupSqlRepository.CRIAR_LOGRADOURO_DEFAULT_IN_SETUP.getSql());

      }else {
        appFacade.executarNQ(
                SetupSqlRepository.ALTERAR_LOGRADOURO_DEFAULT_IN_SETUP.getSql());
      }//---------------------------------------------------------------------

    }catch (DaoException e){
      e.printStackTrace();
    }
    return it;
  }
```

continua

Listagem 36.7e A classe **SetupCaseBean**.

continuação

```
int crieOuAltereFuncionalidadesDefault(int it){
 List<Object> params = new ArrayList<Object>();

 try{
  /* Cria as 10 funcionalidades default, caso elas nao existam (buscar pelo ID)
   * Inicialmente, guarda todas as funcionalidades em uma lista para comparacoes */
  List<Object> idFuncionalidades = appFacade.listarNQ(
     SetupSqlRepository.GET_IDS_FUNCIONALIDADES_DEFAULT_IN_SETUP.getSql());

  for(int b=1; b<=10; b++){
   params.clear();
   params.add(b); //ID_FUNCIONALIDADE

   switch(b) {
    case 1:
     params.add("/mm_keyLabel_administracao/"
        + "mm_keyLabel_ferramentas/mm_keyLabel_manterMenus");
     params.add("F");
     params.add("F");
     break;

    case 2:
     params.add("/mm_keyLabel_administracao/"
        + "mm_keyLabel_ferramentas/mm_keyLabel_showCase");
     params.add("F");
     params.add("F");
     break;

    case 3:
     params.add("/mm_keyLabel_administracao/"
        + "mm_keyLabel_recursosHumanos/mm_keyLabel_cadastroPessoal");
     params.add("F");
     params.add("F");
     break;

    case 4:
     params.add("/mm_keyLabel_administracao/"
        + "mm_keyLabel_recursosHumanos/mm_keyLabel_cadastroUsuarios");
     params.add("F");
     params.add("F");
     break;

    case 5:
     params.add("/mm_keyLabel_administracao/"
        + "mm_keyLabel_recursosHumanos/mm_keyLabel_manterPerfis");
     params.add("F");
     params.add("F");
     break;

    case 6:
     params.add("/mm_keyLabel_download");
     params.add("T");
     params.add("F");
     break;

    case 7:
     params.add("/mm_keyLabel_login");
     params.add("T");
     params.add("F");
     break;
```

continua

Listagem 36.7f A classe **SetupCaseBean**.

continuação

```java
    case 8:
     params.add("/mm_keyLabel_login");
     params.add("T");
     params.add("F");
     break;

    case 9:
     params.add("/mm_keyLabel_logout");
     params.add("T");
     params.add("F");
     break;

    case 10:
     params.add("/mm_keyLabel_help");
     params.add("T");
     params.add("F");
     break;
   }

   //Cria ou altera a funcionalidade com id = b (se cria, incrementa a sequence)
   if(existObject(b, idFuncionalidades)) {

    appFacade.executarNQ(
      SetupSqlRepository.ALTERAR_FUNCIONALIDADES_DEFAULT_IN_SETUP.getSql(), params);

   }else {
    appFacade.executarNQ(
      SetupSqlRepository.CRIAR_FUNCIONALIDADES_DEFAULT_IN_SETUP.getSql(), params);

    @SuppressWarnings("unused") Object seqFunc = appFacade.recuperarNQ(
      SetupSqlRepository.INCREMENTAR_SEQUENCE_FUNCIONALIDADE_DEFAULT_IN_SETUP.getSql());
   }

   atualizeProgressbar(it++, "Criando a Funcionalidade " + b);
  }

 }catch (DaoException e){
  e.printStackTrace();
 }
 return it;
}

int crieOuAlterePerfisDefault(int it){
 List<Object> params = new ArrayList<Object>();

 try{
  /* Cria os 5 perfis default, caso eles nao existam (buscar pelo ID)
   * Inicialmente, guarda todos os ids em uma lista para comparacoes */
  List<Object> idPerfis = appFacade.listarNQ(
    SetupSqlRepository.GET_IDS_PERFIS_DEFAULT_IN_SETUP.getSql());

  for(int a=1; a<=5; a++){
   params.clear();
   params.add(Long.parseLong(String.valueOf(a))); //ID_PERFIL

   switch(a) {
    case 1:
     params.add("DESENVOLVEDOR");
     params.add("Carrega todas as funcionalidades do sistema.");
     params.add("DEV");
     break;
```

continua

Listagem 36.7g A classe **SetupCaseBean**.

continuação

```
        case 2:
          params.add("ADMINISTRADOR");
          params.add(
              "Carrega todas as funcionalidades, menos as Ferramentas do Desenvolvedor.");
          params.add("ADM");
          break;
        case 3:
          params.add("OPERADOR MASTER");
          params.add("Carrega todas as funcionalidades, menos as Ferramentas "
              + "do Desenvolvedor e Manter Perfis.");
          params.add("OPM");
          break;
        case 4:
          params.add("OPERADOR SENIOR");
          params.add("Carrega todas as funcionalidades, menos as Ferramentas "
              + "do Desenvolvedor, Manter Perfis e Cadastro de Usuarios.");
          params.add("OPS");
          break;
        case 5:
          params.add("VISITANTE");
          params.add("Nao carrega as funcionalidades administrativas.");
          params.add("VIS");
          break;
      }

      //Cria ou altera o perfil com id = a
      if(existObject(a, idPerfis)) {
        appFacade.executarNQ(
            SetupSqlRepository.ALTERAR_PERFIS_DEFAULT_IN_SETUP.getSql(), params);

      }else {
        appFacade.executarNQ(
            SetupSqlRepository.CRIAR_PERFIS_DEFAULT_IN_SETUP.getSql(), params);

        @SuppressWarnings("unused") Object seqFunc = appFacade.recuperarNQ(
          SetupSqlRepository.INCREMENTAR_SEQUENCE_PERFIL_DEFAULT_IN_SETUP.getSql());
      }
      atualizeProgressbar(it++, "Criando o perfil " + a);
    }

  } catch (DaoException e) {
    e.printStackTrace();
  }
  return it;
}

int crieOuAltereMenu(int it, int idPerfil, String icon, String label, String metodo,
    int ordem, String tipo, String title, String visibility, Long id_menu_fk,
        List<Object> idMenus){

  try{
    List<Object> params = new ArrayList<Object>();
    params.add(Long.parseLong(String.valueOf(idPerfil))); //....0 - ID
    params.add(icon); //.......................................1 - ICON
    params.add(label); //......................................2 - LABEL
    params.add(metodo); //.....................................3 - METODO
    params.add(ordem); //......................................4 - ORDEM
    params.add(tipo); //.......................................5 - TIPO (1-Item, 0-Grupo)
    params.add(title); //......................................6 - TITLE
    params.add(visibility); //.................................7 - VISIBILITY

```

continua

Listagem 36.7h A classe **SetupCaseBean**.

continuação

```
    //Cria ou altera o perfil com id = z
    if(existObject(idPerfil, idMenus)) {

      if(id_menu_fk == null){
        appFacade.executarNQ(
            SetupSqlRepository.ALTERAR_MENUS_RAIZ_DEFAULT_IN_SETUP.getSql(), params);

      }else{
        params.add(id_menu_fk); //8- ID_MENU_FK
        appFacade.executarNQ(
            SetupSqlRepository.ALTERAR_MENUS_NAO_RAIZ_DEFAULT_IN_SETUP.getSql(), params);
      }

    }else {
      //Se o menu nao existe, cria o menu e incrementa a sequence.
      if(id_menu_fk == null){
        appFacade.executarNQ(
            SetupSqlRepository.CRIAR_MENUS_RAIZ_DEFAULT_IN_SETUP.getSql(), params);

      }else{
        params.add(id_menu_fk); //8- ID_MENU_FK
        appFacade.executarNQ(
            SetupSqlRepository.CRIAR_MENUS_NAO_RAIZ_DEFAULT_IN_SETUP.getSql(), params);
      }
      @SuppressWarnings("unused") Object seqFunc = appFacade.recuperarNQ(
          SetupSqlRepository.INCREMENTAR_SEQUENCE_MENU_DEFAULT_IN_SETUP.getSql());
    }

  }catch(DaoException e){
    e.printStackTrace();
  }
  return it;
}

int assoiePerfisComFuncionalidades(int it){
  atualizeProgressbar(it++, "Associando funcionalidades...");

  /* DEV: TODAS (nao precisa associar, pois jah possui por default em MenuBean)
   * ADM: 3,4,5
   * OP MASTER: 3,4
   * OP SENIOR: 3
   * OP VIS: nao precisa - jah possui todas as funcionalidades publicas*/
  try {
    List<Object> params = new ArrayList<Object>();

    for(Long a=1L; a<=6; a++){
      params.clear();
      if(a == 1) {params.add(2); params.add(3);}
      if(a == 2) {params.add(2); params.add(4);}
      if(a == 3) {params.add(2); params.add(5);}
      if(a == 4) {params.add(3); params.add(3);}
      if(a == 5) {params.add(3); params.add(4);}
      if(a == 6) {params.add(4); params.add(3);}

      appFacade.executarNQ(SetupSqlRepository.
          DELETAR_PERFIS_FUNCIONALIDADES_DEFAULT_IN_SETUP.getSql(), params);

      appFacade.executarNQ(SetupSqlRepository.
          ASSOCIAR_PERFIS_COM_FUNCIONALIDADES_DEFAULT_IN_SETUP.getSql(), params);
    }
```

continua

Listagem 36.7i A classe **SetupCaseBean**.

continuação

```
  } catch (DaoException e) {
   e.printStackTrace();
  }
  return it;
 }

 int crieOuAltereEmpresaDefault(int it) {
  atualizeProgressbar(it++, "Criando entradas em EMPRESA...");

  try {
   Object idEmpresa = appFacade.recuperarNQ(
     SetupSqlRepository.GET_ID_EMPRESA_DEFAULT_IN_SETUP.getSql());

   if(idEmpresa == null) {
    appFacade.executarNQ(SetupSqlRepository.CRIAR_EMPRESA_DEFAULT_IN_SETUP.getSql());

    @SuppressWarnings("unused") Object seqFunc = appFacade.recuperarNQ(
      SetupSqlRepository.INCREMENTAR_SEQUENCE_EMPRESA_DEFAULT_IN_SETUP.getSql());

   }else {
    appFacade.executarNQ(SetupSqlRepository.ALTERAR_EMPRESA_DEFAULT_IN_SETUP.getSql());

   }

  } catch (DaoException e) {
   e.printStackTrace();
  }
  return it;
 }

 int crieOuAlterePessoasDefault(int it) {
  try{
   /* Cria as 5 pessoas default, caso elas nao existam (buscar pelo ID)
    * Inicialmente, guarda todos os ids em uma lista para comparacoes */
   List<Object> idPessoas = appFacade.listarNQ(
     SetupSqlRepository.GET_IDS_PESSOAS_DEFAULT_IN_SETUP.getSql());

   List<Object> params = new ArrayList<Object>();

   for(int a=1; a<=5; a++){
    switch(a) {
     case 1: params = getParametros(params, "Pessoa", "Pessoa Desenvolvedor", a); break;
     case 2: params = getParametros(params, "Pessoa", "Pessoa Administrador", a); break;
     case 3: params = getParametros(params, "Pessoa", "Pessoa Op Master", a); break;
     case 4: params = getParametros(params, "Pessoa", "Pessoa Op Senior", a); break;
     case 5:params = getParametros(params, "Pessoa", "Pessoa Visitante", a); break;
    }

    //Cria ou altera o perfil com id = a
    if(existObject(a, idPessoas)) {
     appFacade.executarNQ(SetupSqlRepository.
       ALTERAR_PESSOAS_DEFAULT_IN_SETUP.getSql(), params);

    }else {
     String sql = SetupSqlRepository.CRIAR_PESSOAS_DEFAULT_IN_SETUP.getSql();
     appFacade.executarNQ(sql, params);

     @SuppressWarnings("unused") Object seqFunc = appFacade.recuperarNQ(
       SetupSqlRepository.INCREMENTAR_SEQUENCE_PESSOA_DEFAULT_IN_SETUP.getSql());
    }

```

continua

Listagem 36.7j A classe **SetupCaseBean**.

continuação

```
     atualizeProgressbar(it++, "Criando o menu de acesso " + a);
    }

   } catch (DaoException e) {
    e.printStackTrace();
   }
   return it;
  }


  int crieOuAltereUsuariosDefault(int it) {

   try{
    /* Cria as 5 usuarios default, caso elas nao existam (buscar pelo ID)
     * Inicialmente, guarda todos os ids em uma lista para comparacoes */
    List<Object> idUsuarios = appFacade.listarNQ(
      SetupSqlRepository.GET_IDS_USUARIOS_DEFAULT_IN_SETUP.getSql());

    List<Object> params = new ArrayList<Object>();

    for(int a=1; a<=5; a++){
     switch(a) {
      case 1: params = getParametros(params, "Usuario", "dev", a); break;
      case 2: params = getParametros(params, "Usuario", "admin", a); break;
      case 3: params = getParametros(params, "Usuario", "master", a);break;
      case 4: params = getParametros(params, "Usuario", "senior", a);break;
      case 5: params = getParametros(params, "Usuario", "vis", a); break;
     }

     //Cria ou altera o perfil com id = a
     if(existObject(a, idUsuarios)) {
      appFacade.executarNQ(SetupSqlRepository.
        ALTERAR_USUARIOS_DEFAULT_IN_SETUP.getSql(), params);

     }else {
      appFacade.executarNQ(SetupSqlRepository.
        CRIAR_USUARIOS_DEFAULT_IN_SETUP.getSql(), params);
     }
     atualizeProgressbar(it++, "Criando usuario " + a);
    }

   } catch (DaoException e) {
    e.printStackTrace();
   }
   return it;
  }

  int associeUsuariosComPerfis(int it){
   atualizeProgressbar(it++, "Associando usuarios e perfis...");

   /* dev: TODOS (nao precisa associar, pois jah possui por default em MenuBean)
    * adm: 2,3,4,5
    * master: 3,4,5
    * senior: 4,5
    * vis: 5*/
   try {
    List<Object> params = new ArrayList<Object>();
    Long i = 2L;
    Long z = 3L;
    Long y = 4L;

```

continua

Listagem 36.7k A classe **SetupCaseBean**.

continuação

```
      for(Long a=1L; a<=15; a++){
        params.clear();
        if(a <= 5) {params.add(1); params.add(a);}
        if(a >= 6 && a <= 9) {params.add(2); params.add(i++);}
        if(a >= 10 && a <= 12) {params.add(3); params.add(z++);}
        if(a >= 13 && a <= 14) {params.add(4); params.add(y++);}
        if(a == 15) {params.add(5); params.add(5);}
        appFacade.executarNQ(SetupSqlRepository.
          DELETAR_PERFIS_USUARIOS_DEFAULT_IN_SETUP.getSql(), params);

        appFacade.executarNQ(SetupSqlRepository.
          ASSOCIAR_USUARIOS_COM_PERFIS_DEFAULT_IN_SETUP.getSql(), params);
      }
    } catch (DaoException e) {
      e.printStackTrace();
    }
    return it;
  }

  List<Object> getParametros(List<Object> params, String entidade, String nome, int id){
    params.clear(); //objeto jah vem inicializado
    params.add(Long.parseLong(String.valueOf(id))); //....[0] ID
    if(entidade.equals("Pessoa")) {
      params.add("99.999.999.99");//....................[1] CPF
      params.add(DateUtil.getDate("01/01/2001"));//.....[2] DATA_NASCIMENTO
      params.add("9999-SSP");//.........................[3] IDT
      params.add(nome);//...............................[4] NOME
      params.add("70730510"); //........................[5] CEP
      params.add(1L);//.................................[6] ID_EMPRESA

    }else {
      //Se entidade = Usuario...
      params.add("F"); //...............................[1] BLOQUEADO
      params.add(new Date()); //........................[2] DATA_PRIMEIRO_ACESSO
      params.add(nome);//...............................[3] NOME_USUARIO
      params.add("T");//................................[4] PRIMEIRO_ACESSO
      params.add(Crypt.getHash("123456")); //...........[5] SENHA
    }
    return params;
  }

  boolean existObject(int idObject, List<Object> objects) {
    for(Object obj: objects) {
      int id = Integer.valueOf(obj.toString());
      if( idObject == id) return true;
    }
    return false;
  }

  void atualizeProgressbar(int value, String status){
    progressBean.setStatus(status);
    progressBean.setValue(value);
    try {
      Thread.sleep(250); //a cada iteracao, pause 250 milissegundos.
    } catch (InterruptedException e) {
      e.printStackTrace();
    }
  }
}
```

Listagem 36.7I A classe **SetupCaseBean**.

Fim do Laboratório 36.7

Laboratório 36.8

9) Prova final do Setup

Neste laboratório, vamos nos certificar de que o BlankApp esteja realmente em condições de receber o primeiro caso de uso.

Passo 1) Abra o PGAdmin e apague o banco de dados **pworld**, em seguida, crie-o novamente — crie também o esquema **pworld**.

Passo 2) Habilite a propriedade `<property name="hibernate.hbm2ddl.auto" value="create-drop"/>`, agindo no arquivo profile *WEB-INF/xml/persistence/dev/persistence.xml* — não se esquecendo de desabilitar depois.

Passo 3) Comandar ***clean install –Pdev*** com o Maven. Dar o *"Refresh"*, e em seguida *"Full Publish"*.

Passo 4) Colocar o aplicativo para funcionar (observe no console a criação das tabelas). Depois de estabilizado, abra o browser e o aplicativo, clicar no botão *Ir para Show Case.*

Passo 5) Dando sequência, clique no link *"Setup - Segunda Parte"*. A **progressbar** vai aparecer...

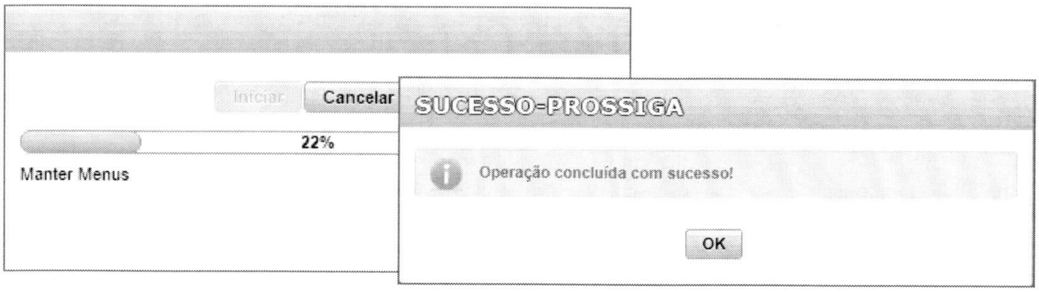

Figura 36.5
Clique *Iniciar*: o processamento termina quando o sistema emite um aviso de sucesso.

Passo 6) Para ratificar a prova, verifique no PGAdmin os registros criados. As figuras a seguir mostram partes das tabelas com esses registros.

	id_menu [PK] bigint	disabled character (1)	icon character varying (3	
1	1	F	edit_pen.gif	
2	2	F	config.gif	
3	3	F	menu.gif	
4	4	F	java.gif	
5	5	F	peoples_dif.gif	
6	6	F	peoples.gif	
7	7	F	user.gif	
8	8	F	activity.gif	
9	9	F	download.gif	
10	10	F	home.gif	
11	11	F	key.gif	
12	12	F	logout.gif	n
13	13	F	help.gif	mn

Figura 36.6
Comprovando os 13 registros na tabela MENU.

	id_funcionalidade [PK] bigint	disabled character (1)	label charact
1	1	F	/mm_key
2	2	F	/mm_keyl
3	3	F	/mm_keyL
4	4	F	/mm_keyL
5	5	F	/mm_keyL
6	6	F	/mm_keyLa
7	7	F	/mm_keyLa
8	8	F	/mm_keyLab
9	9	F	/mm_keyLabel_
10	10	F	/mm_keyLabel_h

Figura 36.7
Comprovando os 10 registros na tabela FUNCIONALIDADE.

	id_perfil [PK] bigint	caracteristicas character varying (250)	cod_perfil integer	nome character varying (25)	int
1	1	Carrega todas as funcionalidades do siste...	0	DESENVOLVEDOR	
2	2	Carrega todas as funcionalidades, menos a...	1	ADMINISTRADOR	
3	3	Carrega todas as funcionalidades, menos a...	2	OPERADOR MASTER	
4	4	Carrega todas as funcionalidades, menos a...	3	OPERADOR SENIOR	
5	5	Nao carrega as funcionalidades administra...	4	VISITANTE	

Figura 36.8
Comprovando os 5 registros na tabela PERFIL.

	id_funcionalidade [PK] bigint	id_perfil [PK] bigint
1	3	2
2	3	3
3	3	4
4	4	2
5	4	3
6	5	2

Figura 36.9
Comprovando os 6 registros na tabela PERFIL_FUNCIONALIDADE.

Figura 36.10
Comprovando os 5 registros na tabela PESSOA.

	id_pessoa [PK] bigint	nome character varying (70)	nr chara	uf chara	versao integer	id_empresa bigint
1	1	Pessoa Desenvolvedor	[null]	[null]	0	1
2	2	Pessoa Administrador	[null]	[null]	0	1
3	3	Pessoa Op Master	[null]	[null]	0	1
4	4	Pessoa Op Senior	[null]	[null]	0	1
5	5	Pessoa Visitante	[null]	[null]	0	1

Figura 36.11
Comprovando o registro na tabela EMPRESA.

	id_empresa [PK] bigint	cnpj character (18)	nome_fantasia character varying (70)	nr char	razao_social character varying (70)
1	1	00.000.000/0001-99	Amazu Tecnologia	[null	Amazu Tecnologia Ltda

	id_usuario [PK] bigint	bloqueado character (1)	data_primeiro_acesso date	nome_usuario character varying (15)	primeiro_acesso character (1)	senha character varying (1000)
1	1	F	2018-03-13	dev	F	7399EFEFBF3B+HASH+0588...
2	2	F	2018-03-13	admin	F	C7182A509A7F+HASH+5763...
3	3	F	2018-03-13	master	F	3CE8EA5C63F9+HASH+E21B...
4	4	F	2018-03-13	senior	F	91D756337214+HASH+C7C9...
5	5	F	2018-03-13	vis	F	10730477155C+HASH+73C0...

Figura 36.12 Comprovando os 5 registros na tabela USUARIO.

	id_usuario [PK] bigint	id_perfil [PK] bigint
1	1	1
2	1	2
3	1	3
4	1	4
5	1	5
6	2	2
7	2	3
8	2	4
9	2	5
10	3	3
11	3	4
12	3	5
13	4	4
14	4	5
15	5	5

Figura 36.13
Comprovando os 15 registros na tabela USUARIO_PERFIL.

Figura 36.14
Comprovando os registros nas tabelas de endereços.

	id_pais [PK] bigint	nome_pais character varying (70)
1	55	Brasil

	id_uf [PK] bigint	nome_uf character varying (70)	sigla character (2)	id_pais bigint
1	7	Distrito Federal	DF	55

	id_bairro [PK] bigint	nome_bairro character varying (70)	id_cidade bigint
1	5	Asa Sul	8

	id_cidade [PK] bigint	nome_cidade character varying (70)	id_uf bigint
1	8	Brasília	7

	id_logradouro [PK] bigint	cep character (9)	nome_logradouro character varying (125)	id_bairro bigint
1	1	70730510	SCLRN	5

Fim do Laboratório 36.8

Sobre o UC Realizar Setup

O que vem a ser um Caso de Uso (UC)

Casos de Uso são rotinas específicas atribuídas a um módulo em desenvolvimento. São previamente descritos em **Documentos de Casos de Uso**, ou **Use Case (UC)** que documentam, orientam e norteiam os desenvolvedores de uma fábrica de software para a confecção de um módulo específico do sistema em elaboração e são, normalmente, concebidos pela equipe de **Análise de Requisitos**. Os profissionais de TI envolvidos abstraem as funcionalidades do sistema e montam um diagrama por meio de um mapeamento de processos, contendo as rotinas globais, elaborando os casos de uso específicos de cada uma dessas funcionalidades, ou módulos. Neste ponto, um Analista de Banco de Dados (DBA) é envolvido pela equipe, dando informações sobre a viabilidade do projeto referente ao Caso de Uso em si e modelando um banco de dados de acordo.

O Caso de Uso específico é o ponto inicial e dele surgirão vários outros documentos, a saber: INTERFACE DE TELA, REGRAS DE NEGÓCIOS, DIAGRAMA DE CLASSES, DIAGRAMA DE SEQUÊNCIA, MODELO ENTIDADE-RELACIONAL, DICIONÁRIO DE DADOS, entre outros.

- A Interface de Tela deve ser elaborada por um *webdesigner* utilizando puramente elementos HTML, tendo como aliado o analista de requisitos que concebeu o Caso de Uso, dando todo o apoio, instruindo a respeito de cada funcionalidade prevista. Quando esse trabalho é finalizado, o Caso de Uso é colocado à mostra para o cliente aprovar ou não. Se aprovado, toda a documentação pertinente gerada até o momento poderá ser submetida à célula de desenvolvimento.
- As regras de negócio encerram um **documento** que contém um conjunto dos processos que faz o sistema funcionar sem falhas e é, talvez, o documento mais importante.
- Os diagramas de classes são os desenhos finais de cada entidade componente do domínio do negócio, implementadas em linguagem UML, algo como já mostrado em lições anteriores. Podem ser empregadas ferramentas CASE para a sua elaboração (automatizam um pouco o processo). Já os diagramas de sequência evidenciam a maneira como as regras de negócio devem ser implementadas e são um pouco mais raras, pois o gerente de projeto deve priorizar a liberdade do desenvolvedor, quando se usam Metodologias Ágeis de Desenvolvimento de Software.
- O Modelo Entidade-Relacional e o Dicionário de Dados já foi explicado em lições anteriores e também fazem parte da documentação de um Caso de Uso.

Para o BlankApp o foco é a prática

Perceba que cada módulo a ser construído em um sistema carece de um planejamento intensivo. Para o estudo deste livro não nos preocupamos com esses detalhes, pois o foco é a prática, pois todo esse trabalho já foi realizado e testado, e saiba que em um cenário real eles existem e jamais poderiam ser deixados em segundo plano.

Fim da Lição 36.

Lição 37
UC Realizar Login

Objetivos:

- Implementar o Caso de Uso Realizar Login

Entendendo o UC - Realizar Login
Algoritmo Principal

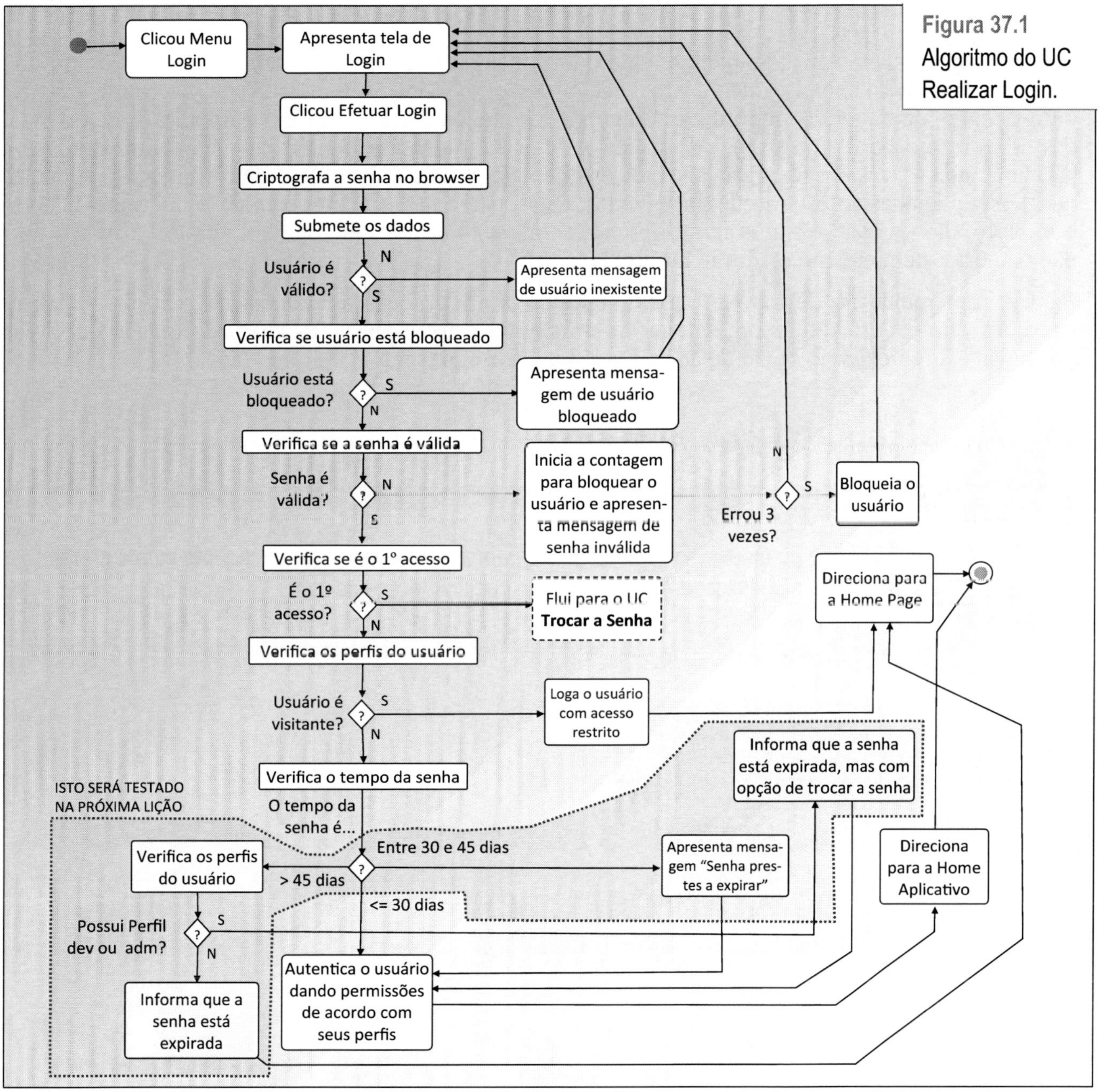

Figura 37.1
Algoritmo do UC Realizar Login.

Uma rápida olhada no diagrama e já temos condições de entender o que pretendemos com o Caso de Uso em estudo. Veja que existem subrotinas paralelas. Por exemplo: quando o usuário é convidado a trocar a senha, é apresentado uma tela para ele realizar digitações, o que pressupõe novas rotinas de salvamento no banco, validações, etc. A própria tela de login possui dois links:

- “Esqueci minha senha” e
- “Cadastre-me”.

Os dois links arremetem para outros dois módulos em UCs distintos, e com isto facilitando uma manutenção futura.

Algumas regras de negócio

“...ao inicializar o aplicativo e se o usuário não estiver logado, ele não terá acesso às pastas **adm** e **showcase**”.

A pasta **adm** contém todas as páginas que não podem ser acessadas por um usuário comum não logado, portanto invisíveis antes da realização do login. Mesmo após realizado o login, existem outras regras de negócios que impõem algumas limitações, ocultando determinadas funcionalidades conforme o perfil (ou perfis) do usuário. A pasta **showcase** contém apenas demonstrações e não tem nada a ver com a aplicação, mas resolvemos mantê-la no projeto de forma oculta, deixando-a visível apenas ao usuário desenvolvedor, então não existe uma preocupação em remover todo o módulo Show Case, pois não fará diferença se ele estiver presente ou não, já que o usuário final não o acessa, nem mesmo o administrador.

Para a implementação dessas restrições, algumas configurações adicionais deverão ser feitas de imediato, como a criação de um **listener** que impede a navegação do usuário não logado por áreas proibidas e a remoção do botão de acesso ao Show Case presente na Home Page.

Construindo o UC Realizar Login

Bloqueando o acesso proibido

Laboratório 37.1

Com o direito do mouse sob o pacote *br.eti.amazu.infra.view*, crie um pacote com o nome **listener**. Sob ele, a classe *AcessoListener*, codificando-a assim...

```
package br.eti.amazu.infra.view.listener;

import javax.faces.context.FacesContext;
import javax.faces.event.PhaseEvent;
import javax.faces.event.PhaseId;
import javax.faces.event.PhaseListener;
import javax.inject.Inject;
import br.eti.amazu.infra.view.bean.UserSessionInBean;
import br.eti.amazu.infra.util.FacesUtil;

public class AcessoListener implements PhaseListener {

  private static final long serialVersionUID = 1L;


  @Inject
  UserSessionInBean userSessionInBean;
```

continua

Listagem 37.1a A classe **AcessoListener**.

continuação

```
    @Override
    public void afterPhase(PhaseEvent phaseEvent) {

      PhaseId phaseid = phaseEvent.getPhaseId();
      FacesContext ctx = phaseEvent.getFacesContext();

      if ((phaseid == PhaseId.RESTORE_VIEW )) {
        String viewRoot = ctx.getViewRoot().getViewId();

        // Se o usuario nao estah logado, nao pode acessar a pasta /adm e pasta /showcase.
        if(userSessionInBean.getPerfisLogado() == null ) {

          //verificando se estah tentando acessar um recurso proibido (pastas adm e showcase)
          if(viewRoot.contains("/pages/adm/") || viewRoot.contains("/pages/showcase/")){
            FacesUtil.redirect("/pages/realizarLogin/login");
            return;
          }
        }
      }

    }

    @Override
    public void beforePhase(PhaseEvent event) {}

    @Override
    public PhaseId getPhaseId() {
      return PhaseId.RESTORE_VIEW;
    }

}
```

Neste momento você deve também desabilitar (comentar) a linha <property name=*"hibernate.hbm2ddl.auto"* value=*"create-drop"*/> no arquivo persistence.xml — faça isto no arquivo profile de desenvolvimento, localizado em *WEB-INF/xml/persistence/dev*. Em seguida, acione o Maven comandando *Clean Install -Pdev*, em seguida *"Refresh"* na raiz do projeto e *"Full Publish"* na view Server.

Listagem 37.1b A classe **AcessoListener**.

O *listener*, para ser reconhecido pelo motor do JSF, necessita ser declarado no arquivo WEB-INF/xml/**faces-config.xml**. Abra esse arquivo e acrescente o código em destaque abaixo:

```
<lifecycle>
  <phase-listener>
    br.eti.amazu.infra.view.listener.AcessoListener
  </phase-listener>
</lifecycle>
```

Listagem 37.2 Habilitando a classe **AcessoListener** no arquivo **faces-config.xml**

Rode o aplicativo agora e tente acessar qualquer recurso que esteja dentro da pasta *showcase*. Faça assim: Abra o browser e digite **http://localhost:8080/blankapp/pages/showcase/homeShowCase.faces**. O que aconteceu? Tentou acessar a página Show Case sem realizar login — o sistema direcionou para a página de login, como ela ainda não existe, o sistema apresentou uma mensagem de *"not found"* (Recurso não encontrado).

Fim do Laboratório 37.1

Criptografia

Abaixo, um croqui daquilo que representa a regra de negócios para a criptografia da senha no browser do cliente e a posterior transformação dela em um **Hash** para comparação com o valor armazenado no banco de dados:

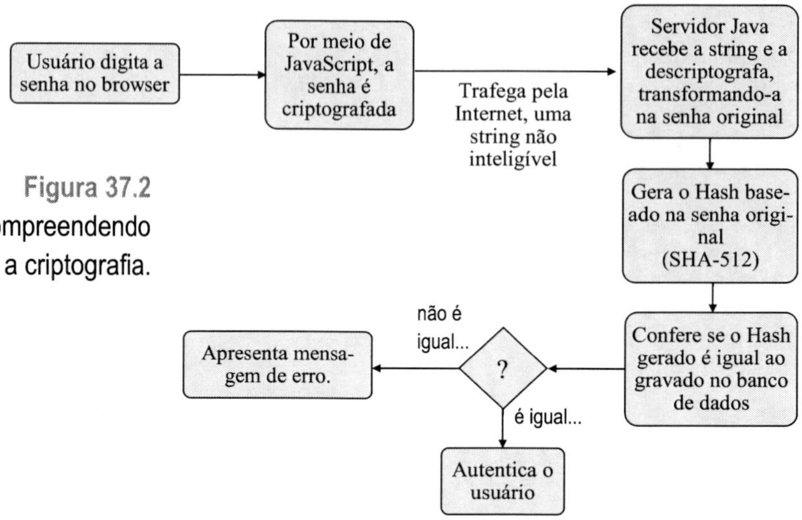

Figura 37.2
Compreendendo a criptografia.

A ideia é fazer com que a senha original não trafegue pela internet. É evidente que esta estratégia não evita que o hacker inteligente possa descobrir a senha digitada no browser, e isto realmente é frustrante, pois não garante nenhuma segurança, embora provenha um certo mascaramento dificultando, pois, a ação dele.

Então fica bem claro que o campo *senha* da página de login não pode vincular-se ao Backing Bean, devendo ficar por fora do formulário de submissão (ou deveria, mas o PrimeFaces possui recursos para contornar isto). Um outro campo deve ficar oculto (tipo hidden), recebendo a senha criptografada e, este sim, ligado a um atributo do Backing Bean completamente encapsulado. Somente assim pode haver uma garantia de que o campo senha (aquilo que o usuário digitou) não vá ser trafegado, complicando um pouco a vida do hacker. Lembrando que não existe nenhum caso 100% seguro, e somente a utilização de certificação SSL poderá se aproximar um pouco de uma boa segurança.

Laboratório 37.2

Criptografia no browser do cliente

Para realizar a criptografia com JavaScript no lado cliente, podemos lançar mão de um recurso chamado **CryptoJs**, amplamente divulgado na comunidade. Obtenha o arquivo **aes.js** em www.amazu.eti.br, Lição 37. coloque esse arquivo dentro da pasta *src/main/webapp/resources/js* e registre-o por meio da seguinte linha, dentro da tag <head> da template:

```
<h:outputScript library="js" name="aes.js" target="head"/>
```

Mas somente isto ainda não é suficiente. Será necessário codificar uma nova função JavaScript para realizar a façanha, o que veremos a seguir...

Abra o arquivo **navegacao.js** e adicione o código abaixo:

```
[.] /* Criptografar no browser do client. Nao garante seguranca.
     *- Qualquer hacker que conheca o algoritmo eh capaz de descriptografar.
     *  Entretando, pode gerar desconforto ao hacker.*/
    function encrypt(value){
     var encrypted = CryptoJS.AES.encrypt(
        value,

        //qualquer string com 16 caracteres (sua chave publica)
        CryptoJS.enc.Utf8.parse('encrypt-crypto-h'), {
         iv: CryptoJS.enc.Utf8.parse('encrypt-crypto-h')
        }
     );

     return encrypted.ciphertext;
    }
```

Listagem 37.3 Código JavaScript, a ser adicionado dentro do arquivo **navegacao.js**. Isto realiza a criptografia no browser do cliente.

Esta é a chave pública utilizada neste exemplo (encrypt-crypto-h) — você poderá bolar uma outra.

Do lado servidor, necessita-se ainda descriptografar a senha (e só depois gerar o hash). Para tanto, abra a classe **Crypt** e adicione o código abaixo para recuperar o valor original que foi criptografado no browser:

```
[.]  public static String decrypt(String cipherText) {
        try {
         String key = "encrypt-crypto-h";
         String iv    = "encrypt-crypto-h";

            final Cipher cipher = Cipher.getInstance("AES/CBC/PKCS5Padding", "SunJCE");
            final SecretKeySpec skey = new SecretKeySpec(key.getBytes("UTF8"), "AES");
            cipher.init(Cipher.DECRYPT_MODE, skey, new IvParameterSpec(iv.getBytes("UTF8")));
            return new String(cipher.doFinal(fromHexString(cipherText)));

        } catch (BadPaddingException | IllegalBlockSizeException
            | UnsupportedEncodingException | InvalidAlgorithmParameterException
              | InvalidKeyException | NoSuchAlgorithmException | NoSuchPaddingException
                | NoSuchProviderException ex) {
           ex.printStackTrace();
        }
        return null;
     }

     public static byte[] fromHexString(String s) {
         int len = s.length();
         byte[] data = new byte[len / 2];
         for (int i = 0; i < len; i += 2) {
             data[i / 2] = (byte) ((Character.digit( s.charAt(i), 16) << 4)
                    + Character.digit(s.charAt(i+1), 16));
         }
         return data;
     }
```

Faça os imports corretamente, veja:

```
import java.security.InvalidAlgorithmParameterException;
import java.security.InvalidKeyException;
import java.security.NoSuchProviderException;
import javax.crypto.BadPaddingException;
import javax.crypto.Cipher;
import javax.crypto.IllegalBlockSizeException;
import javax.crypto.NoSuchPaddingException;
import javax.crypto.spec.IvParameterSpec;
import javax.crypto.spec.SecretKeySpec;
```

Listagem 37.4 Adicionando novos métodos na classe **Crypt**.

Fim do Laboratório 37.2

Criando o Managed Bean e alterando UserSessionInBean

Laboratório 37.3

Com o direito do mouse, sob o pacote *br.eti.amazu.blankapp* crie um pacote com o nome *view* e, dentro deste pacote mais um, com o nome *bean*. Dentro deste último, crie a classe **RealizarLoginBean**.

Listagem 37.5 Alterando a classe **UserSessionInBean**.

Abra a classe UserSessionInBean e adicione o código em destaque abaixo (encapsule e organize os *imports*!):

Adicione isto

```java
private Locale locale;

//LICAO 35 EM DIANTE
private List<Perfil> perfisLogado;

//LICAO 37 EM DIANTE
private Empresa empresa;

public UserSessionInBean(){
  his.setLocale(FacesUtil.getLocale());
}
```

```java
package br.eti.amazu.blankapp.view.bean;

import java.io.Serializable;
import java.util.ArrayList;
import java.util.Date;
import java.util.List;
import java.util.Set;
import java.util.stream.Collectors;
import javax.faces.view.ViewScoped;
import javax.inject.Inject;
import javax.inject.Named;
import org.apache.log4j.Level;
import br.eti.amazu.component.dialog.DialogBean;
import br.eti.amazu.component.dialog.DialogType;
import br.eti.amazu.infra.domain.core.Empresa;
import br.eti.amazu.infra.domain.core.Perfil;
import br.eti.amazu.infra.domain.core.Pessoa;
import br.eti.amazu.infra.domain.core.Usuario;
import br.eti.amazu.infra.util.Crypt;
import br.eti.amazu.infra.util.DateUtil;
import br.eti.amazu.infra.util.FacesUtil;
import br.eti.amazu.infra.util.log.Ansi;
import br.eti.amazu.infra.util.log.Log;
import br.eti.amazu.infra.view.bean.ConfigBean;
import br.eti.amazu.infra.view.bean.MenuBean;
import br.eti.amazu.infra.view.bean.UserSessionInBean;
import br.eti.amazu.component.pworld.persistence.exception.DaoException;
import br.eti.amazu.component.pworld.util.CompoundMenu;
import br.eti.amazu.infra.persistence.appfacade.IAppFacade;
import br.eti.amazu.infra.persistence.appfacade.IAppMailFacade;

@Named
@ViewScoped
public class RealizarLoginBean implements Serializable {

  private static final long serialVersionUID = 1L;

  @Inject
  IAppFacade<Empresa> empresaFacade;

  @Inject
  IAppFacade<Usuario> usuarioFacade;

  @Inject
  IAppFacade<Pessoa> pessoaFacade;

  @Inject
  IAppFacade<Perfil> perfilFacade;

  @Inject
  IAppMailFacade appMailFacade;

  @Inject
  ConfigBean configBean;
```

continua

Listagem 37.6a A classe **RealizarLoginBean**.

continuação

```java
@Inject
DialogBean dialogBean;

@Inject
MenuBean menuBean;

@Inject
UserSessionInBean userSessionInBean;

private String user; //Utilizado na pagina login.
private String password; //Utilizado na pagina login.
private String newPassword; //Utilizado na pagina primeiroAcesso (trocar a senha).
private String confirmNewPassword; //Utilizado na pagina primeiroAcesso (trocar a senha).
private Usuario usuario;
private List<Pessoa> pessoas;
private List<Empresa> empresas;

// Quantidade de vezes que um usuario nao adiministrador tenta efetuar o login
int contador = 0;

@CompoundMenu
public String iniciarRealizarLogin(){
  FacesUtil.resetBeans(null);
  return "/pages/realizarLogin/login?faces-redirect=true";
}

@CompoundMenu
public String iniciarRealizarLogout(){ //sair...
  FacesUtil.sessionInvalidate();
  return "/pages/home/homePage?faces-redirect=true";
}

/* ********************
 * UC - REALIZAR LOGIN
 * VALIDAR E AUTENTICAR
 *********************/
//Metodo que realiza a autenticacao do usuario
public String autenticarUsuario(){
  try{
    if((user == null || user.equals("")) && (password == null || password.equals(""))){
      dialogBean.addMessage(FacesUtil.getMessage("RLO001"), DialogType.ERROR);
      return null;
    }

    if(user == null || user.equals("")){
      dialogBean.addMessage(FacesUtil.getMessage("RLO002"), DialogType.ERROR);
      return null;
    }
    if(password == null || password.equals("")){
      dialogBean.addMessage(FacesUtil.getMessage("RLO003"), DialogType.ERROR);
      return null;
    }

    if(isUsuarioValido()){ //Usuario eh valido?
      /* O USUARIO EXISTE --> VERIFICAR SE ELE ESTAH BLOQUEADO
      * se o usuario estiver bloqueado (bloqueado=T), nao entra... */
      if (usuario.getBloqueado().equals("T")){
        dialogBean.addMessage(FacesUtil.getMessage("RLO004"), DialogType.INFO_CLOSABLE);
        return null;
      }

```

continua

Listagem 37.6b A classe **RealizarLoginBean**.

continuação

```
/* USUARIO NAO ESTAH BLOQUEADO - VERIFICA A SENHA
* Aqui faz a comparacao da senha obtida no banco de dados com a
* senha aplicada na pagina login. Quantas vezes deve-se verificar a senha? 3...
* Usuario administrador tem acesso ilimitado...
* Os outros iniciam a contagem para bloquear o usuario.*/
if(isSenhaValida()){

  /* Neste caso a senha estah valida: PASSOU POR TODAS AS VERIFICACOES.
  * Verifica se eh o primeiro acesso: Se for, direciona-o para a pagina
  * de trocar a senha, onde ele serah convidado a trocar a sua senha.
  * O USUARIO ESTAH LOGADO (PARCIALMENTE).*/
  if(usuario.getPrimeiroAcesso().equals("T")){

    //Aqui vai apenas o nome do usuario... (parcialmente logado)
    userSessionInBean.setPerfisLogado(usuario.getPerfis().stream().
       collect(Collectors.toList()));
    userSessionInBean.setUserLogged(usuario.getNomeUsuario());
    retornarPagTrocaSenha();
    return null;
  }

  //usuario estah sem prefil...
  if(usuario.getPerfis() == null) {
    dialogBean.addMessage(FacesUtil.getMessage("RLO055"), DialogType.INFO_CLOSABLE);
    return null;
  }

  /* Nao eh o 1º acesso - usuarios unicamente visitantes nao expiram senha,
   * portanto acaba aqui para eles - (efetua o login desde jah). Se o usuario
   * possui apenas o perfil de visitante...*/
  if(usuario.getPerfis().size() == 1 && containsPerfil(usuario.getPerfis(), 5L)) {
    /* Loga, mas lembre-se: Usuarios visitantes ou outros que nao sejam os
     * operadores padroes, devem possuir acesso limitado ao sistema.
     * Esta limitacao pode ser imposta pelo operador que realizou o seu cadastro,
     * naquele momento ele pode conceder privilegios de acesso aos menus (visitantes
     * quase sempre nao teem acesso aos menus da administracao, mas podem
    * ter acessos a outros menus que sejam publicos).*/
    this.usuarioLogado(true);
    return null;
  }

  /* Daqui para baixo, soh usuarios desenvolvedores, administradores e operadores.
  * Aqui realiza o calculo para saber se sua senha estah expirada.*/
  int tempoDaSenha = calcularPrazoExpiraSenha();

  /* OBTIDO O TEMPO DA SENHA: TRES CAMINHOS A SEREM TOMADOS:
  * a) Se o tempo da senha ainda nao atingiu 30 dias, prossegue o login...
  * b) Se o tempo da senha passou de 30 dias - inicia-se o aviso de "senha
  * prestes a expirar".
  * c) Se o tempo da senha passou de 45 dias, avisa ao usuario de
  * que a sua senha estah expirada. Ele nao poderÃ¡ logar e
  * receberah uma mensagem para procurar o administrador. */
  if (tempoDaSenha > 45){

     /* Se for um usuario desenvolvedor ou administrador, nao hah bloqueio por
     * tempo de senha expirada, apenas mostra uma mensagem perguntando se ele
     * quer trocar a senha agora. (por motivos de seguranca), caso contrario
     * (nao eh dev ou adm), informa que a senha expirou.
     * Usuario estah logado somente para dev ou adm. */
    if ( containsPerfil(usuario.getPerfis(), 1L) ||
         containsPerfil(usuario.getPerfis(), 2L) ){
```

continua

Listagem 37.6c
A classe **RealizarLoginBean**.

continuação

```
          this.usuarioLogado(false);
          dialogBean.addConfirmMessage(
             FacesUtil.getMessage("RLO005"), //................ message
             "realizarLoginBean.retornarPagTrocaSenha", //...... actionButtonYes
             "realizarLoginBean.retornarPagHomeAplicativo", //.. actionButtonNo
             null, //........................................ updateButtonYes
             null); //....................................... updateButtonNo
          return null;

        }else{
          //Nao eh dev ou adm - informa senha expirada.
          dialogBean.addMessage(FacesUtil.getMessage("RLO006"),
             DialogType.INFO_CLOSABLE);

          return null;
        }
      }

      if (tempoDaSenha > 30 && tempoDaSenha <=45){

        /* Apresenta uma mensagem que a senha estah prestes a expirar, mas
         * tem de autenticar, solicitando que ele troque agora a sua senha (nao eh
         * obrigatorio trocar agora), pois pode-se continuar logado nesta situacao
         * (isto eh apenas um aviso). */
        this.usuarioLogado(false);

        String tempoExpiracao = String.valueOf(45 - tempoDaSenha);
        String[] params = {tempoExpiracao};

        dialogBean.addConfirmMessage(
           FacesUtil.getMessage("RLO007",params), //......... message
           "realizarLoginBean.retornarPagTrocaSenha", //...... actionButtonYes
           "realizarLoginBean.retornarPagHomeAplicativo", //.. actionButtonNo
           null, //........................................ updateButtonYes
           null); //....................................... updateButtonNo
        return null;
      }

      /* Chegou ateh aqui, seu tempo de senha estah dentro de 30 dias.
      * Entao basta autenticar o usuario.*/
      this.usuarioLogado(true);

    }else{
      // SENHA INVALIDA...
      //Se for unicamente um visitante nao incrementa o contador
      if(usuario.getPerfis().size() == 1 && containsPerfil(usuario.getPerfis(), 5L)) {

        dialogBean.addMessage(FacesUtil.getMessage("RLO052"),
           DialogType.INFO_CLOSABLE);
        return null;
      }

      // nao eh administrador nem desenvolvedor, nem unicamente
      //visitante, incrementa o contador.
      if ( !containsPerfil(usuario.getPerfis(), 1L) &&
         !containsPerfil(usuario.getPerfis(), 2L) ){

        contador++;

        //Se atingiu 3 tentativas avisa que se errar na proxima vai bloquear...
        if (contador == 3){
```

continua

Listagem 37.6d A classe **RealizarLoginBean**.

continuação

```
              dialogBean.addMessage(FacesUtil.getMessage("RLO008"), DialogType.INFO_CLOSABLE);
              return null;
            }

            // Se o numero de tentativas for maior que 3, bloqueia o usuario.
            if (contador > 3){
              contador = 0;
              usuario.setBloqueado("T");
              Pessoa pessoa = usuario.getPessoa();
              pessoa.getUsuario().setBloqueado("T");
              usuarioFacade.alterar(usuario);

              dialogBean.addMessage(FacesUtil.getMessage("RLO009"), DialogType.INFO_CLOSABLE);
              return null;
            }

          } //Fim da rotina usuarios nao administradores - senha.
          /* Em seguida, apos somar +1 a variavel "contador",
          * exibe a mensagem de senha invalida para todos os tipos de usuarios.*/
          dialogBean.addMessage(FacesUtil.getMessage("RLO010"), DialogType.INFO_CLOSABLE);

          return null;
        }//Fim da rotina senha invalida
      }else{
        //Usuario nao foi encontrado no banco de dados...
        dialogBean.addMessage(FacesUtil.getMessage("RLO011"), DialogType.INFO_CLOSABLE);
        return null;
      }

    }catch(DaoException e){
     e.printStackTrace();
    }
    return null;
  }

  private boolean isUsuarioValido(){
    try {
      /* Inicializa um array de parametros, a ser utilizado na consulta. Este
       * parametro eh o nome do usuario digitado na tela de login.
       * - usuario -------------> possui os dados da tela de login;
       * Lembrando que o campo NOME da tabela USUARIO eh chave unica, portanto
       * o resultado da consulta abaixo eh para trazer apenas um registro
       * (por isto utilizou o metodo "recuperar").*/
      ArrayList<Object> params = new ArrayList<Object>();
      params.add(user); //Adiciona o nome de usuario para o parametro de consulta.
      usuario = usuarioFacade.recuperar("Usuario.recuperarPeloNome", params);

      /* VERIFICA SE O USUARIO EXISTE.
      * Se a fachada conseguiu encontrar um registro no banco de dados com o
      * nome de usuario digitado na tela de login, retorna "true"...*/
      if(usuario != null) return true;

    } catch (DaoException e) {
      dialogBean.addMessage(e.getMessage(),DialogType.ERROR);
    }
    return false; //Nao encontrou o usuario, retorna "false"...
  }

  //Verifica se a senha do usuario eh valida (realiza descriptografia)
  private boolean isSenhaValida(){
```

continua

Listagem 37.6e A classe **RealizarLoginBean**.

continuação

```
  try {
    /* Recebe a senha digitada no browser.
     * Lembrando que esta senha foi mascarada com CriptpJs (deve ser descriptografada)
     * antes de cmparar com a do banco de dados.*/
    String passw; //chegando aqui a senha criptografada
    Log.setLogger("", "Senha com CriptoJs: " + password, Level.INFO, Ansi.RED);
    passw = Crypt.decrypt(password);
    Log.setLogger("", "Senha  -   original: " + passw, Level.INFO, Ansi.RED);

    //com a senha original recuperada, realiza a comparacao
    if (Crypt.checkPassword(passw, usuario.getSenha())) {
      return true;

    }else {
      return false;
    }

  } catch (Exception e) {
    dialogBean.addMessage(FacesUtil.getMessage("RLO052"), DialogType.FATAL_ERROR);
  }
  return false;
}

private void usuarioLogado(boolean mostraDialog){

  /* Isto irah informar ao "userSessionInBean" os dados do usuario logado.
   * Com isto, os menus serao instanciados conforme os perfis
   * do usuario logado no momento.*/
  userSessionInBean.setPerfisLogado(
     usuario.getPerfis().stream().collect(Collectors.toList()));

  userSessionInBean.setPessoaLogged(usuario.getPessoa().getNome());
  userSessionInBean.setUserLogged(usuario.getNomeUsuario());
  userSessionInBean.setEmpresa(usuario.getPessoa().getEmpresa());
  userSessionInBean.setUsuarioDevLogado(containsPerfil(usuario.getPerfis(), 1L));
  configBean.setConfiguracoes(); //refazendo as configuracoes do usuario logado
  menuBean.criarMenu();

  if(mostraDialog){

    /* Retorna para homePage, se usuario visitante. Ir para homeAplicativo,
     * se usuario nao visitante.*/
    if(usuario.getPerfis().size() == 1 && containsPerfil(usuario.getPerfis(), 5L)) {
      dialogBean.addActionMessage(FacesUtil.getMessage("RLO012"),
         "realizarLoginBean.retornarPagHomePage", null);

    }else{
      dialogBean.addActionMessage(FacesUtil.getMessage("RLO012"),
         "realizarLoginBean.retornarPagHomeAplicativo", null);
    }
  }
}

private int calcularPrazoExpiraSenha(){
  /* OBTER O TEMPO DE SUA SENHA
  * Via de regra, a senha expira em 45 dias apos o primeiro acesso.
  * Solicita a classe utilitaria a realizar o calculo da diferenca entre as datas.*/
  return DateUtil.getDiferencaEntreDatas (usuario.getDataPrimeiroAcesso(), new Date());
}
```

continua

Listagem 37.6f A classe **RealizarLoginBean**.

continuação

```java
boolean containsPerfil(Set<Perfil> perfis, Long idPerfil) {
  for(Perfil perfil:perfis) {
    if(idPerfil == perfil.getId()) {
      return true;
    }
  }
  return false;
}

/* Redirects comuns
 ----------------*/
public void retornarPagHomePage(){FacesUtil.redirect("/pages/home/homePage");}
public void retornarPagTrocaSenha(){
      FacesUtil.redirect("/pages/adm/trocarSenha/trocaSenha");}
public void retornarPagHomeAplicativo(){FacesUtil.redirect("/pages/adm/homeAplicativo");}
public String retornarNulo(){return null;}
public String retornarPagRecuperaSenha(){
      return "/pages/realizarLogin/recuperaSenha?faces-redirect=true";}
public String retornarPagCadastreMe(){
      return "/pages/realizarLogin/cadastreMe?faces-redirect=true";}
public void retornarPagLogin(){FacesUtil.redirect("/pages/realizarLogin/login");}
/* **************************
 * FIM DE UC - REALIZAR LOGIN
 * VALIDAR E AUTENTICAR
 **************************/
/*--------
* get/set
----------*/
```

Listagem 37.6g A classe **RealizarLoginBean**.

Fim do Laboratório 37.3

Interface de telas

Supostamente, conforme vimos no diagrama de estados (ou a documentação da interface gráfica), três telas seriam requeridas para a implementação do Caso de Uso, e elas foram planejadas de acordo com as regras de negócio abaixo:

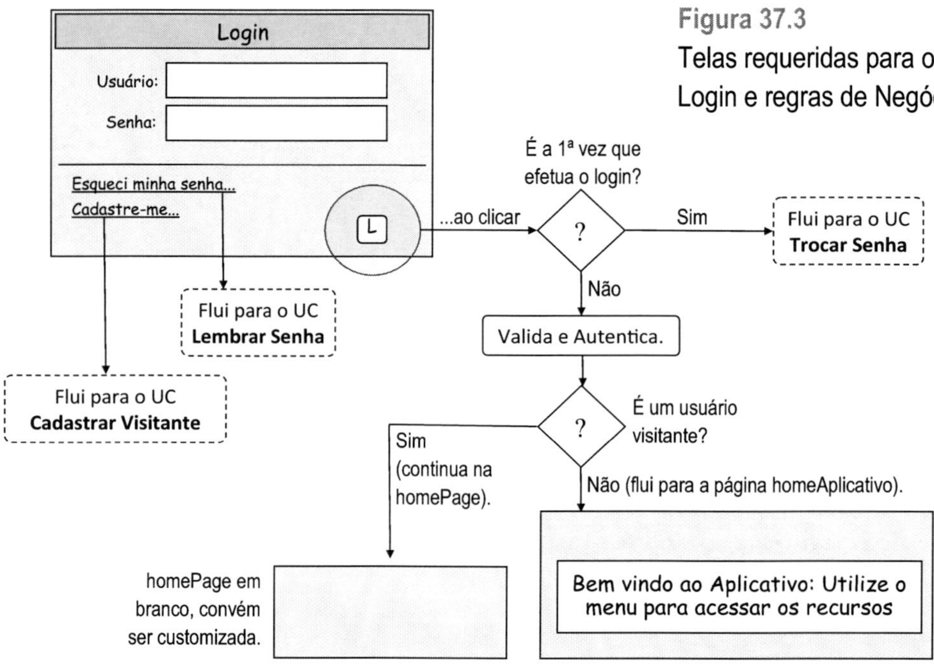

Figura 37.3
Telas requeridas para o UC Realizar Login e regras de Negócio.

Criando as páginas da Camada View

Laboratório 37.4

Sob a pasta */pages*, crie a pasta *realizarLogin* e dentro desta última a página **login.xhtml**, conforme a listagem que se segue — posteriormente modifique a classe **MenuBean**, nos locais em destaque na Listagem 37.8.

```
<?xml version="1.0" encoding="utf-8" ?>

<ui:composition xmlns="http://www.w3.org/1999/xhtml"
 template="/WEB-INF/layout/template.xhtml"
 xmlns:ui="http://java.sun.com/jsf/facelets"
 xmlns:h="http://java.sun.com/jsf/html"
 xmlns:f="http://java.sun.com/jsf/core"
 xmlns:p="http://primefaces.org/ui"
 xmlns:a="http://java.sun.com/jsf/composite/components">

    <ui:define name="content">

   <br/><br/><br/>
   <p:focus for="form:user"/>

   <h:form id="form">
    <h:inputHidden id="hidden" value="#{realizarLoginBean.password}" />

    <p:panel header="Login" style="width:265px;" styleClass="LoginBody">
     <br/>
     <h:panelGrid columns="2" columnClasses="right,left">
      <h:outputLabel value="#{msg.CGL094}:"/>
      <p:inputText id="user" size="21" label="#{msg.CGL094}"
       value="#{realizarLoginBean.user}" maxlength="15"
       onblur="document.getElementById('form:mask').focus()"/>

      <h:outputLabel value="#{msg.CGL068}:"/>
      <p:password id="mask" autocomplete="false" size="21" feedback="true"
        maxlength="15" label="#{msg.CGL068}"
        onkeypress="return checar_caps_lock(event);"/>
     </h:panelGrid>

     <f:facet name="footer">
      <p:commandLink value="#{msg.RL0021}"
       action="#{realizarLoginBean.retornarPagRecuperaSenha}"
       style="font-size:10px;"/>
      <br/>

      <p:commandLink value="#{msg.RL0028}" style="font-size:10px;color:blue;"
       action="#{realizarLoginBean.retornarPagCadastreMe}"/>

      <h:panelGrid columns="2" cellpadding="0" cellspacing="0" >

       <h:panelGrid columns="2" columnClasses="top20,top80" width="179"
        cellpadding="0" cellspacing="0" style="margin-right:30px;">
        <p:spacer height="16"/>
        <a:status/>
       </h:panelGrid>

       <p:commandButton
        icon="key"
        title="Login"
        process="@this,form:user,form:hidden"
        action="#{realizarLoginBean.autenticarUsuario}"
        oncomplete="document.getElementById('form:hidden').value='';"

```

O campo *password*, para não ser submetido, deveria ficar fora do formulário. Mas o botão de submissão do PrimeFaces, com o atributo *process*, deixa-o de fora dessa submissão.

continua

Listagem 37.7a A página **login.xhtml**.

continuação

```
            onclick="document.getElementById('form:hidden').value='';
              document.getElementById('form:mask').value==''?
              document.getElementById('form:hidden').value='':
              document.getElementById('form:hidden').
              value=encrypt(document.getElementById('form:mask').value);"/>
          </h:panelGrid>
        </f:facet>

        <br/>
      </p:panel>

      <div id="aviso_caps_lock"  style="visibility: hidden; width:200px;">
         <p:graphicImage height="26" value="/resources/images/skin/icon_warn.gif"/>
         <h:outputText value="&#32;&#32;#{msg.RL0039}" styleClass="inoutput"/>
      </div>

    </h:form>
  </ui:define>
</ui:composition>
```

Listagem 37.7b A página **login.xhtml**.

Abra a classe **MenuBean** e adicione o código em destaque abaixo (encapsular e organizar os *imports*):

```
   /*Actions comuns
  ----------------------*/

  /* Colocar neste espaco, os metodos de alguns menus comuns ao aplicativo, como:
   * - Acionamento de help;
   * - Show Case;
   * - Home Page;
   * - outros... */
```

Adicione isto

```
  /* ***************************************************
   * Acionamento de menus comuns a todos os casos de uso
   ***************************************************/
  @CompoundMenu
  public String iniciarShowCase(){
    FacesUtil.resetBeans(null);
    return "/pages/showcase/homeShowCase?faces-redirect=true";
  }

  @CompoundMenu
  public String iniciarHomePage(){
    FacesUtil.resetBeans(null);
    return "/pages/home/homePage?faces-redirect=true";
  }

  @CompoundMenu
  public void getHelp(){
    //Precisa desbloquear popups no browser
    PrimeFaces.current().executeScript(
       "abrirPopup('"+ configBean.getConfig().getServerName() +
         "/" + FacesUtil.getContextName() + "/resources/files/help.pdf', 1000, 500);");
  }
  /* ************************************************************************************/
```

```
  /*--------
   * get/set
  ---------*/
```

Listagem 37.8 Adicionando código em **MenuBean**.

Fim do Laboratório 37.4

Disponibilizando um help para o BlankApp

Laboratório 37.5

Se for do seu agrado, poderá adicionar um help ao aplicativo, utilizando para isto um documento em formato PDF. Basta copiar o arquivo para dentro da pasta *src/main/webapp/resources/files* (criando a pasta *files*, se ainda não a criou). A Listagem 37.8 mostra o método de chamada, **getHelp**. O local do arquivo é apenas uma sugestão, mas o nome dele tem de ser **help.pdf**, conforme foi codificado.

```
v src
  v main
    v webapp
      > pages
      v resources
        > animatedHtmls
        > css
        v files
            help.pdf
        > images
        > js
        > logos
```

Figura 37.4

Copie o arquivo **help.pdf** para dentro da pasta *resources/files*. Lembrando que este local é apenas uma sugestão.

Abra o arquivo **navegação.js**, sob a pasta *resources/js*, e adicione o código a seguir:

Listagem 37.9 Adicionando código em **navegação.js**

```
  );
  return encrypted.ciphertext;
}
```

Adicione isto

```
/* Abre popup centralizado.*/
function abrirPopup(url,w,h) {
  var newW = w + 100;
  var newH = h + 100;
  var left = (screen.width-newW)/2;
  var top = (screen.height-newH)/2;
  var newwindow = window.open(url, 'name', 'width='+newW+',height='
  +newH+',left='+left+',top='+top)

  if(newwindow == null){
    alert('Popup bloqueado. Faça o desbloqueio nas configurações do browser.')
    return false;
  }
  newwindow.resizeTo(newW, newH);

  //posiciona o popup no centro da tela
  newwindow.moveTo(left, top);
  newwindow.focus();
  return false;
}

/*verificar se a tecla capslock está ligada*/
function checar_caps_lock(ev) {
  var e = ev || window.event;
  codigo_tecla = e.keyCode?e.keyCode:e.which;
  tecla_shift = e.shiftKey?e.shiftKey:((codigo_tecla == 16)?true:false);

  if(((codigo_tecla >= 65 && codigo_tecla <= 90) && !tecla_shift) ||
     ((codigo_tecla >= 97 && codigo_tecla <= 122) && tecla_shift)) {
   document.getElementById('aviso_caps_lock').style.visibility = 'visible';
  }else {
   document.getElementById('aviso_caps_lock').style.visibility = 'hidden';
  }
}
```

Aproveite também e adicione este código que provê um recurso que avisa o usuário que a tecla CAPS LOCK está ativada, por ocasião da realização do login do aplicativo.

Fim do Laboratório 37.5

De volta a Home Page e criando a *homeAplicativo.xhtml*

Laboratório 37.6

Abra a página **homePage.xhtml** e retire aquele botão que chama o *Show Case*, se ainda não o retirou. A página de *Show Case* agora será aberta apenas pelo usuário desenvolvedor, por meio de um menu, e após ter realizado o login.

```
<ui:composition xmlns="http://www.w3.org/1999/xhtml"
  template="/WEB-INF/layout/template.xhtml"
  xmlns:ui="http://java.sun.com/jsf/facelets"
  xmlns:h="http://java.sun.com/jsf/html"
  xmlns:f="http://java.sun.com/jsf/core"
  xmlns:p="http://primefaces.org/ui" >

 <ui:define name="content">

  </ui:define>
</ui:composition>
```

Listagem 37.10
A página **homePage.xhtml** totalmente em branco.

Feito isto, vamos criar a página "HOME" do aplicativo **após logado**. Em nosso estudo, crie-a diretamente sob a pasta *pages/adm* (criando a pasta *adm* se ainda não a criou) e codifique-a apenas como mostrado abaixo:

```
<ui:composition xmlns="http://www.w3.org/1999/xhtml"
  template="/WEB-INF/layout/template.xhtml"
  xmlns:ui="http://java.sun.com/jsf/facelets"
  xmlns:h="http://java.sun.com/jsf/html"
  xmlns:f="http://java.sun.com/jsf/core"
  xmlns:p="http://primefaces.org/ui">

  <ui:define name="content">
    <h:form>
      <br/><br/><br/><br/><br/><br/>

      <p:panel style="width:300px;">
        <h:outputText value="#{msg.CGL145}"/>
      </p:panel>
    </h:form>
  </ui:define>
</ui:composition>
```

Listagem 37.11
A página **homeAplicativo.xhtml**.

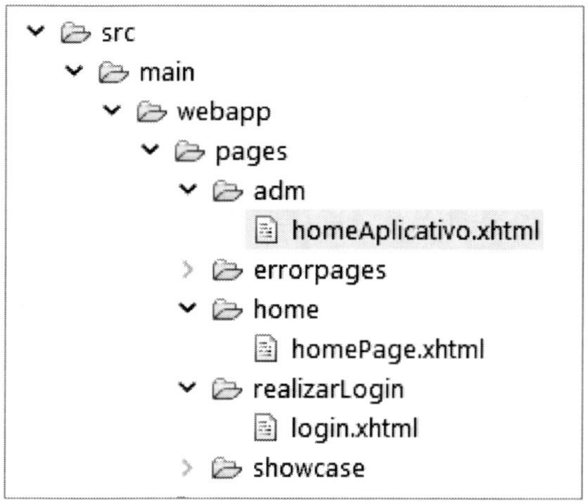

Figura 37.5 As páginas **homeAplicativo**, **homePage** e **login.**

Fim do Laboratório 37.6

Sempre, ao codificar uma página xhtml, é importante que você possua em suas mãos os dados relativos aos atributos do objeto a ser persistido. Esses dados existem no **Dicionário de Dados**. O valor da propriedade **maxlength**", que é o tamanho máximo permitido para um campo de entrada de texto, por exemplo, é obtido dessa documentação — e é o atributo que mais se deve prestar atenção!

As páginas **homePage** e **homeAplicativo** poderão ser customizadas de acordo com as preferências. Por exemplo, você poderá querer colocar alguns avisos para o pessoal que realiza o login, neste caso, customizando a página homeAplicativo. Já a página homePage poderá ser utilizada para postar avisos em geral ao público externo (lembretes, propagandas, etc) — são algumas sugestões.

Teste

Laboratório 37.7

Uma boa equipe de programadores nunca pode entregar um Caso de Uso para a célula de testes sem antes realizar os seus próprios. Então, já que você mesmo o desenvolveu, poderá seguir uma sequência mais ou menos mostrada a seguir...

1. Abra o PGAdmin e certifique-se de que exista os cinco usuários default na tabela USUARIO. Se for o caso, você poderá realizar a Prova Final do Setup da lição anterior. Ao verificar os cinco registros da tabela USUARIO, certifique-se de que todos eles possuam o campo PRIMEIRO_ACESSO = "F", senão, modifique-os para esse valor. Caso queira (recomendável), poderá apagar o banco de dados e criá-lo novamente, executando, enfim, a Prova Final do Setup — lembrando que, se apagar o banco de dados, será necessário criar ele novamente e habilitar a linha <property name=*"hibernate.hbm2ddl.auto"* value=*"create-drop"*/>, no arquivo **persistence.xml**. Lembrando também que, para realizar a Prova Final do Setup, terá de desabilitar o filtro **AcessoListener**, agindo no arquivo faces-config.xml. Enfim, é importante setar o campo PRIMEIRO_ACESSO para "F" em todos os registros da tabela USUARIO, para que o teste funcione corretamente.

2. WildFly desligado, com o direito do mouse na raiz do projeto, acione o comando *Run As, Maven Build...*, depois o já conhecido *clean install* (goals), em seguida, novamente com o direito do mouse na raiz do projeto, acione o menu *Refresh* e depois *Full publish* no servidor WildFly (view Servers).

3. Coloque o aplicativo para funcionar. Veja no console do Eclipse que o bean **realizarLoginBean** aparece no log dos beans da aplicação. Abra a tela **login** acionando o seu menu. Verifique se as validações de campos requeridos estão funcionando.

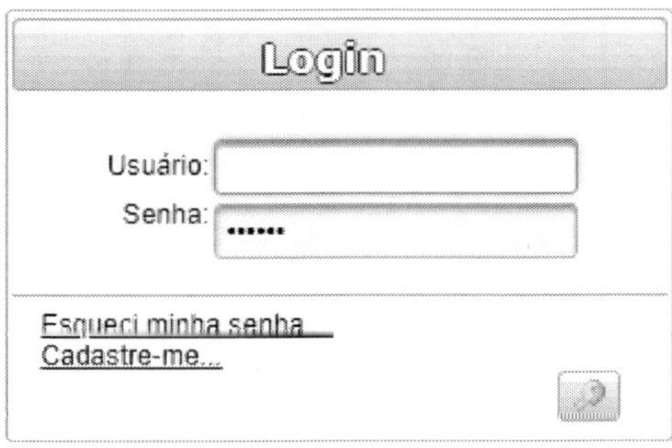

Figura 37.6
A página **login.xhtml**.

4. Realize o login com o usuário desenvolvedor e faça o teste dos campos requeridos (todos desta tela são requeridos). Validou? Tente digitar nos campos um espaço em branco, ou algum outro caractere não permitido. A validação mandará para a tela a mensagem abaixo. Isto ocorreu por causa da configuração realizada na página que não permite passar um usuário inválido ou a digitação de um caractere considerado nocivo e não permitido, em algumas circunstâncias.

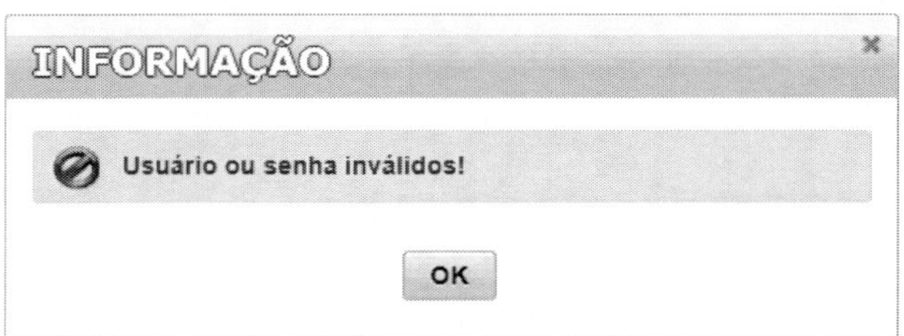

Figura 37.7
Mensagem de validação.

5. Tudo conferido, preencha corretamente usuário (dev) e senha (123456) e certifique-se de que o sistema flua para a página **homeAplicativo**. Verifique se os menus renderizaram de acordo com os perfis do usuário logado e se o nome do usuário apareceu na extremidade direita da tela, conforme vemos na Figura 37.8. Para saber os nomes dos usuários e suas senhas confira isto na classe **SetupCaseBean**.

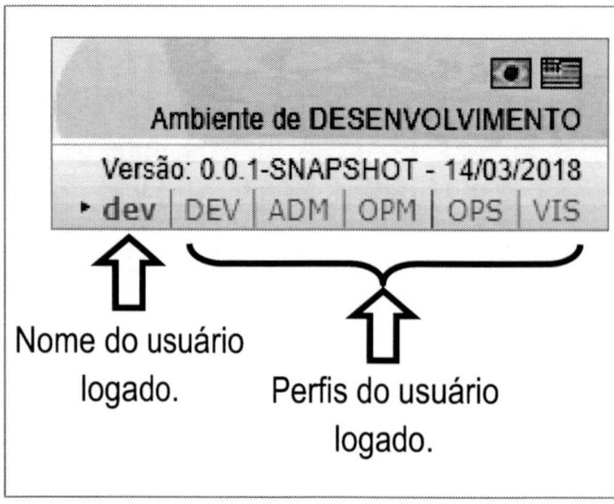

Figura 37.8 Login do usuário DESENVOLVEDOR.

6. Realize o logout e repita os procedimentos anteriores para cada um dos perfis disponíveis, prestando atenção na renderização dos menus após logado, com cada um.
7. Desligue o WildFly e, usando o PGAdmin, modifique o valor do campo BLOQUEADO do usuário operador máster para "T". Pronto, o usuário máster foi bloqueado, vamos ver o comportamento do sistema.
8. Realize o login com o usuario operador máster e certifique-se de que o sistema apresente a mensagem de "usuário bloqueado".

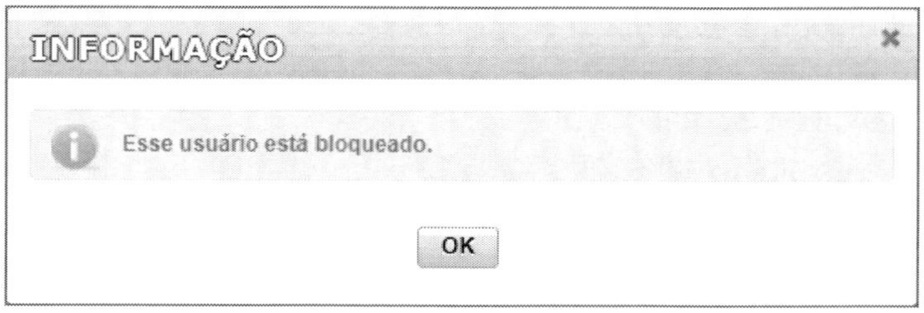

Figura 37.9 Usuários bloqueados não logam.

9. Tente visualizar o arquivo PDF que você está usando como help para o aplicativo pressionando o menu *Help* — é necessário desbloquear popups no navegador.
10. Abra o Show Case usando o menu (estando logado como desenvolvedor), vai funcionar!

Fim do Laboratório 37.7

Fim da Lição 37.

Não existe uma fórmula mágica para implementar um código. Você tem de meter a mão na massa. Tentamos fazer as coisas da forma mais prática possível e da maneira mais simples, a fim de facilitar o entendimento. Na tentativa de deixar o código mais inteligível possível, ele acabou se alongando bastante. Cabe ao leitor a busca de seu aperfeiçoamento, pois o código sempre pode ser melhorado (refatorado).

Lição 38
UC Trocar a Senha

Objetivos:

- Implementar o Caso de Uso Trocar a Senha

Entendendo o UC Trocar a Senha

Sobre o Caso de Uso

O Caso de Uso Trocar a Senha é um subconjunto do UC Realizar Login porque o complementa. Decidiu-se codifica-lo à parte para realizar uma separação do código e assim facilitar o entendimento — o código que o implementa será adicionado dentro da classe **RealizarLoginBean**, muito embora a criação de um novo Backing Bean para isto também fosse cabível.

Algoritmo principal

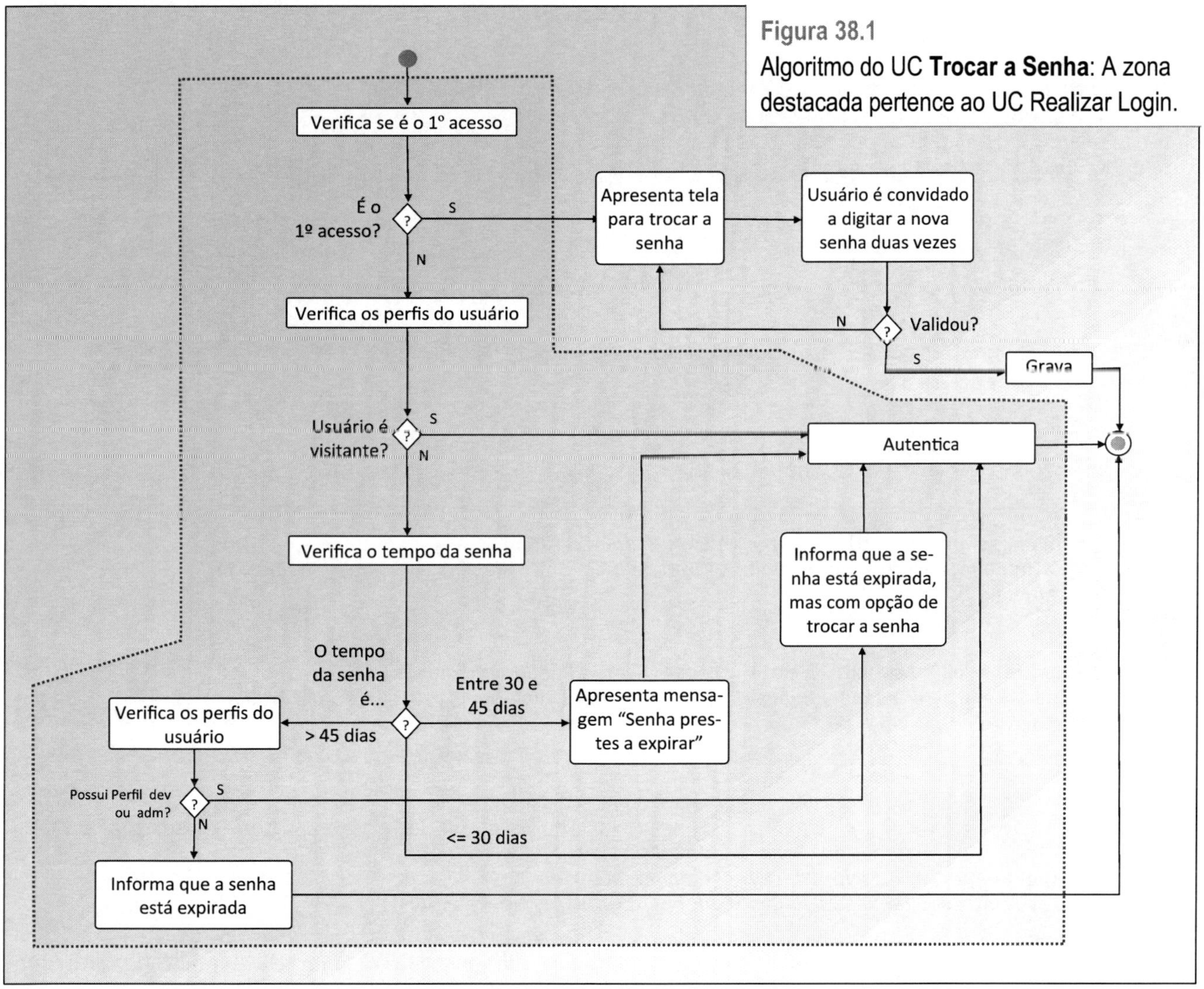

Figura 38.1
Algoritmo do UC **Trocar a Senha**: A zona destacada pertence ao UC Realizar Login.

Interface de telas

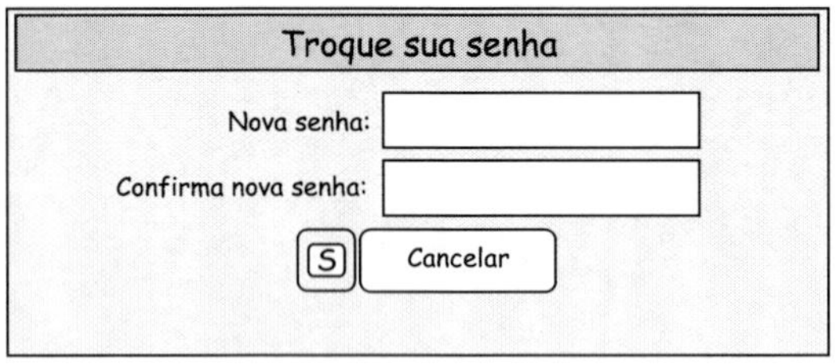

Figura 38.2
A tela para realizar a troca de senhas dos usuários. Ela aparece quando o usuário acessa o sistema pela primeira vez, ou quando a senha expira.
Um botão para salvar e outro para cancelar.

Configuração

Abra a classe **RealizarLoginBean** e adicione o código em destaque abaixo:

Laboratório 38.1

```
/* Redirects comuns
 ----------------*/
public void retornarPagHomePage(){FacesUtil.redirect("/pages/home/homePage");}
public void retornarPagTrocaSenha(){
    FacesUtil.redirect("/pages/adm/trocarSenha/trocaSenha");}
public void retornarPagHomeAplicativo(){FacesUtil.redirect("/pages/adm/homeAplicativo");}
public String retornarNulo(){return null;}
public String retornarPagRecuperaSenha(){
    return "/pages/realizarLogin/recuperaSenha?faces-redirect=true";}
public String retornarPagCadastreMe(){
    return "/pages/realizarLogin/cadastreMe?faces-redirect=true";}
public void retornarPagLogin(){FacesUtil.redirect("/pages/realizarLogin/login");}

/* ***************************
 * FIM DE UC - REALIZAR LOGIN
 * VALIDAR E AUTENTICAR
 ***************************/
```

Adicione isto

```
/* *******************
 * UC - TROCAR A SENHA
 *********************/
public void trocarSenha(){
  try{

    if(newPassword == null || newPassword.equals("")){
      dialogBean.addMessage(FacesUtil.getMessage("RLO043"), DialogType.ERROR);
      return;
    }

    if(confirmNewPassword == null || confirmNewPassword.equals("")){
      dialogBean.addMessage(FacesUtil.getMessage("RLO044"), DialogType.ERROR);
      return;
    }

    /* Recebe a senha digitada no browser (jah criptografada).
     * Lembrando que esta senha foi mascarada com CriptpJs (ela deve ser descriptografada)
     * antes de cmparar com a do banco de dados.*/
    String newPassw = Crypt.decrypt(newPassword);
    String confirmeNewPassw = Crypt.decrypt(confirmNewPassword);
```

continua

Listagem 38.1a Adicionando código na classe **RealizarLoginBean.**

continuação

```
      //verifica se possui minimo de 3 caracteres
      if(newPassw.length() < 3) {
        dialogBean.addMessage(FacesUtil.getMessage("RLO045"), DialogType.ERROR);
        return;
      }

      //verifica se possui caracteres invalidos...
      if (!newPassw.matches("[a-zA-Z0-9_]+")) {
        dialogBean.addMessage(FacesUtil.getMessage("MGL004"), DialogType.ERROR);
        return;
      }

      if(newPassw.equals(confirmeNewPassw)){

        /* Isto irah atualizar os dados do usuario em seu primeiro acesso.*/
        List<Object> params = new ArrayList<Object>();
        params.add(userSessionInBean.getUserLogged());

        if(usuario == null)
            usuario = usuarioFacade.recuperar("Usuario.recuperarPeloNome", params);

        usuario.setSenha(Crypt.getHash(newPassw));
        usuario.setDataPrimeiroAcesso(new Date());
        usuario.setPrimeiroAcesso("F");
        usuarioFacade.alterar(usuario);
        this.usuarioLogado(true);

      }else{
        dialogBean.addMessage(FacesUtil.getMessage("RLO013"), DialogType.INFO_CLOSABLE);
      }

    }catch(DaoException e){
      dialogBean.addMessage(e.getMessage(),DialogType.ERROR);
    }
  }
  /* *************************
   * FIM DE UC - TROCAR A SENHA
   *************************/

/*-------
 * get/set
 ----------*/
```

Listagem 38.1b Adicionando código na classe **RealizarLoginBean.**

Sob a pasta *pages/adm*, crie uma nova pasta com o nome *trocarSenha* e sob esta última a página **trocaSenha.xhtml**, mostrada abaixo:

```
<ui:composition xmlns="http://www.w3.org/1999/xhtml"
 template="/WEB-INF/layout/template.xhtml"
 xmlns:ui="http://java.sun.com/jsf/facelets"
 xmlns:h="http://java.sun.com/jsf/html"
 xmlns:f="http://java.sun.com/jsf/core"
 xmlns:p="http://primefaces.org/ui"
 xmlns:a="http://java.sun.com/jsf/composite/components">

    <ui:define name="content">
      <br/><br/><br/><br/>

      <h:form id="formT">
       <p:focus for="mask1"/>
```

continua

Listagem 38.2a A página **trocaSenha.xhtml**.

continuação

```
      <h:inputHidden label="#{msg.RLO024}" id="hidden1"
        value="#{realizarLoginBean.newPassword}"
        required="true" validatorMessage="#{msg.RLO034}: #{msg.MGL004}"/>

      <h:inputHidden label="#{msg.RLO023}" id="hidden2"
        value="#{realizarLoginBean.confirmNewPassword}" />

    <p:panel header="#{msg.RLO026}" style="width:350px;text-align:left;">

      <br/>

      <h:panelGrid columns="2"  columnClasses="right,left">

        <h:outputLabel value="#{msg.RLO024}:"/>
        <p:password id="mask1" feedback="true" maxlength="8"
          promptLabel="#{msg.RLO026}" goodLabel="#{msg.CGL071}"
          weakLabel="#{msg.CGL072}" strongLabel="#{msg.CGL048}" />

        <h:outputLabel value="#{msg.RLO023}:"/>
        <p:password id="mask2" label="#{msg.RLO023}" required="true"
          maxlength="8" feedback="false" />

      </h:panelGrid>

      <a:status/>

      <center>

        <!-- botao contendo JavaScript que
          automatiza o mecanismo das mascaras e a encriptacao -->
        <p:commandButton value="OK" action="#{realizarLoginBean.trocarSenha}"
            oncomplete="document.getElementById('formT:hidden1').value='';
              document.getElementById('formT:hidden2').value='';"
            process="@this,formT:hidden1,formT:hidden2"

            onclick="document.getElementById('formT:hidden1').value='';
              document.getElementById('formT:mask1').value==''?
              document.getElementById('formT:hidden1').value='':
              document.getElementById('formT:hidden1').
              value=encrypt(document.getElementById('formT:mask1').value);
              document.getElementById('formT:hidden2').value='';
              document.getElementById('formT:mask2').value==''?
              document.getElementById('formT:hidden2').value='':
              document.getElementById('formT:hidden2').
              value=encrypt(document.getElementById('formT:mask2').value)" />

        <p:commandButton immediate="true" value="#{msg.CGL014}"
          action="#{realizarLoginBean.iniciarRealizarLogout}"/>

      </center>

    </p:panel>

    <br/><br/><br/><br/>

  </h:form>

 </ui:define>

</ui:composition>
```

Listagem 38.2b A página **trocaSenha.xhtml**.

Abra a classe **Pessoa** e adicione as NamedQuery em destaque abaixo...

Listagem 38.3
Adicionando código na classe **Pessoa.**

```
// LICAO 30 EM DIANTE---------------------------------
------------------
@NamedQuery(name = "Pessoa.allEmp",
  query = "select p from Pessoa p where p.empresa.id =:param

@NamedQuery(name = "Pessoa.excluirPeloNomeEmp",
  query = "delete Pessoa p where p.nome =:param0 and p.empresa.

@NamedQuery(name = "Pessoa.similarPeloNomeEmp", query = "select
    "PWORLD.sem_acento(upper(p.nome)) like upper(:param0) and p.e

@NamedQuery(name = "Pessoa.recuperarPeloNomeEmp",
  query = "select p from Pessoa p where PWORLD.sem_acento(upper(p.
    "and p.empresa.id =:param1")

@NamedQuery(name = "Pessoa.tudoComFETCH",
  query = "select p from Pessoa p "+
     "left join fetch p.usuario u "+
     "left join fetch u.perfis pfs "+
     "left join fetch pfs.funcionalidades funcs "+
     "left join fetch p.dependentes dpnds "+
     "where p.id=:param0")
,
//LICAO 38 EM DIANTE ------------------------------------
@NamedQuery(
  name = "Pessoa.recuperarPeloEmail",
  query = "select p from Pessoa p where p.email=:param0"),

@NamedQuery(
  name = "Pessoa.recuperarPeloEmailPelaEmpresa",
  query = "select p from Pessoa p where p.email=:param0 " +
  "and p.empresa.id =:param1"),
```

Lembrando que as *NamedQueries* são separadas por uma vírgula.

IMPORTANTE!

Fim do Laboratório 38.1

Teste

Laboratório 38.2

1. Abra o PGAdmin e, dentro da tabela **USUARIO**, sete o campo **PRIMEIRO_ACESSO** para "T" em todos os registros, isto possibilitará a realização dos testes desta lição.

2. Coloque o servidor para funcionar, clique no menu Login e realize a autenticação com o usuário desenvolvedor — pode ser qualquer usuário aqui — certifique-se de que a tela ao lado seja apresentada. Preencha os dados e pressione o botão OK (grava e realiza a autenticação).

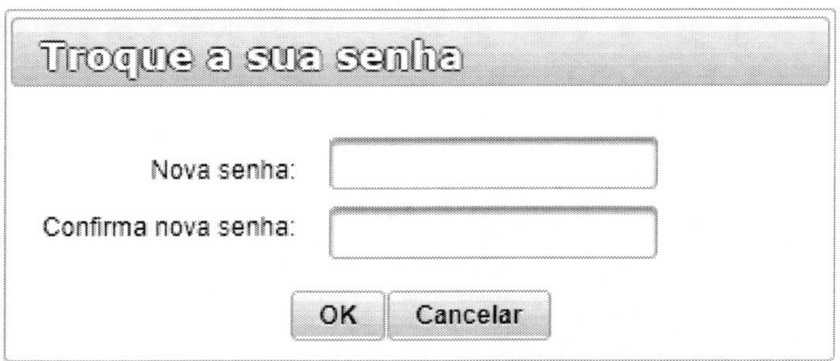

Figura 38.3 A página **trocaSenha.xhtml.**

3. Deslique o WildFly e troque a data do Windows para uma data entre 30 e 45 dias posterior à data de primeiro acesso do usuário desenvolvedor (abra o PGAdmin para ver isto). Coloque o sistema para funcionar novamente e tente realizar o login com o usuário desenvolvedor. Deverá aparecer uma mensagem avisando que a "senha está prestes a expirar" e se o usuário deseja trocá-la agora.

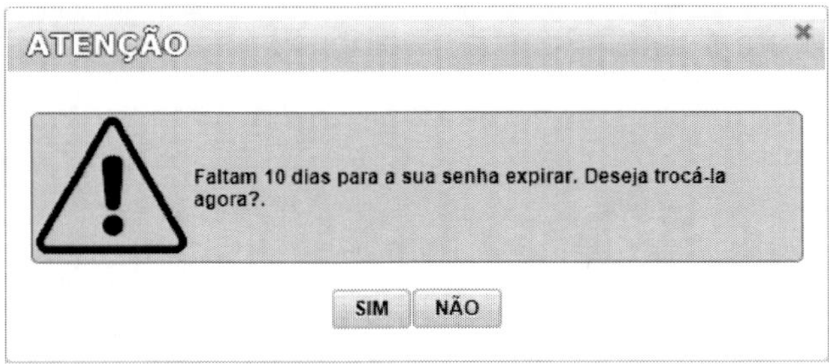

Figura 38.4 Mensagem de senha prestes a expirar.

Acione o botão *Não* ("não quero trocar a senha agora") e certifique-se de que o login seja feito com sucesso. Repita essa operação novamente, mas desta vez aperte o botão *Sim* ("quero trocar a senha agora"). Neste momento, certifique-se de que a senha foi realmente trocada (abra o PGAdmin e confira isto), verifique também que a data de primeiro acesso também foi atualizada para a data do Windows — o login deve ser feito com sucesso, sem apresentar erros.

4. Desligue o WildFly. Troque a data do Windows para uma data posterior a 45 dias da data de primeiro acesso dos usuários desenvolvedor e administrador — veja essas datas no PGAdmin ("passou-se mais de 45 dias que o usuário acessou o sistema pela primeira vez").

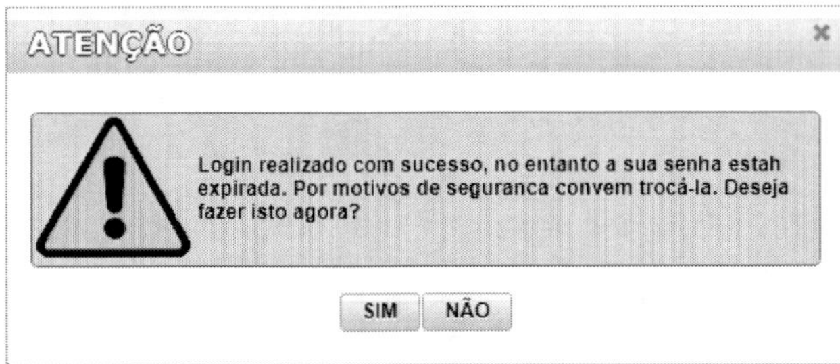

Figura 38.5 O sistema informa para trocar a senha.

5. Realize o teste com os usuários desenvolvedor e administrador. Certifique-se de que o sistema apresente apenas a tela de trocar a senha, pois esses dois usuários, conforme regras de negócio pré-definidas, não podem ser bloqueados.

6. Realize o login com o usuário operador máster e certifique-se de que o sistema apresente uma mensagem de "senha expirada" e não realize o login. Como alternativa o usuário poderá reabilitar a senha clicando no link *"Esqueci minha senha..."*.

Fim do Laboratório 38.2

Fim da Lição 38.

Lição 39
UC Lembrar a Senha

Objetivos:

- Implementar o Caso de Uso Lembrar a Senha

Entendendo o UC - Lembrar a Senha

Sobre o Caso de Uso

É um módulo que também complementa o UC Realizar Login. Ao clicar no link *"Esqueci minha senha"* da página de login, o usuário terá a oportunidade de resgatar a sua senha, por meio de uma mensagem enviada à sua caixa de mensagens, o endereço de email que foi registrado no aplicativo.

Algoritmo principal

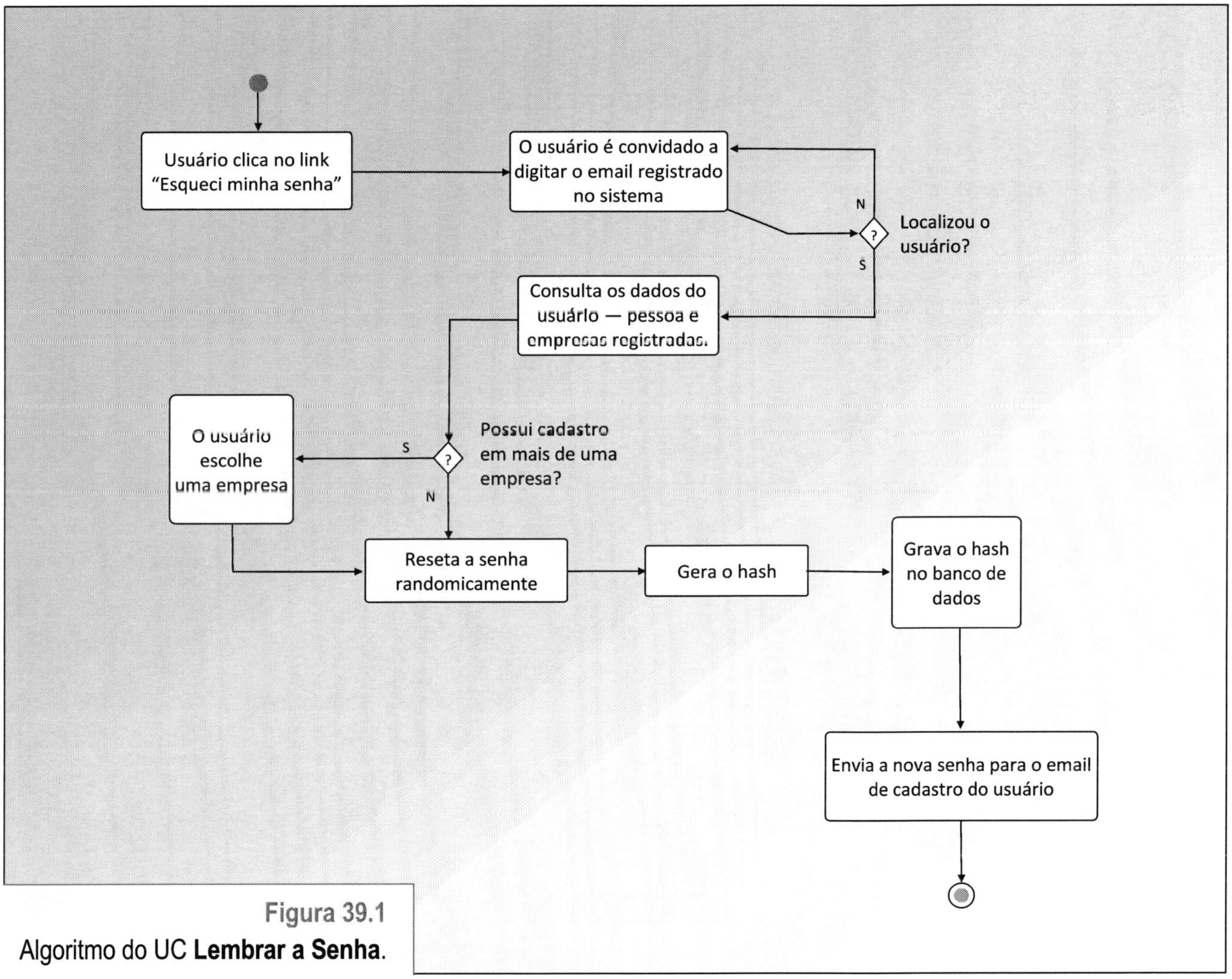

Figura 39.1
Algoritmo do UC **Lembrar a Senha**.

Interface de telas

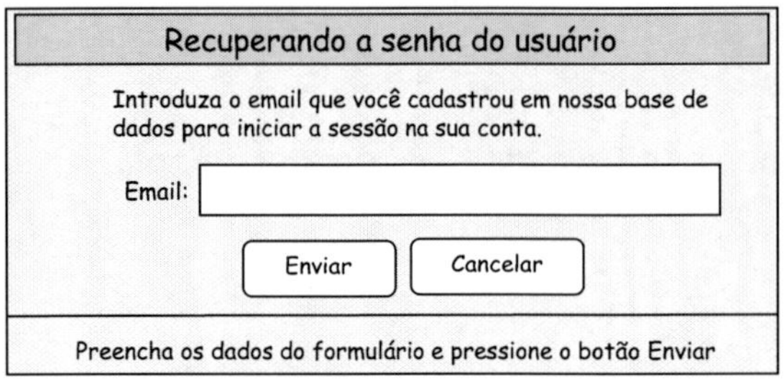

Figura 39.2
A tela de recuperação de senha. Utilizada quando o usuário se esqueceu da senha e clicou no link *"Esqueci minha senha"*, disponível na tela de login.

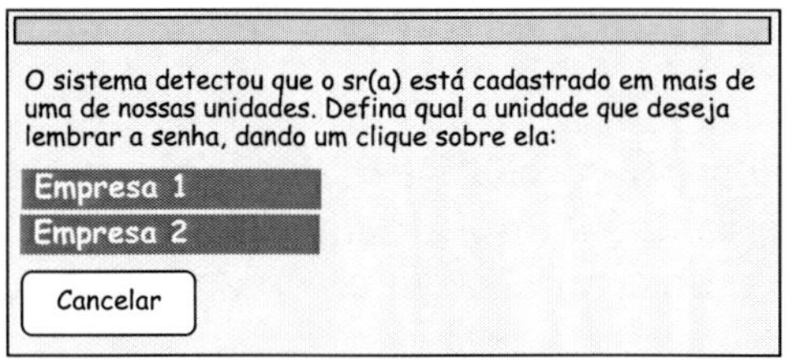

Figura 39.3
Se a pessoa possui cadastro em mais de uma empresa, apresenta-as, para que ele possa definir qual delas deseja lembrar a senha (onde se cadastrou).

Configuração

Abra a classe **RealizarLoginBean** e adicione o código em destaque abaixo:

Laboratório 39.1

```
/* **************************
 * FIM DE UC - TROCAR A SENHA
 ****************************/
```

Adicione isto

```
/* ******************
 * UC LEMBRAR A SENHA
 ******************/
private String emailVisitante;

public void recuperarVisitantePeloEmail(){
 try {
   /*  A recuperacao da pessoa deve ser feita unicamente pelo seu email
    * Verificando se existe usuario cuja pessoa possui um mesmo email. */
   List<Object> params = new ArrayList<Object>();
   params.add(emailVisitante);
```

Não se esqueça de encapsular isto!

continua

Listagem 39.1a Adicionando código na classe **RealizarLoginBean.**

continuação

```
    List<Pessoa> pessoas = pessoaFacade.listar("Pessoa.recuperarPeloEmail", params);

    if(pessoas == null){
     dialogBean.addMessage(FacesUtil.getMessage("RLO014"), DialogType.INFO_CLOSABLE);
     return;
    }

    //pessoas ===> pessoas de uma mesma pessoa que se cadastrou em mais de uma unidade.
    Pessoa pessoa = pessoas.get(0); //pega o primeiro da lista (todos sao os mesmos).

    //se pessoa for um desenvolvedor, nada faz...
    if(containsPerfil(pessoa.getUsuario().getPerfis(), 1L)) {
     Log.setLogger("", "Procure o Gerente do Projeto.", Level.INFO,
         Ansi.RED_BOLD_YELLOWBG);
     return; //nada faz... desenvolvedor se vira com a sua senha!
    }

    if(pessoas.size() == 1) {
     if(pessoa.getUsuario() != null){
      this.salvarEnviarEmail(pessoa);

     }else{
      //Invalida a sessao (se nao existe um usuario cadastrado para esta pessoa)...
      FacesUtil.sessionInvalidate();
       dialogBean.addActionMessage(FacesUtil.getMessage("RLO018"),
        "realizarLoginBean.retornarNulo", null);
     }

    }else {
     //Se existe mais de uma pessoa cadastrada com o mesmo nome (em empresas diferentes)
     this.pessoas = pessoas; //disponibiliza pessoas para a pagina

     //abrir um dlg para que o usuario especifique qual empresa quer mudar a senha.
     PrimeFaces.current().executeScript("PF('dlgFixaEmpresa').show();");
     PrimeFaces.current().ajax().update("formFixaEmpresa");
    }

   } catch (DaoException e) {
    dialogBean.addMessage(e.getMessage(),DialogType.ERROR);

   } catch (Exception e){
    dialogBean.addMessage(FacesUtil.getMessage("RLO027"), DialogType.ERROR);
   }

  }

  public void salvarEnviarEmail(Pessoa pessoa) {
   try {
    //Reseta a senha do usuario.
    String senhaDescriptografada = getSenhaPosReset(); //Gera nova senha
    pessoa.getUsuario().setSenha(Crypt.getHash(senhaDescriptografada)); //o hash nova senha
    pessoa.getUsuario().setPrimeiroAcesso("T");
    pessoa.getUsuario().setDataPrimeiroAcesso(new Date());
    pessoa.getUsuario().setBloqueado("F"); //desbloqueia por garantia...
    pessoaFacade.alterar(pessoa);
```

continua

Listagem 39.1b Adicionando código na classe **RealizarLoginBean.**

continuação

```
      //enviar um email ao usuario
      this.enviarEmail(pessoa.getEmail(), //email do usuario
         FacesUtil.getMessage("RL0017") + ": " + senhaDescriptografada); //mensagem com senha

      //Invalida a sessao (se existia uma)...
      FacesUtil.sessionInvalidate(); dialogBean.addActionMessage(
       FacesUtil.getMessage("RL0019"), "realizarLoginBean.retornarPagHomePage", null);

    } catch (DaoException e) {
      dialogBean.addMessage(e.getMessage(),DialogType.ERROR);
    } catch (Exception e){
      dialogBean.addMessage(FacesUtil.getMessage("RL0027"), DialogType.ERROR);
    }
  }

  //devolve uma nova senha randomicamente.
  public String getSenhaPosReset() {
    String[] carct ={"0","1","2","3","4","5","6","7","8","9","a","b","c","d","e","f","g",
        "h","i","j","k","l","m","n","o","p","q","r","s","t","u","v","w","x","y","z","A",
        "B","C","D","E","F","G","H","I","J","K","L","M","N","O","P","Q",
        "R","S","T","U","V","W","X","Y","Z"};
    String senha="";
    for (int x=0; x<10; x++){
       int j = (int) (Math.random()*carct.length);
       senha += carct[j];
    }
    return senha;
  }

  //Este metodo tambem eh utilizado em recursosHumanosBean
  @Asynchronous public void enviarEmail(String to, String message) {
      try {appMailFacade.sendMail(
          "zzzzz@bol.com.br", //...from (o mesmo usuario de FTP, para smtp.bol.com.br)
          to, //..................destinatario
          "Amazu Technology", //...subject
          message, //.............corpo da mensagem
          null //.................poderia enviar lista (ArrayList) de caminhos de arquivos
        );
    } catch (MailException e) {
      e.printStackTrace();
    } catch (Exception e) {
      e.printStackTrace();
    }
  }

  public void fixarEmpresaEnviarEmail(Long idEmpresa) {
    for(Pessoa pessoa : pessoas) {//localizar a pessoa com a empresa passada
      if(pessoa.getEmpresa() != null && pessoa.getEmpresa().getId() == idEmpresa) {
        this.salvarEnviarEmail(pessoa);
        break;
      }
    }
  }
  /* ************************
   * FIM DE UC LEMBRAR A SENHA
   **************************/

 /*--------
 * get/set
 ----------*/
```

Faça todos os imports necessários e realize o encapsulamento dos novos atributos que foram adicionados.

Listagem 39.1c Adicionando código na classe **RealizarLoginBean.**

Sob a pasta *src/main/webapp/pages/realizarLogin* crie a página **recuperaSenha.xhtml** e o fragmento de página **dlgFixaEmpresa.xhtml** conforme as duas listagens que se seguem...

```
<?xml version="1.0" encoding="utf-8" ?>

<ui:composition xmlns="http://www.w3.org/1999/xhtml"
  template="/WEB-INF/layout/template.xhtml"
  xmlns:ui="http://java.sun.com/jsf/facelets"
  xmlns:h="http://java.sun.com/jsf/html"
  xmlns:f="http://java.sun.com/jsf/core"
  xmlns:p="http://primefaces.org/ui"
  xmlns:a="http://java.sun.com/jsf/composite/components">

 <ui:define name="content">

     <br/><br/><br/>

   <h:form id="formRecSenha">

     <p:focus for="email"/>

     <p:panel style="width:380px;" header="#{msg.RLO022}" footer="#{msg.RLO020}">

       <div align="left" style="width:200px;">
        #{msg.RLO054}
       </div>

       <br/>

       <h:panelGrid columns="2" columnClasses="right,left">
         <h:outputLabel value="#{msg.CGL131}:"/>
         <p:inputText label="#{msg.CGL131}" required="true" id="email"
           value="#{realizarLoginBean.emailVisitante}"
           maxlength="70" size="40">
           <f:validator validatorId="emailValidator"/>
         </p:inputText>
       </h:panelGrid>

       <br/>

       <h:panelGrid columns="2">
         <p:commandButton value="#{msg.CGL039}"
           action="#{realizarLoginBean.recuperarVisitantePeloEmail}"
           onclick="PF('dlgLoader').show()"
           oncomplete="PF('dlgLoader').hide()"/>

         <p:commandButton value="#{msg.CGL157}"
           action="#{realizarLoginBean.retornarPagLogin}"
           immediate="true"/>

       </h:panelGrid>
     </p:panel>

   </h:form>

   <ui:include src="dlgFixaEmpresa.xhtml"></ui:include>

 </ui:define>

</ui:composition>
```

Listagem 39.2 A página **recuperaSenha.xhtml**.

```
<ui:fragment xmlns="http://www.w3.org/1999/xhtml"
 xmlns:ui="http://java.sun.com/jsf/facelets"
 xmlns:h="http://java.sun.com/jsf/html"
 xmlns:f="http://java.sun.com/jsf/core"
 xmlns:p="http://primefaces.org/ui"
 xmlns:a="http://java.sun.com/jsf/composite/components">

 <p:dialog
  widgetVar="dlgFixaEmpresa" modal="true" showEffect="puff" appendTo="@(body)"
  width="400" hideEffect="explode" resizable="false" closable="false">
  <br/><br/>

  <h:form id="formFixaEmpresa">
   <p:panel>
    #{msg.RL0053}<br/><br/>
    <ui:repeat var="pessoa" value="#{realizarLoginBean.pessoas}">
     <h:commandLink value="#{pessoa.empresa.nomeFantasia}"
      styleClass="sel_link" style="color:#CD6600;"
      action="#{realizarLoginBean.fixarEmpresaEnviarEmail(pessoa.empresa.id)}"/>
     <br/>
    </ui:repeat>
    <br/><br/>
    <p:commandButton value="#{msg.CGL014}" onclick="PF('dlgFixaEmpresa').hide();"/>
   </p:panel>
  </h:form>
  <br/><br/>
 </p:dialog>
</ui:fragment>
```

Listagem 39.3 O fragmento de página **dlgFixaEmpresa.xhtml**.

Fim do Laboratório 39.1

Teste

Laboratório 39.2

Esse teste depende de uma conexão com a internet. Desligue o WildFly, abra o PGAdmin e modifique o campo EMAIL da tabela PESSOA, colocando **o seu** verdadeiro email no registro da pessoa que não seja um usuário desenvolvedor. A ideia agora é simular que o usuário se esqueceu da senha. O sistema então irá capturar alguns dados dele, verificando se esse usuário realmente existe e enviando para o email uma nova senha (para um usuário desenvolvedor não ocorre nada).

Na tela de login clique no link "Esqueci minha senha" e, inicialmente, realize o teste de validação de campo requerido, após isto, com o campo preenchido, submeta novamente clicando no botão *Enviar*. Abra a sua caixa de email e certifique-se de que tenha recebido um email com a nova senha.

Você poderá simular o cadastro em duas empresas — abra o PGAdmin e realize o cadastro manualmente de uma outra empresa. Em dois registros da tabela PESSOA, coloque o mesmo email (com o ID_EMPRESA diferente em cada um) e faça o teste. Desta vez, o sistema vai solicitar ao usuário que ele escolha qual empresa ele quer se lembrar da senha — o sistema reseta randomicamente a senha do usuário referente à empresa selecionada.

Fim do Laboratório 39.2

Fim da Lição 39.

Lição 40
UC Cadastrar Visitante

Objetivos:

- Implementar o Caso de Uso Cadastrar Visitante

Entendendo o UC Cadastrar Visitante

Sobre o Caso de Uso

O módulo permite o cadastro de uma pessoa que visita o site do aplicativo. Dependendo da situação, ou do propósito, isto poderá ser suprimido. Em todo caso, o visitante será cadastrado com um perfil de VISITANTE, com acesso apenas aos módulos públicos.

Algoritmo principal

Figura 40.1
Algoritmo do UC **Cadastrar Visitante**.

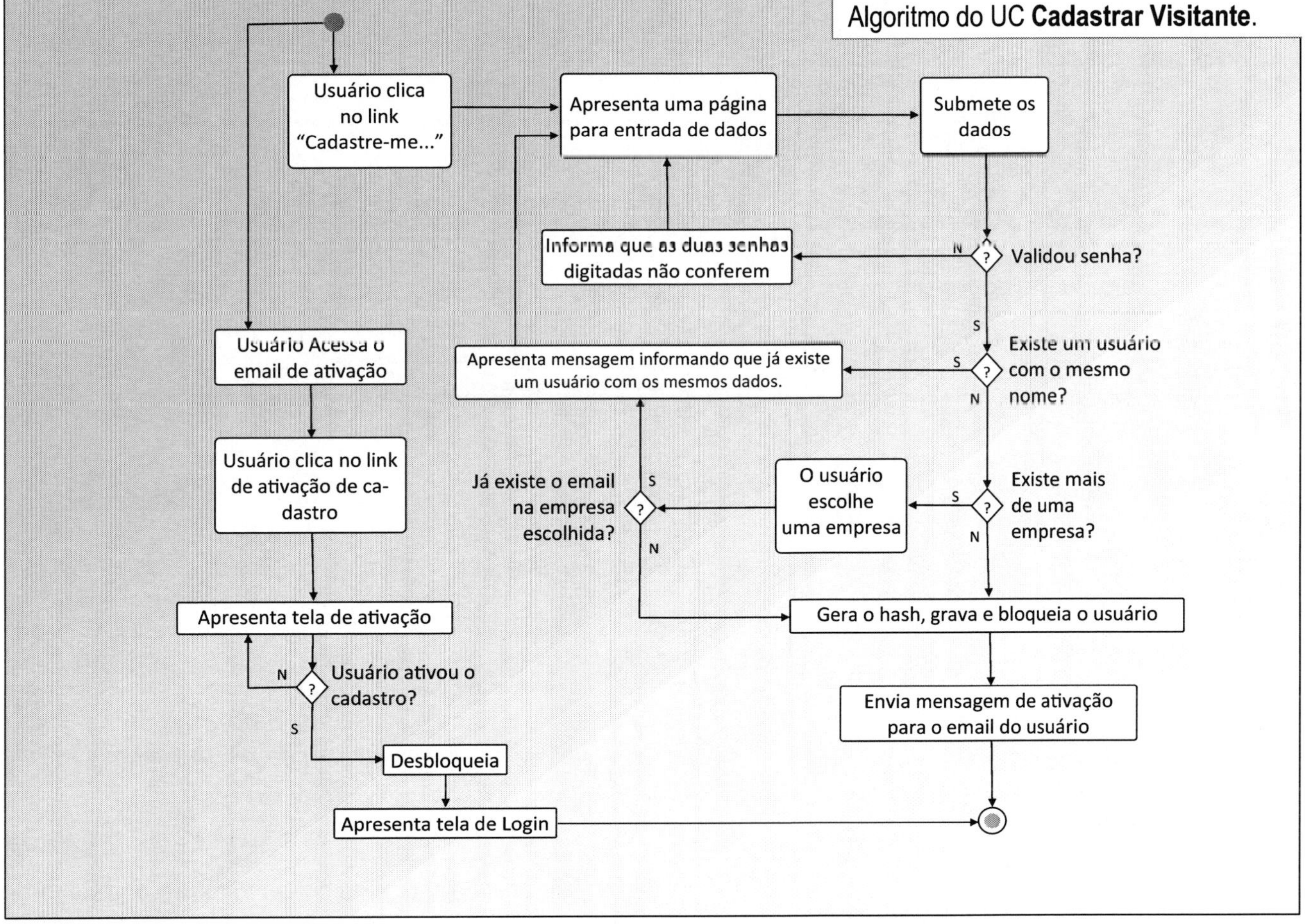

Interface de telas

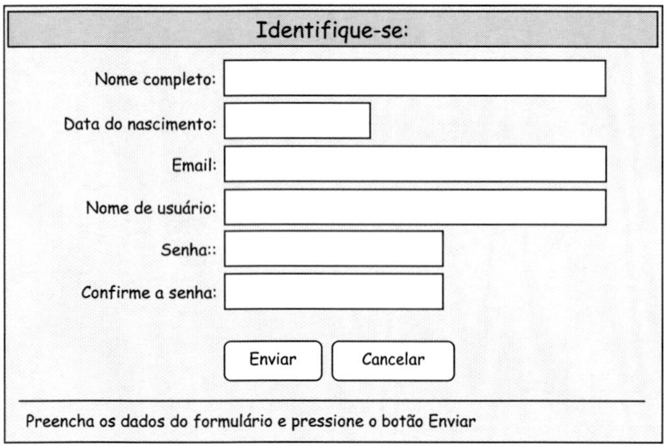

Figura 40.2 Tela de cadastro de visitante.

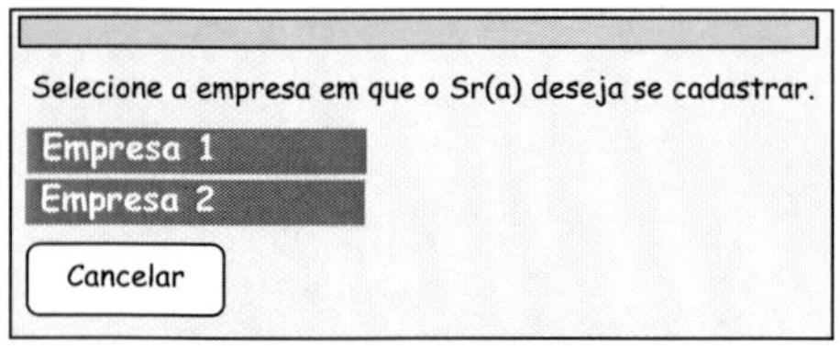

Figura 40.3
Se o aplicativo assiste a mais de uma empresa, o visitante terá de definir qual delas deseja se cadastrar.

Figura 40.4
A tela de ativação do cadastro. Um link de ativação é enviado para o email do usuário. Esse link abre esta tela.

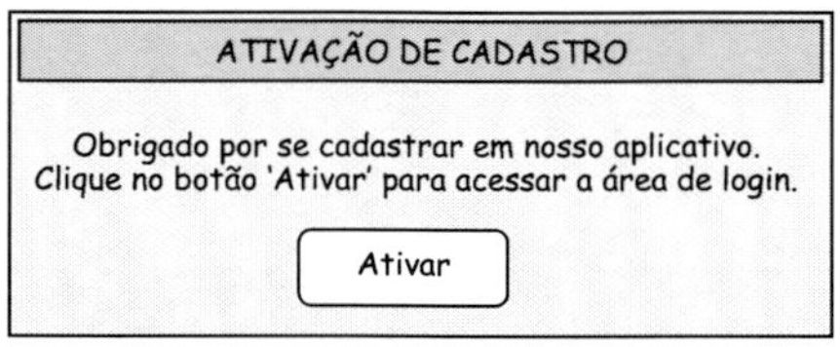

Configuração

Abra a classe **RealizarLoginBean** e adicione o código em destaque a seguir:

Laboratório 40.1

```
/* *************************
 * FIM DE UC - LEMBRAR A SENHA
 ***************************/

/* *********************
 * UC CADASTRAR VISITANTE
 **********************/
private String nomeVisitante;
private String identidadeVisitante;
private String cpfVisitante;
private Date dataNascimentoVisitante;

public void cadastrarVisitante(Empresa empresa){

  try {
    /* Recebe a senha digitada no browser (jah criptografada).
     * Lembrando que esta senha foi mascarada com CriptpJs (ela deve ser descriptografada)
     * antes de cmparar com a do banco de dados.*/
    String newPassw = Crypt.decrypt(newPassword);
    String confirmeNewPassw = Crypt.decrypt(confirmNewPassword);

    //verifica se possui minimo de 3 caracteres
    if(newPassw.length() < 3) {
      dialogBean.addMessage(FacesUtil.getMessage("RL0045"), DialogType.ERROR);
      return;
    }
```

Não se esqueça de encapsular isto!

Adicione isto

continua

Listagem 40.1a Adicionando código na classe **RealizarLoginBean.**

continuação

```
//verifica se possui caracteres invalidos...
if (!newPassw.matches("[a-zA-Z0-9_]+")) {
  dialogBean.addMessage(FacesUtil.getMessage("MGL004"), DialogType.ERROR);
  return;
}

if(!newPassw.equals(confirmeNewPassw)){
  dialogBean.addMessage(FacesUtil.getMessage("RLO013"), DialogType.ERROR);
  return;
}

/* Verifica se existe pessoa com os dados informados:Rejeitar usuario de mesmo nome*/
List<Object> params = new ArrayList<Object>();

//Verificando se existe um nome de usuario igual (nao pode ter nome de usuario igual)
params.clear();
params.add(user);
Usuario usPeloNome = usuarioFacade.recuperar("Usuario.recuperarPeloNome", params);
if(usPeloNome != null){
  dialogBean.addMessage(FacesUtil.getMessage("RLO036", new String[]{user}),
     DialogType.ERROR);
  return;
}

//verificando se existe email igual dentro da mesma empresa (situacao nao permitida)
params.clear();
params.add(emailVisitante);
params.add(empresa.getId());
Pessoa p = pessoaFacade.recuperar("Pessoa.recuperarPeloEmailPelaEmpresa", params);
if(p != null) { //nao deixa cadastrar...
  dialogBean.addMessage(FacesUtil.getMessage("RLO040"), DialogType.ERROR);
  return;
}

params.clear();
params.add("VIS"); //recupera o perfil VISITANTE
Perfil perfil = perfilFacade.recuperar("Perfil.peloCod", params);
Set<Perfil> perfis = new HashSet<Perfil>();
perfis.add(perfil);

Pessoa pessoa = new Pessoa();
pessoa.setNome(nomeVisitante);
pessoa.setIdt(identidadeVisitante);
pessoa.setCpf(cpfVisitante);
pessoa.setDataNascimento(dataNascimentoVisitante);
pessoa.setEmail(emailVisitante);
pessoa.setEmpresa(empresa);

Usuario usuario = new Usuario();
usuario.setBloqueado("T");
usuario.setPrimeiroAcesso("F");
usuario.setDataPrimeiroAcesso(new Date());
usuario.setNomeUsuario(user);
usuario.setSenha(Crypt.getHash(newPassw));
usuario.setPerfis(perfis);
pessoa.setUsuario(usuario);
usuario.setPessoa(pessoa);
pessoaFacade.incluir(pessoa);
this.usuario = usuario;
```

continua

Listagem 40.1b Adicionando código na classe **RealizarLoginBean.**

continuação

```
    //Notifica que o usuario estah cadastrado solicitando-o a abrir seu email para validar.
    StringBuffer linkAtivacao = new StringBuffer();
    linkAtivacao.append(FacesUtil.getMessage("RLO041"));
    linkAtivacao.append("<br/><br/>");
    linkAtivacao.append("<a href=");
    linkAtivacao.append(configBean.getConfig().getServerName());
    linkAtivacao.append("/blankapp/pages/realizarLogin/activate.faces?id=");
    linkAtivacao.append(usuario.getId());
    linkAtivacao.append(">");
    linkAtivacao.append(FacesUtil.getMessage("RLO047"));
    linkAtivacao.append("</a>");
    this.enviarEmail(emailVisitante, linkAtivacao.toString());
    dialogBean.addActionMessage(FacesUtil.getMessage("RLO033", new String[]{user}),
       "realizarLoginBean.retornarPagHomePage" ,null);

  } catch (DaoException e) {
    dialogBean.addMessage(e.getMessage(),DialogType.ERROR);
  } catch (Exception e){
    dialogBean.addMessage(FacesUtil.getMessage("RLO035"), DialogType.ERROR);
  }
}

public void validarChecarEmpresas() {
  try {
    if(newPassword == null || newPassword.equals("")){
      dialogBean.addMessage(FacesUtil.getMessage("RLO031"), DialogType.ERROR);
      return;
    }
    if(confirmNewPassword == null || confirmNewPassword.equals("")){
      dialogBean.addMessage(FacesUtil.getMessage("RLO046"), DialogType.ERROR);
      return;
    }
    empresas = empresaFacade.listar("Empresa.all");
    if(empresas.size() > 1) {
      //abrir um dlg para que o usuario especifique qual empresa quer se cadastrar.
      PrimeFaces.current().executeScript("PF('dlgFixaEmpresaCadastra').show();");
      PrimeFaces.current().ajax().update("formFixaEmpresaCadastra");

    }else {
      this.cadastrarVisitante(empresas.get(0));
    }
  } catch (DaoException e) {
    e.printStackTrace();
  }
}

public void ativarVisitante() {
  try {
    Long idUsuario = Long.parseLong(FacesUtil.getParam("idUsuario")); //recupera o param
    Usuario usuario = usuarioFacade.recuperar(Usuario.class, idUsuario); //busca o usuario

    if(usuario != null) {//Se encontrou o usuario...
      usuario.setBloqueado("F");
      usuario.setPrimeiroAcesso("F"); //Seta o primeiro acesso
      usuarioFacade.alterar(usuario);

      dialogBean.addActionMessage(FacesUtil.getMessage("RLO051"),
         "realizarLoginBean.retornarPagLogin", null);

    }else {
```

continua

Listagem 40.1c Adicionando código na classe **RealizarLoginBean.**

continuação

```
      dialogBean.addMessage(FacesUtil.getMessage("RLO011"), DialogType.ERROR);
    }
  } catch (DaoException e) {
    e.printStackTrace();
  }
}

public void fixarEmpresaCadastrarVisitante(Empresa empresa) {
  for(Empresa e: empresas) {//localizar a empresa selecionada pelo usuario
    if(empresa.equals(e)) {
      this.cadastrarVisitante(e);
      break;
    }
  }
}

public String getLimitCharNotBlankSpace() {
  return RegexUtil.getLimitCharNotBlankSpace(); //Tratamentode strings - limitacoes
}
/* ****************************
 * FIM DO UC CADASTRAR VISITANTE
 ******************************/

/*--------
* get/set
----------*/
```

Listagem 40.1d Adicionando código na classe **RealizarLoginBean.**

Sob a pasta *src/main/webapp/pages/realizarLogin* crie a página **cadastreMe.xhtml**, a **activate.xhtml** e o fragmento de página **dlgFixaEmpresaCadastra.xhtml** conforme as três listagens que se seguem...

```
<?xml version="1.0" encoding="utf-8" ?>

<ui:composition xmlns="http://www.w3.org/1999/xhtml"
 template="/WEB-INF/layout/template.xhtml"
 xmlns:ui="http://java.sun.com/jsf/facelets"
 xmlns:h="http://java.sun.com/jsf/html"
 xmlns:f="http://java.sun.com/jsf/core"
 xmlns:p="http://primefaces.org/ui"
 xmlns:a="http://java.sun.com/jsf/composite/components">

 <ui:define name="content">
  <h:form id="formC">
   <h:inputHidden label="#{msg.CGL068}" id="hidden1"
    value="#{realizarLoginBean.newPassword}" required="true"
    validatorMessage="#{msg.CGL068}: #{msg.MGL004}" />

   <h:inputHidden label="#{msg.CGL149}" id="hidden2"
    value="#{realizarLoginBean.confirmNewPassword}" required="true"
    validatorMessage="#{msg.CGL149}: #{msg.MGL004}" />
   <br />
   <p:focus for="nome" />
   <p:panel style="width:400px;" header="#{msg.RLO030}" footer="#{msg.RLO020}">
    <br />
    <h:panelGrid columns="2" columnClasses="right,left">
     <h:outputLabel value="#{msg.CGL026}:" />
     <p:inputText id="nome" label="#{msg.CGL026}"
      onkeypress="mascara(this,firstName)" size="40" required="true"
      value="#{realizarLoginBean.nomeVisitante}" maxlength="50"/>

     <h:outputLabel value="#{msg.CGL022}:" />
     <p:inputMask id="cpf" label="#{msg.CGL022}" maxlength="14"
      value="#{realizarLoginBean.cpfVisitante}" mask="999.999.999-99"
      size="15" required="true" onkeypress="mascara(this,cpf)">
      <f:validator validatorId="cpfValidator" />
     </p:inputMask>
```

continua

Listagem 40.2a cadastreMe.xhtml.

continuação

```
        <h:outputLabel value="#{msg.CGL169}:" />
        <p:inputText id="idt" label="#{msg.CGL169}" required="true" size="40"
         value="#{realizarLoginBean.identidadeVisitante}" maxlength="20"/>

        <h:outputLabel value="#{msg.CGL105}:" />
        <p:inputMask id="dataNasc" label="#{msg.CGL105}" converter="dateConverter"
         value="#{realizarLoginBean.dataNascimentoVisitante}"
         mask="99/99/9999" size="11" required="true"/>

        <h:outputLabel value="#{msg.CGL131}:" />
        <p:inputText id="email" label="#{msg.CGL131}" required="true" size="40"
         value="#{realizarLoginBean.emailVisitante}" maxlength="70">
         <f:validator validatorId="emailValidator" />
        </p:inputText>
        <h:outputLabel value="#{msg.RLO034}:" />
        <p:inputText id="user" label="#{msg.RLO034}" required="true"
         value="#{realizarLoginBean.user}"
         validatorMessage="#{msg.RLO034}: #{msg.MGL004}" size="40"
         maxlength="15" onblur="document.getElementById('formC:mask1').focus()">
         <f:validateRegex pattern="#{realizarLoginBean.limitCharNotBlankSpace}" />
         <f:validateLength minimum="3" />
        </p:inputText>

        <h:outputLabel value="#{msg.CGL068}:" />
        <p:password id="mask1" feedback="true" label="#{msg.CGL068}"
         goodLabel="#{msg.CGL071}" promptLabel="#{msg.RLO031}"
         weakLabel="#{msg.CGL072}" strongLabel="#{msg.CGL048}" maxlength="8"/>

        <h:outputLabel value="#{msg.CGL149}:" />
        <p:password id="mask2" feedback="false"
         label="#{msg.CGL149}" maxlength="8"
         onblur="document.getElementById('formC:mask1').focus()" />
       </h:panelGrid>
       <a:status />

       <!-- botao contendo javascript que automatiza o mecanismo das mascaras -->
       <h:panelGrid columns="2">
        <p:commandButton value="#{msg.CGL039}" id="btn_ok"
         action="#{realizarLoginBean.validarChecarEmpresas}"
         process="@this,formC:hidden1,formC:hidden2,formC:nome,formC:cpf,
           formC:dataNasc,formC:idt,formC:email,formC:user"
         oncomplete="document.getElementById('formC:hidden1').value='';
            document.getElementById('formC:hidden2').value='';"
         onclick="document.getElementById('formC:hidden1').value='';
            document.getElementById('formC:mask1').value==''?
            document.getElementById('formC:hidden1').value='':
            document.getElementById('formC:hidden1').
            value=encrypt(document.getElementById('formC:mask1').value);
            document.getElementById('formC:hidden2').value='';
            document.getElementById('formC:mask2').value==''?
            document.getElementById('formC:hidden2').value='':
            document.getElementById('formC:hidden2').
            value=encrypt(document.getElementById('formC:mask2').value)" />

        <p:commandButton immediate="true" value="#{msg.CGL014}"
         action="#{realizarLoginBean.retornarPagLogin}" />
       </h:panelGrid>
      </p:panel>
    </h:form>
    <ui:include src="dlgFixaEmpresaCadastra.xhtml"></ui:include>
  </ui:define>
</ui:composition>
```

Listagem 40.2b **cadastreMe.xhtml.**

```
<ui:fragment xmlns="http://www.w3.org/1999/xhtml"
 xmlns:ui="http://java.sun.com/jsf/facelets"
 xmlns:h="http://java.sun.com/jsf/html"
 xmlns:f="http://java.sun.com/jsf/core"
 xmlns:p="http://primefaces.org/ui"
 xmlns:a="http://java.sun.com/jsf/composite/components">

 <p:dialog
  widgetVar="dlgFixaEmpresaCadastra" modal="true"  showEffect="puff"  appendTo="@(body)"
  width="400" hideEffect="explode"   resizable="false"  closable="false">
  <br/><br/>

  <h:form id="formFixaEmpresaCadastra">
   <p:panel>
    #{msg.RLO056}<br/><br/>
    <ui:repeat var="empresa" value="#{realizarLoginBean.empresas}">
     <h:commandLink value="#{empresa.nomeFantasia}"
      styleClass="sel_link"  style="color:#CD6600;"
      action="#{realizarLoginBean.fixarEmpresaCadastrarVisitante(empresa)}"/>
     <br/>
    </ui:repeat>
    <br/><br/>
    <p:commandButton value="#{msg.CGL014}"
     onclick="PF('dlgFixaEmpresaCadastra').hide();"/>
   </p:panel>
  </h:form>
  <br/><br/>
 </p:dialog>
</ui:fragment>
```

Listagem 40.3 O fragmento de página **dlgFixaEmpresaCadastra.xhtml**.

```
<?xml version="1.0" encoding="utf-8" ?>

<ui:composition xmlns="http://www.w3.org/1999/xhtml"
 template="/WEB-INF/layout/template.xhtml"
 xmlns:ui="http://java.sun.com/jsf/facelets"
 xmlns:h="http://java.sun.com/jsf/html"
 xmlns:f="http://java.sun.com/jsf/core"
 xmlns:p="http://primefaces.org/ui"
 xmlns:a="http://java.sun.com/jsf/composite/components">

 <ui:define name="content">
   <!-- recebe o parametro (id do usuario) e vai ao banco de dados para localizar esse
        usuario. Se encontrar, realiza a sua ativacao. -->
   <br/><br/><br/><br/><br/>

   <h:form>
    <p:panel header="#{msg.RLO048}" style="width:400px;">
     <br/>
     <h:outputText value="#{msg.RLO049}"/><br/>
     <h:outputText value="#{msg.RLO050}"/>
     <br/><br/><br/>
     <p:commandButton value="Validar" action="#{realizarLoginBean.ativarVisitante}">
      <f:param name="idUsuario" value="#{request.getParameter('id')}"/>
     </p:commandButton>
     <br/><br/>
    </p:panel>
   </h:form>
 </ui:define>
</ui:composition>
```

Listagem 40.4 A página **activate.xhtml**.

Fim do Laboratório 40.1

Teste

Laboratório 40.2

Evidentemente, um usuário desconhecido será cadastrado pela internet como visitante e inicialmente como bloqueado. Um email de confirmação será enviado para esse usuário. Assim que o usuário visitar o seu aplicativo de email, ele deverá clicar no link de ativação para ser redirecionado à página **activate.xhtml**.

Para testar, clique no link "Cadastre-me" da página de login e preencha os dados...

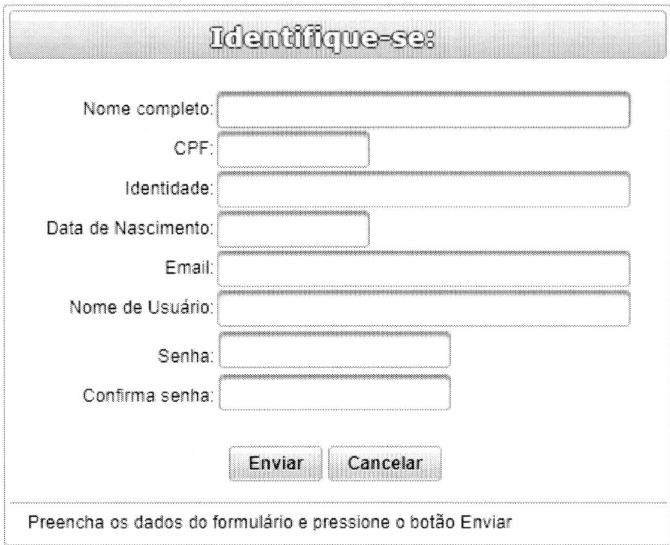

Figura 40.5
Usuário desconhecido se cadastrando no sistema...

Após o envio do email — confirme isto no log sendo exibido no console do Eclipse — abra sua caixa de email e verifique se a mensagem está realmente lá. Em seguida, basta clicar no link de ativação. Após a validação, o usuário será redirecionado à página de login, confirme se isto realmente ocorreu...

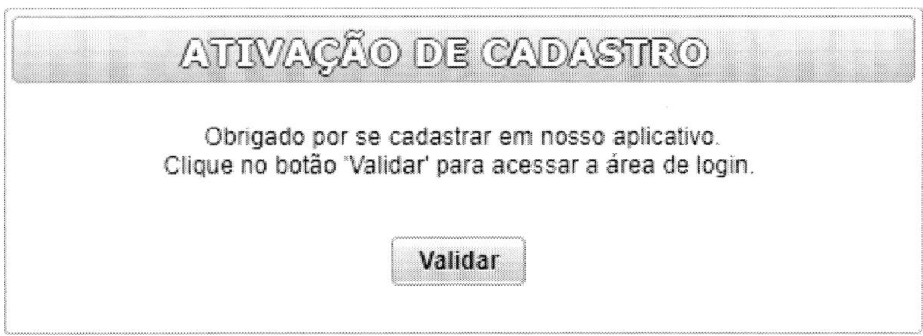

Figura 40.6
A página **activate.xhtml** recebe o id do usuário como parâmetro e valida-o quando acionado o botão "Validar".

Simule cadastrar um visitante com o nome de um **usuário** que já exista no banco de dados e certifique-se de que o sistema não deixe que a operação ocorra, devolvendo uma mensagem de erro amigável ao usuário ("Já existe um usuário com esses dados"). O sistema também realiza validação de email (não permite gravar um email que já exista no banco de dados para uma mesma empresa — teste isto também).

Com o PGAdmin, insira uma nova empresa. No browser, tente fazer um novo cadastro de visitante. Desta vez, o sistema irá solicitar que o usuário informe em qual empresa deseja se cadastrar.

Fim do Laboratório 40.2

Fim da Lição 40.

Lição 41
UC Manter Menus

Objetivos:

- Implementar o Caso de Uso Manter Menus

Entendendo o UC - Manter Menus

Sobre o Caso de Uso

Se você tem alguma experiência em desenvolvimento de software, poderá estar se perguntando qual é a verdadeira intenção em construir um módulo assim. Na verdade, ele não tem utilidade alguma para o cliente, ou mesmo para o aplicativo em si. **Seu propósito é exclusivo ao desenvolvedor**, e tanto o é que somente ele o terá acesso. Servirá como auxílio na implementação dos menus do sistema, evitando que o desenvolvedor acesse o banco de dados manualmente para inseri-los, ganhando produtividade em seu trabalho.

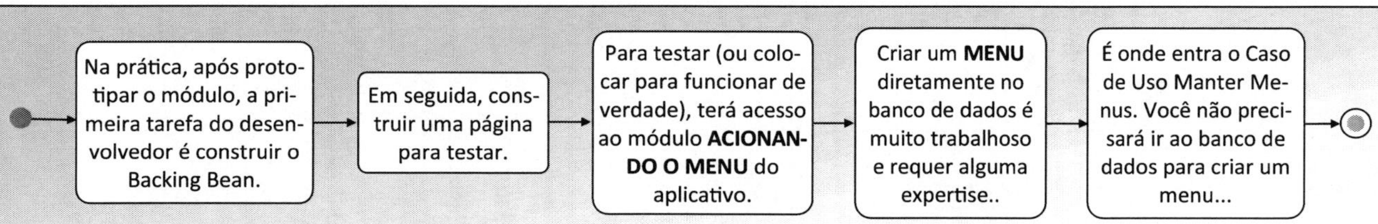

Figura 41.1 Qual é a finalidade do **UC Manter Menus?**

Não iremos construir este módulo passo-a-passo. Em vez disto, iremos incorporar a biblioteca **manter-menus-1.4.jar**, que poderá ser obtida em www.amazu.eti.br, vamos baixá-la ao aplicativo com o auxílio do Maven.

CONSIDERAÇÕES:

- O funcionamento depende de uma biblioteca de ícones, já disponibilizada em lição anterior; depende também de vários outros elementos já configurados em nosso aplicativo.
- Mais uma vez escrevemos o algoritmo em forma de fluxograma (ou diagrama de estados), apresentado na página seguinte. Ele mostra as principais rotinas, e é claro que acontecem outras coisas, como validações, conversões, atualizações de variáveis, etc.

  Não confunda diagrama com algoritmo! Algoritmo é algo bem subjetivo e detentor de uma simbologia própria, que pode ser a premissa básica para a elaboração do código. Em outras palavras, o diagrama da página seguinte **pode** sintetizar um algoritmo que **serviria de base** para a elaboração do código.
- No momento da extração dos ícones do arquivo *icons-1.4.jar*, pode haver alguma demora, dependendo do processador do seu computador (servidor), tendo em vista a renderização de centenas de ícones sendo colocados à disposição do desenvolvedor.
- Como parte do caso de uso, considere ter que manipular os arquivos **messages**.

Algoritmo principal

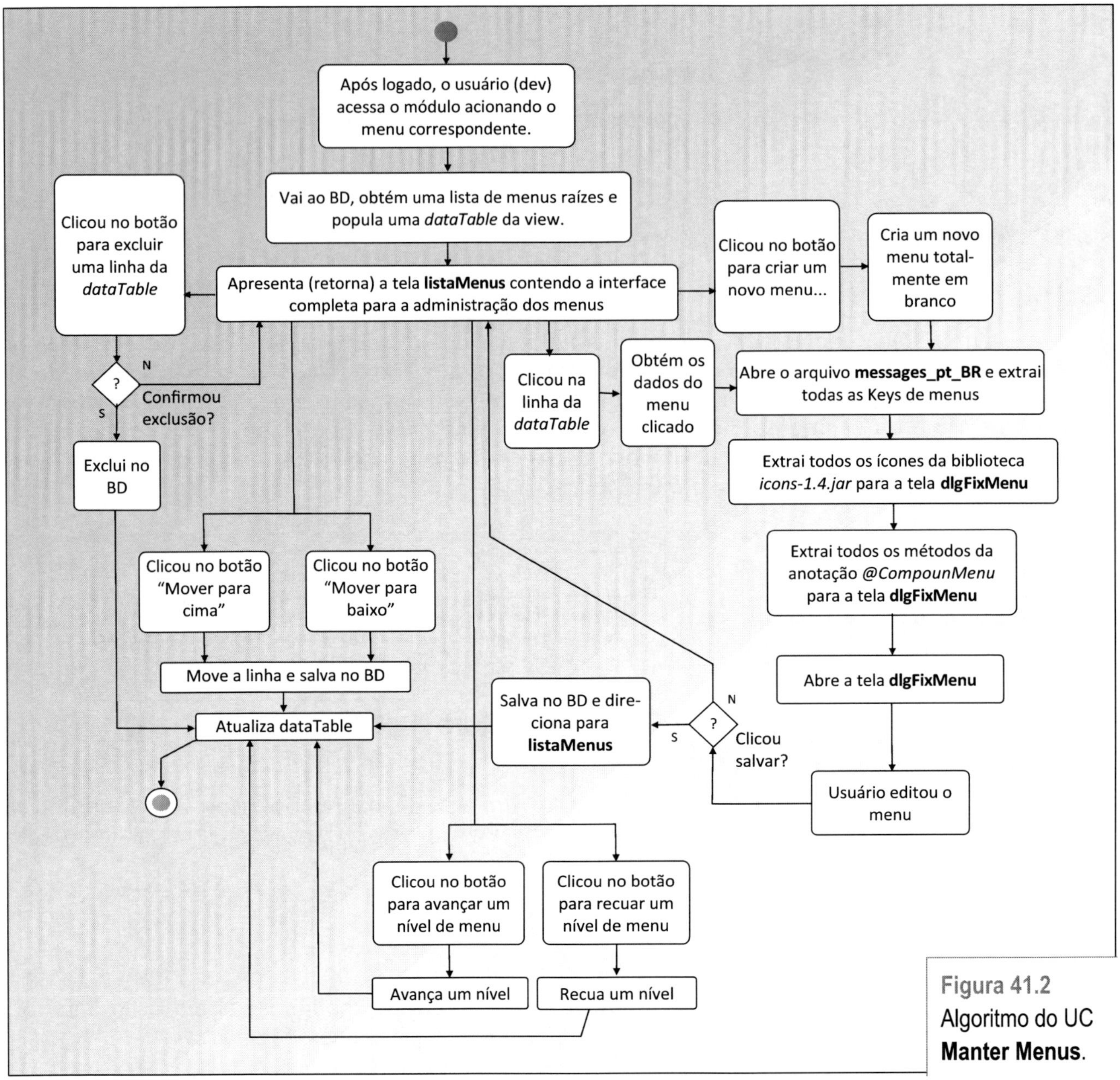

Figura 41.2 Algoritmo do UC **Manter Menus**.

Internacionalização

Por ser uma ferramenta específica do desenvolvedor, o caso de uso não foi internacionalizado, no entanto utiliza as chaves de menus (*"mmKeyLabel_"*) previstas nos arquivos messages e também a única chave abaixo, para que a navegação da **lista de menus** da tela **listaMenus** não fique confusa. Essa chave pode ser visualizada nos arquivos **messages** constante do apêndice B do Volume I.

CAPTIONS GLOBAIS (CGL)	KEY	pt_BR	en_US
	CGL156	Raiz	Root

Interface de telas

Para entender melhor, começaremos pela análise da interface de telas. O Caso de Uso requer a confecção de apenas duas telas, às quais mostramos em detalhes. A análise delas irá facilitar o entendimento das regras de negócios previstas no diagrama de estados da página anterior.

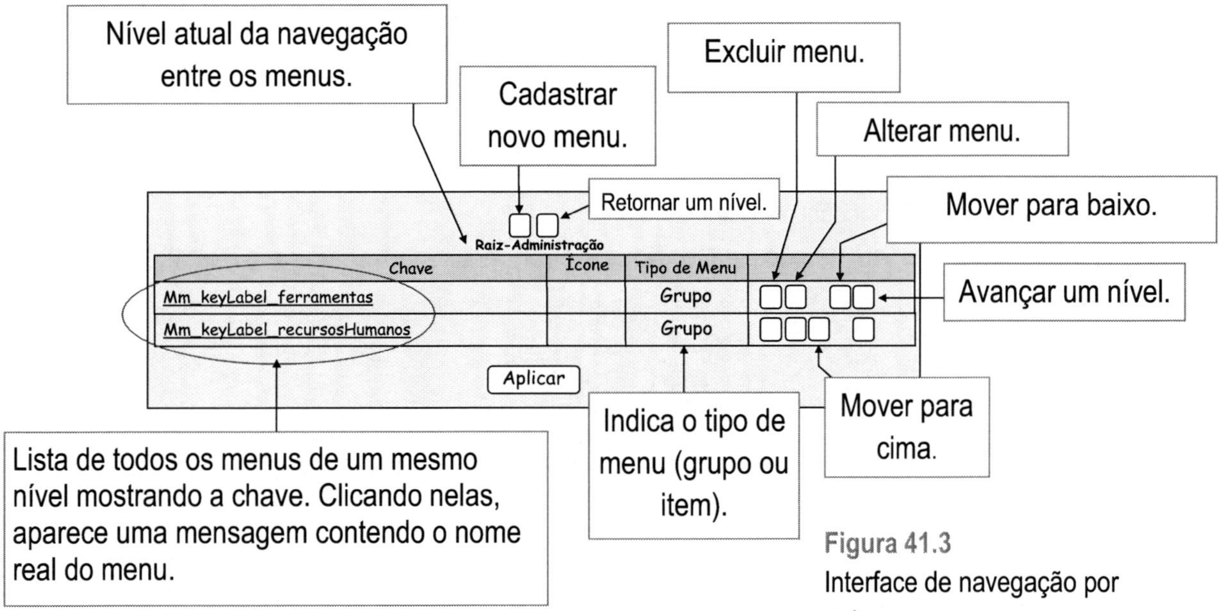

Figura 41.3
Interface de navegação por entre os menus.

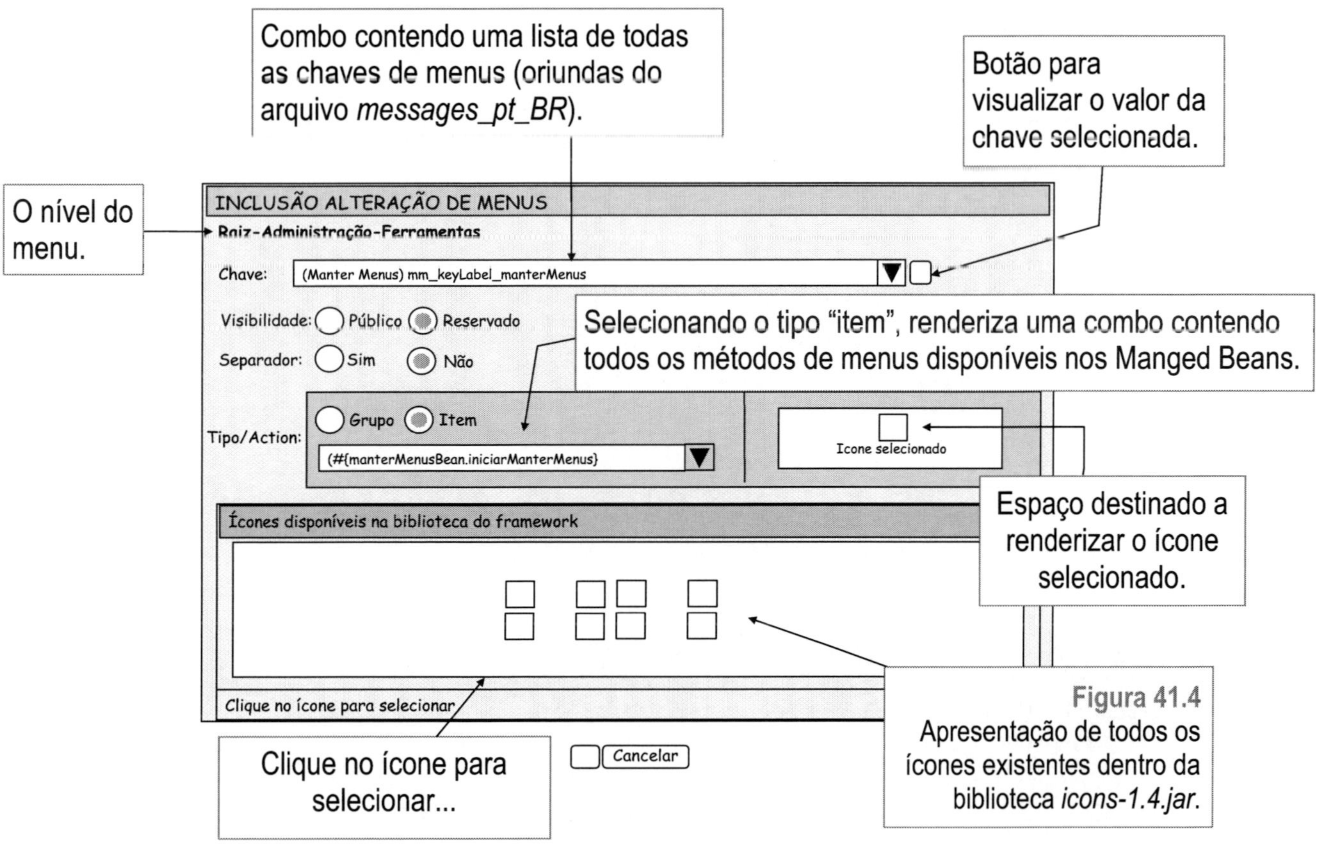

Figura 41.4
Apresentação de todos os ícones existentes dentro da biblioteca *icons-1.4.jar*.

Configuração

Abra o arquivo pom.xml e adicione a dependência abaixo:

Laboratório 41.1

```
<dependency>
  <groupId>br.eti.amazu.component</groupId>
  <artifactId>manter-menus</artifactId>
  <version>1.4</version>
</dependency>
```

Listagem 41.1 Adicionando a dependência no pom.xml.

> **NOTA:**
>
> No Volume II, a classe **ViewInterceptorException** foi colocada erradamente dentro do pacote:
> **package** br.eti.amazu.blankapp.infra.persistence.exception;
>
> Na verdade, esse pacote nem existe e já foi corrigido. O pacote correto dessa classe é:
> **package** br.eti.amazu.infra.persistence.exception;

Abra a classe **ConfigBean** e, no método **setConfiguracoes()**, adicione o código em destaque abaixo:

```
try {
  //busca onde estao localizados os beans da aplicacao (fora do pacote amazu.infra)
  String beanPackage = props.getProperty("localBeans");
  String pack = beanPackage.replace(".", "/");
  String beanPath = "/WEB-INF/classes/" + pack;
  classBeans = ClassUtil.findClasses( new File(FacesUtil.getFullPath(beanPath)),
     beanPackage);

  //Adicionando os beans sob o pacote amazu.infra
  List<Class<?>> clazs = ClassUtil.findClasses(
     new File(FacesUtil.getFullPath("/WEB-INF/classes/br/eti/amazu/infra/view/bean")),
        "br.eti.amazu.infra.view.bean");

  if(clazs != null && !clazs.isEmpty()) classBeans.addAll(clazs);

  /*&&&&&&&&&&&&&&&&&&&&&&&&&&&&&&&&&&&&&&&&&&&&&&&&&&&&&&
   * COLOCAR NESTE ESPACO OUTROS MODULOS DE amazu.com
   &&&&&&&&&&&&&&&&&&&&&&&&&&&&&&&&&&&&&&&&&&&&&&&&&&&&&&&&*/
```

Adicione isto

```
        /* ****************************************************
        * CONFIGURACAO DO MODULO MANTER MENUS
        * ----------------------------------------------------
        * Adicionar a seguinte dependencia no pom:
        * <dependency>
        *    <groupId>br.eti.amazu.component</groupId>
        *    <artifactId>manter-menus</artifactId>
        *    <version>1.4</version>
        * </dependency>
        * ...mais a configuracao abaixo garante o funcionamento
        *****************************************************/
        Class<?> clazzz = Class.forName(
           "br.eti.amazu.component.manterMenus.bean." +
              "ManterMenusBean");
        if(clazzz != null) classBeans.add(clazzz);
        //****************************************************
```

```
  /*&&&&&&&&&&&&&&&&&&&&&&&&&&&&&&&&&&&&&&&&&&&&&&&&&&&&&&*/

  Log.setLogger(ConfigBean.class, "", Level.INFO);
  Log.setLogger(ConfigBean.class, "      " + "TODOS OS BEANS DA APLICACAO:", Level.INFO);
```

Listagem 41.2 Configurando o **Manter Menus** na classe de configuração do aplicativo.

Comandar *clean install* (Maven), *Refresh* na raiz do projeto e *Full Publish* no servidor.

```
[INFO] --- maven-install-plugin:2.4:install (default-install) @ blankapp ---
[INFO] Installing C:\projeto\blankapp\target\blankapp.war to C:\Users\USUARIO\.m2
\repository\br\eti\amazu\blankapp\0.0.1-SNAPSHOT\blankapp-0.0.1-SNAPSHOT.war
[INFO] Installing C:\projeto\blankapp\pom.xml to C:\Users\USUARIO\.m2
\repository\br\eti\amazu\blankapp\0.0.1-SNAPSHOT\blankapp-0.0.1-SNAPSHOT.pom
[INFO] ------------------------------------------------------------------------
[INFO] BUILD SUCCESS
[INFO] ------------------------------------------------------------------------
[INFO] Total time: 7.165 s
[INFO] Finished at: 2018-01-31T19:38:09-02:00
[INFO] Final Memory: 29M/341M
[INFO] ------------------------------------------------------------------------
```

Listagem 41.3
Sempre aguarde o "PRONTO" do Maven. Só aí você comandará "*Refresh*", com o botão direito na raiz do projeto e em seguida o "*Full Publish*", na view Server.

Fim do Laboratório 41.1

Teste

Laboratório 41.2

Coloque o aplicativo para funcionar e abra-o em um browser (o teste foi realizado com o Google Chrome).

No console do Eclipse, já podemos ver que o aplicativo detecta a presença do bean **ManterMenusBean**.

```
Rodando o ambiente de DESENVOLVIMENTO
Rodando o tema: primefaces-aristo
Rodando o skin: vetruvian
Rodando o menu: menuBar

        TODOS OS BEANS DA APLICACAO:
        -----------------------------------------------
        br.eti.amazu.blankapp.view.bean.RealizarLoginBean
        br.eti.amazu.infra.view.bean.ConfigBean
        br.eti.amazu.infra.view.bean.MenuBean
        br.eti.amazu.infra.view.bean.UserSessionInBean
        br.eti.amazu.component.manterMenus.bean.ManterMenusBean
        -----------------------------------------------

Linguagens suportadas: pt_BR, en_US
```

Listagem 41.4 O Eclipse detecta a presença de ManterMenusBean.

Figura 41.5
Acesso ao UC Manter Menus.

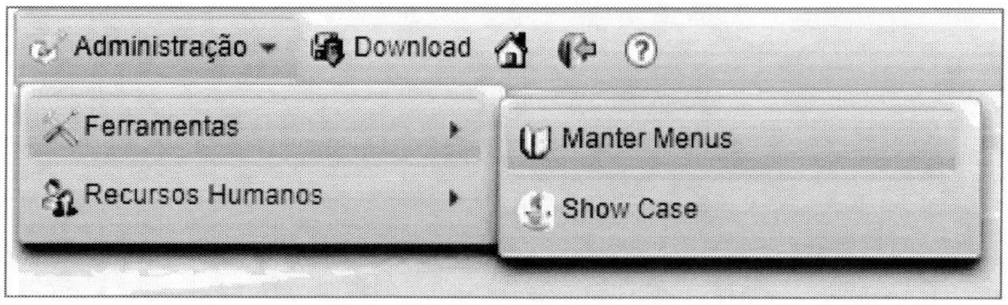

Faça o login como usuário desenvolvedor e acione o menu *Administração/Ferramentas/Manter Menus*...

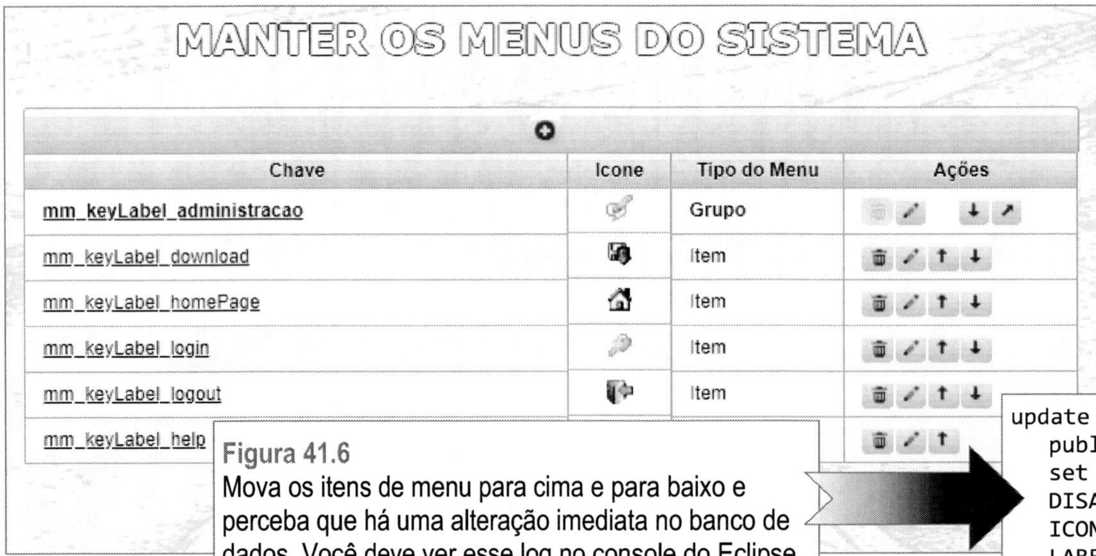

Figura 41.6
Mova os itens de menu para cima e para baixo e perceba que há uma alteração imediata no banco de dados. Você deve ver esse log no console do Eclipse.

```
update
   public.MENU
   set
   DISABLED=?,
   ICON=?,
   LABEL=?,
   ID_MENU_FK=?,
   METODO=?,
   ORDEM=?,
   SELECTABLE=?,
   separator=?,
   tipo=?,
   TITLE=?,
   VERSAO=?,
   VISIBILITY=?
   where
   ID_MENU=?
   and VERSAO=?
```

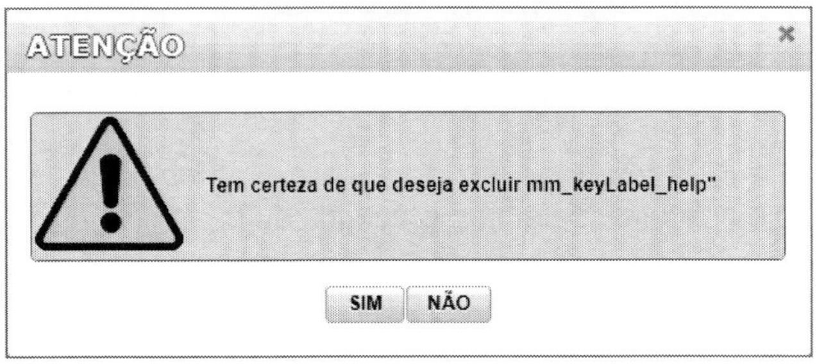

Figura 41.7 Apague o menu Help.

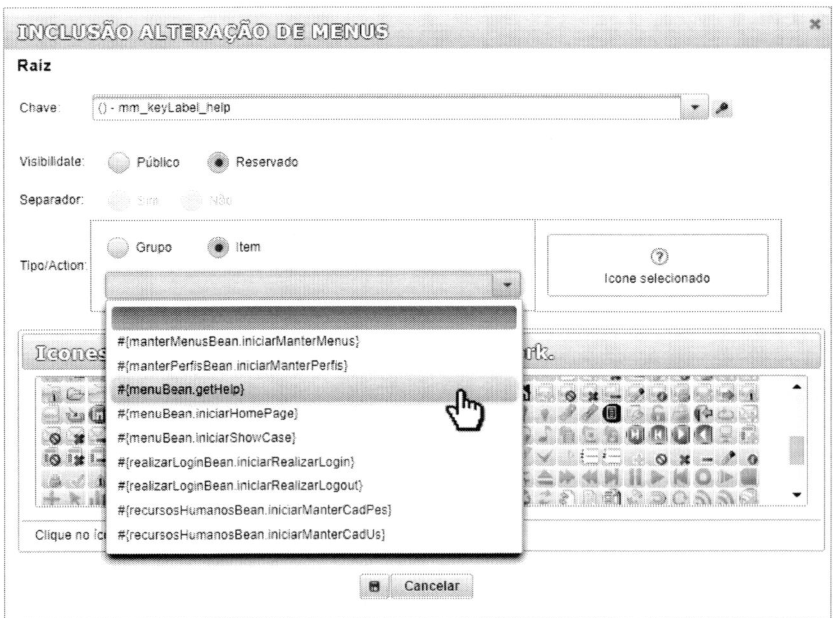

Figura 41.8
Inclua novamente o menu Help sob a raiz principal do menu.

Fim do Laboratório 41.2

Fim da Lição 41.

Lição 42
UC Manter Perfis

Objetivos:

- Implementar o Caso de Uso Manter Perfis

Entendendo o UC Manter Perfis

Algoritmo Principal

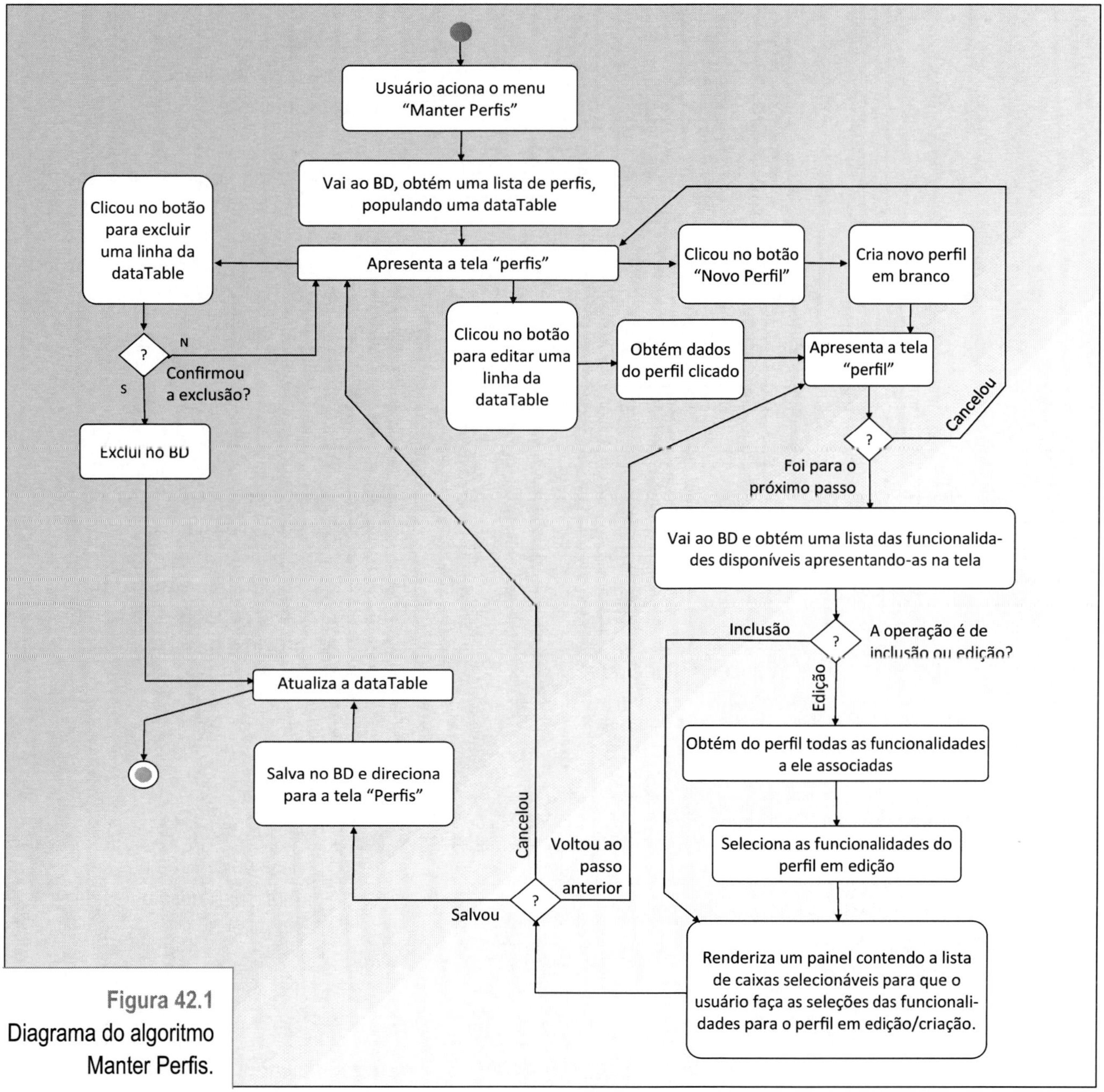

Figura 42.1
Diagrama do algoritmo Manter Perfis.

Interface de telas

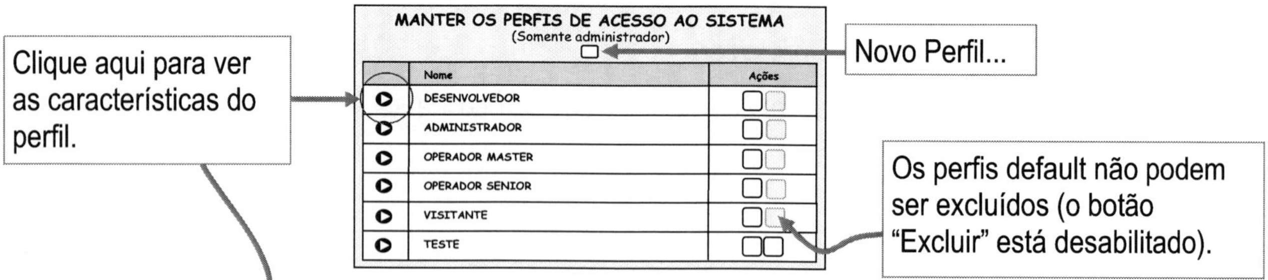

Figura 42.2 Tela de perfis

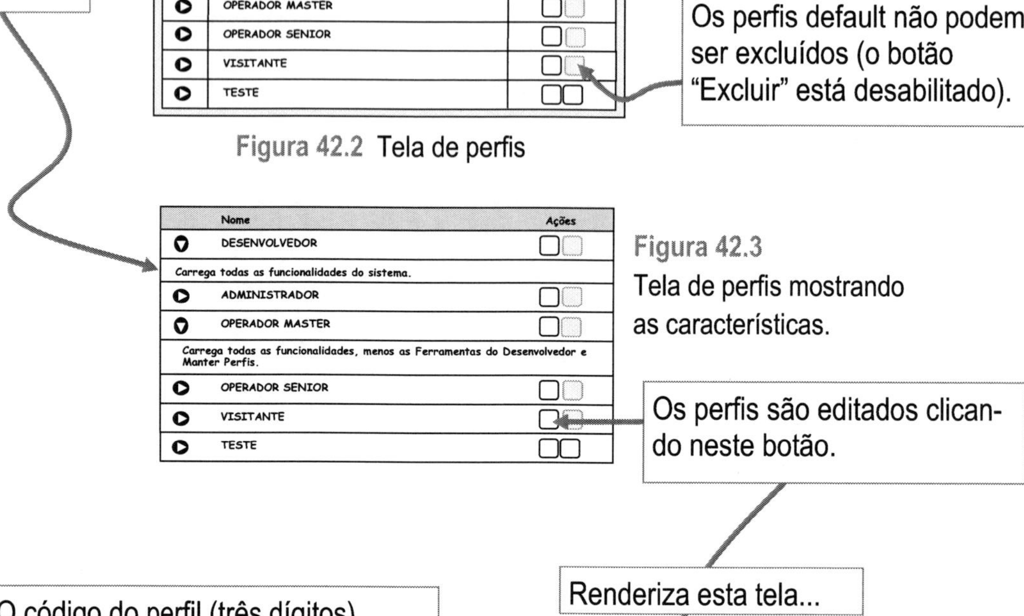

Figura 42.3
Tela de perfis mostrando as características.

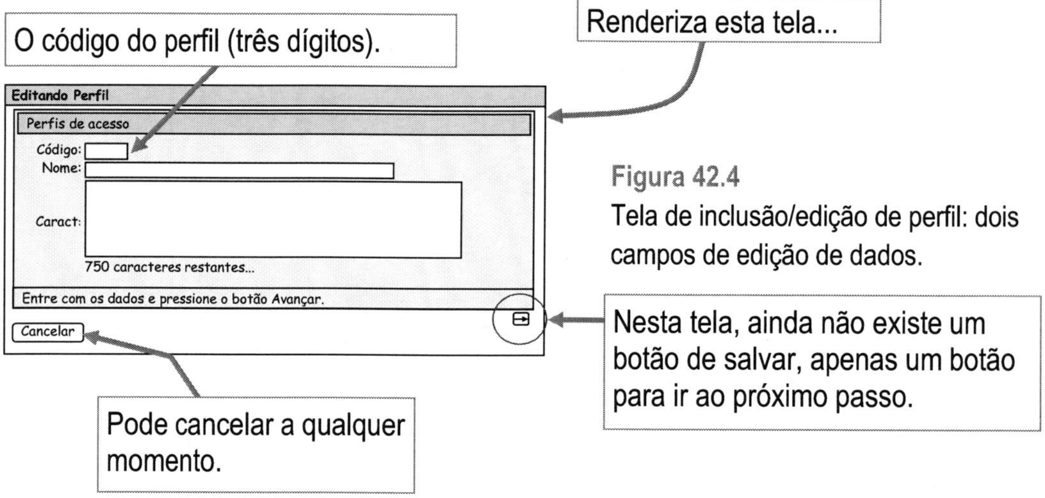

Figura 42.4
Tela de inclusão/edição de perfil: dois campos de edição de dados.

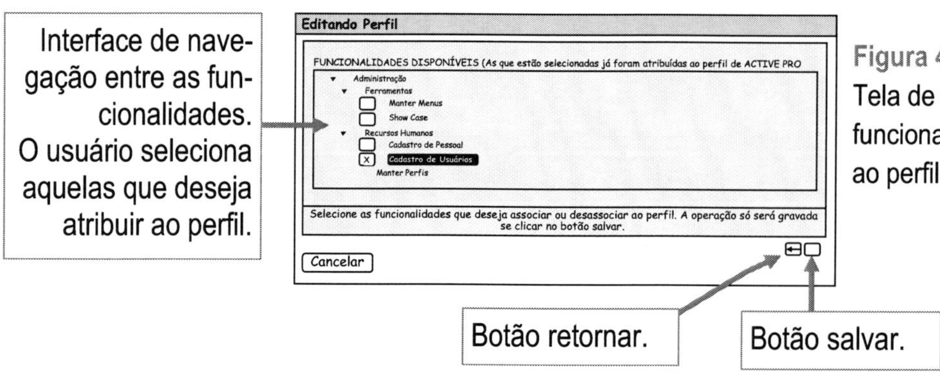

Figura 42.5
Tela de seleção das funcionalidades atribuídas ao perfil.

Configuração

Uma classe para montar as funcionalidades de menus

Laboratório 42.1

Sob o pacote *br.eti.amazu.infra.view.util*, crie a classe **MountFeature** conforme a listagem a seguir...

```
package br.eti.amazu.infra.view.util;

import java.util.ArrayList;
import java.util.List;
import br.eti.amazu.infra.domain.core.Menu;
import br.eti.amazu.infra.util.FacesUtil;

public class MountFeature {

  static int i = 0;
  static List<String> lista;

  public MountFeature() {
    i = 0;
    lista = new ArrayList<String>();
  }

  //opa! Depende de br.eti.amazu.blankapp.domain.Menu
  public String storeMenu(Menu menu) {

    // Recebe um menu e retorna algo como
    // "/Administracao/Ferramentas/Painel de controle"
    if (menu != null) {
      i++;
      lista.add(menu.getLabel());
      storeMenu(menu.getMenu());
    }

    String feature = "";

    for (int a = lista.size() - 1; a != -1; a--) {
      feature = feature + "/" + lista.get(a);
    }
    return feature;
  }

  public static String traduzFeature(String kFeat) {

    /* Recebe uma string contendo keys de features e devolve algo como
     * /Administracao/Ferramentas/Painel de controle */
    String keysFeature = kFeat.substring(1);

    String keyFeatures[] = keysFeature.split("/");
    String features = "";
    for (String str : keyFeatures) {
      features = features + "/" + FacesUtil.getMessage(str);
    }
    return features;
  }
}
```

Listagem 42.1 A classe **MountFeature**.

Fim do Laboratório 42.1

O Managed Bean ManterPerfisBean

Laboratório 42.2

Sob o pacote *br.eti.amazu.blankapp.view.bean*, crie a classe **ManterPerfisBean** conforme a listagem a seguir...

```java
package br.eti.amazu.blankapp.view.bean;

import java.io.Serializable;
import java.util.ArrayList;
import java.util.Iterator;
import java.util.List;
import java.util.stream.Collectors;

import javax.inject.Inject;
import javax.inject.Named;

import org.apache.log4j.Level;
import org.omnifaces.cdi.ViewScoped;
import org.primefaces.PrimeFaces;
import org.primefaces.event.NodeSelectEvent;
import org.primefaces.event.NodeUnselectEvent;
import org.primefaces.model.DefaultTreeNode;
import org.primefaces.model.TreeNode;

import br.eti.amazu.component.dialog.DialogBean;
import br.eti.amazu.component.dialog.DialogType;
import br.eti.amazu.component.pworld.persistence.exception.DaoException;
import br.eti.amazu.component.pworld.util.CompoundMenu;
import br.eti.amazu.infra.domain.core.Funcionalidade;
import br.eti.amazu.infra.domain.core.Menu;
import br.eti.amazu.infra.domain.core.Perfil;
import br.eti.amazu.infra.persistence.appfacade.IAppFacade;
import br.eti.amazu.infra.util.FacesUtil;
import br.eti.amazu.infra.util.log.Log;
import br.eti.amazu.infra.view.bean.MenuBean;
import br.eti.amazu.infra.view.bean.UserSessionInBean;
import br.eti.amazu.infra.view.util.MountFeature;

@Named
@ViewScoped
public class ManterPerfisBean implements Serializable{

  /* Cada usuario possui um unico perfil, a saber:
   *
   * 1 - DESENVOLVEDOR
   * Este perfil carrega todas as funcionalidades do sistema.
   *
   * 2 - ADMINISTRADOR:
   * Carrega todas as funcionalidades, menos:
   * .ferramentas do desenvolvedor.
   *
   * 3 - OPERADOR MASTER
   * Carrega todas as funcionalidades, menos:
   * . ferramentas do desenvolvedor;
   * . configuracoes do sistema e
   * . criacao de perfis.
   *
   * 4 - OPERADOR SENIOR
```

continua

Listagem 42.2a A classe **ManterPerfisBean**.

continuação

```
 * Carrega todas as funcionalidades, menos:
 * . ferramentas do desenvolvedor;
 * . configuracoes do sistema;
 * . criacao de perfis;
 * . cadastro de usuarios.
 *
 * 5 - VISITANTE
 * Apenas as funcionalidades publicas.
 *
 * Alem desses perfis, podem ser criados outros (com qualquer nome).
 * o administrador poderah cria-los e atribuir as funcionalidades
 * que desejar ao perfil.
 *
 * Os cinco perfis default nao podem ser alterados em nenhum de
 * seus atributos, exceto a lista de funcionalidades e a lista de usuarios.
 *
 * A lista de usuarios de cada perfil eh atualizada em outro UC:
 * ===> Manter Recursos Humanos*/

private static final long serialVersionUID = 1L;

@Inject
DialogBean dialogBean;

@Inject
UserSessionInBean userSessionInBean;

@Inject
IAppFacade<Perfil> perfilFacade;

@Inject
IAppFacade<Funcionalidade> funcionalidadeFacade;

@Inject
MenuBean menuBean;

private String renderIndexPanel = "0"; //Renderizacoes dos paineis em perfil.xhtml.
private Perfil perfil;
private List<Perfil> perfis;

private TreeNode root;
private TreeNode node[];
List<Funcionalidade> funcionalidadesSelecionadas;
List<Menu> menus = new ArrayList<Menu>();

@CompoundMenu
public void iniciarManterPerfis(){
  FacesUtil.resetBeans(null);
  FacesUtil.redirect("/pages/adm/manterPerfis/perfis");
}

public void novoPerfil(){

  renderIndexPanel = "0";
  perfil = new Perfil();
  this.openDlgPerfil(perfil);
}

public void editarPerfil(Perfil perfil){

  renderIndexPanel = "0";
```

Não se esqueça de encapsular os atributos.

continua

Listagem 42.2b A classe **ManterPerfisBean.**

continuação

```
    funcionalidadesSelecionadas =
      perfil.getFuncionalidades().stream().collect(Collectors.toList());

    this.openDlgPerfil(perfil);

  }

  public void cancelar(){
    this.closeDlgPerfil();
  }

  public void closeDlgPerfil(){
    PrimeFaces.current().executeScript("PF('dlgPerfil').hide()");
  }

  private void openDlgPerfil(Perfil perfil){

    this.perfil = perfil;

    //Abre o dialog de inclusao/alteracao de novo perfil.
    PrimeFaces.current().ajax().update("formPerfil");
    PrimeFaces.current().executeScript("PF('dlgPerfil').show()");
  }

  /* Avanca ou retrocede paineis de perfil.xhtml. Contendo varias customizacoes
   * de validacao e recuperacao de dados. */
  public void goStep() {

    try {

      if(renderIndexPanel.equals("1")){

        //Limpa o entityManager, a fim de evitar gravacao indevida.
        perfilFacade.clear();

        /* Converte o nome do perfil para letras maiusculas. */
        perfil.setNome(perfil.getNome().toUpperCase());

        /*  - Se estah alterando um perfil, verfica se jah nao existe um perfil com o mesmo
         *   nome jah registrado no banco de dados.*/
        List<Object> params = new ArrayList<Object>();
        params.clear();
        params.add(perfil.getNome());

        this.initTree();

        //Obtem todas as funcionalidades que o perfil tem acesso.
        List<Funcionalidade> funcionalidadesSelecionadas = new ArrayList<Funcionalidade>();

        if(perfil.getId()!= null){

          funcionalidadesSelecionadas = perfilFacade.recuperar(
            Perfil.class, perfil.getId()).getFuncionalidades().stream().
              collect(Collectors.toList());
        }

        this.funcionalidadesSelecionadas = funcionalidadesSelecionadas;
      }

```

continua

Listagem 42.2c A classe **ManterPerfisBean**.

continuação

```
    } catch (DaoException e) {
      dialogBean.addMessage(e.getMessage(),DialogType.ERROR);
    }

  }

  public void initTree(){

    Perfil p = new Perfil();

    if(perfil.getId() != null){
      List<Object> params = new ArrayList<Object>();
      params.add(perfil.getCodPerfil());

      try {
        p = perfilFacade.recuperar("Perfil.peloCod", params);
        p.setNome(perfil.getNome());
        p.setUsuarios(perfil.getUsuarios());
        p.setCaracteristicas(perfil.getCaracteristicas());

      } catch (DaoException e) {
        e.printStackTrace();
      }

      funcionalidadesSelecionadas = p.getFuncionalidades().stream().
          collect(Collectors.toList());

    }else{
      funcionalidadesSelecionadas = new ArrayList<Funcionalidade>();
      p.setCodPerfil(perfil.getCodPerfil());
      p.setNome(perfil.getNome());
      p.setUsuarios(perfil.getUsuarios());
      p.setCaracteristicas(perfil.getCaracteristicas());
      p.setFuncionalidades(p.getFuncionalidades());
    }

    root = new DefaultTreeNode("Root", null);

    menus = menuBean.getListaMenus();

    int i = 0;
    node = new DefaultTreeNode[menus.size()];

    for(Menu menu:menus){
      if(menu.getVisibility().equals("F") && !menu.getLabel().contains("help") ){

        node[i] = new DefaultTreeNode(menu, root);

        if(menu.getTipo().equals("0")){

          node[i].setSelected(containsFuncionalidade(
              funcionalidadesSelecionadas,menu.getLabel())?true:false);

          node[i].setSelectable(false);

        }else{
          node[i].setSelected(containsFuncionalidade(
              funcionalidadesSelecionadas,menu.getLabel())?true:false);

```

continua

Listagem 42.2d A classe **ManterPerfisBean**.

continuação

```
        node[i].setSelectable(desabilite(p, menu.getLabel()));
      }

      //Se o usuario logado nao possuir perfil de desenvolvedor, remove o menu ferramentas
      if(!containsPerfil(userSessionInBean.getPerfisLogado(), 1L)) {

        Iterator<Menu> it = menu.getMenus().iterator();
        while (it.hasNext()){
          Menu m = it.next();
          if(m.getLabel().contains("ferramentas")) it.remove();
        }

      }

      criarSubTree(menu, node[i], p);
    }

    i++;

  }

  perfil = p;
  Log.setLogger(ManterPerfisBean.class, "Criou Tree....", Level.INFO);
}

boolean containsPerfil(List<Perfil> perfis, Long idPerfil) {

  for(Perfil perfil:perfis) {
    if(perfil.getId() == idPerfil) { //o id do perfil dev eh sempre 1.
      return true;
    }
  }
  return false;
}

private void criarSubTree(Menu menu, TreeNode n, Perfil pf) {

  /* Adiciona grupos de menus recursivamente.
   * Se o grupo possuir filhos (itens de menus) eles tambem serao criados.*/

  if(menu.getMenus().size()>0){

    TreeNode nod[] = new DefaultTreeNode[menu.getMenus().size()];
    int i = 0;

    for(Menu m:menu.getMenus()){

      //evitando um loop infinito...
      if(m.equals(menu) ){
        i++;
        continue;
      }

      if(m.getVisibility().equals("F")){
        nod[i] = new DefaultTreeNode(m, n);

        if(m.getTipo().equals("0")){
          nod[i].setSelected(containsFuncionalidade(
              funcionalidadesSelecionadas,m.getLabel())?true:false);

```

continua

Listagem 42.2e A classe **ManterPerfisBean**.

continuação

```
          nod[i].setSelectable(false);

        }else{

          nod[i].setSelected(containsFuncionalidade(
              funcionalidadesSelecionadas,m.getLabel())?true:false);

          nod[i].setSelectable(desabilite(pf, m.getLabel()));
        }

        criarSubTree(m,nod[i], pf );
      }

      i++;

    }
  }
}

//saber se uma determinada funcionalidade estah contida na lista de menus
boolean containsFuncionalidade(List<Funcionalidade> lista, String f){

  //pega a funcionalidade (string apos a ultima barra)...
  int pos = 0;

  if(f.contains("/")) pos = f.lastIndexOf("/")+1;

  String func = f.substring(pos);

  for(Funcionalidade m:lista){

    int pos1 = 0;

    if(m.getLabel().contains("/")) pos1 = m.getLabel().lastIndexOf("/")+1;

    String func1 = m.getLabel().substring(pos1);

    if(func1.equals(func)){
      return true;
    }
  }

  return false;
}

boolean desabilite(Perfil perfil, String label){

  //Travando a funcionalidade ManterPerfis (Nem o adm terah acesso)
  if(label.equals("mm_keyLabel_manterPerfis"))  return false;

  //PODERIA HAVER OUTRAS DESABILITACOES DAQUI PARA BAIXO...
  return true;
}

public void onNodeSelect(NodeSelectEvent event) {
  if(perfil.getFuncionalidades() != null && perfil.getFuncionalidades().size() > 0) {

    funcionalidadesSelecionadas =
        perfil.getFuncionalidades().stream().collect(Collectors.toList());
  }

```

continua

Listagem 42.2f A classe **ManterPerfisBean**.

continuação

```java

    funcionalidadesSelecionadas.add(
       recupereFuncionalidade((Menu) event.getTreeNode().getData()));
  }

  public void onNodeUnselect(NodeUnselectEvent event) {

    if(perfil.getFuncionalidades() != null && perfil.getFuncionalidades().size() > 0) {

      funcionalidadesSelecionadas =
         perfil.getFuncionalidades().stream().collect(Collectors.toList());
    }

    funcionalidadesSelecionadas.remove(recupereFuncionalidade((Menu)
       event.getTreeNode().getData()));

  }


  Funcionalidade recupereFuncionalidade(Menu menu){
    try {
      List<Object> params = new ArrayList<Object>();
      params.clear();
      params.add(new MountFeature().storeMenu(menu));
      return funcionalidadeFacade.recuperar("Funcionalidade.nomeFuncionalidade", params);

    } catch (DaoException e) {
      e.printStackTrace();
    }
    return null;
  }

  public void salvarPerfil(){
    try{
      if(perfil.getId() == null){

        /* Conforme a regra do relacionamento *:*, voce nao pode incluir uma
         * entidade de um dos lados, referenciando o outro lado.
         * Primeiro, inclua o Perfil (insert);
         * Em seguida, associe o perfil com a lista de funcionalidades;
         * Finalmente, salve o perfil com a lista setada (update). */

        //Primeiro, inclui perfil (funcionalidades nulas).
        perfil.setFuncionalidades(null);
        perfilFacade.incluir(perfil);

        // Em seguida, associe o perfil com as funcionalidades definidas na xhtml.
        perfil.setFuncionalidades(funcionalidadesSelecionadas.stream().
           collect(Collectors.toSet()));

        // Finalmente, salve o perfil com a lista setada (update com flush e refresh).
        perfil = (Perfil) perfilFacade.alterarAtualizar(perfil);

        //adiciona o perfil na lista de perfis (atualizando a view)
        perfis.add(perfil);

      }else{
        //Seta as funcionalidades selecionadas e realiza o update em perfil.
        perfil.setFuncionalidades(funcionalidadesSelecionadas.stream().
            collect(Collectors.toSet()));

```

continua

Listagem 42.2g A classe **ManterPerfisBean**.

continuação

```java


      perfilFacade.alterar(perfil);
    }

    dialogBean.addActionMessage(
        FacesUtil.getMessage("MGL034"), "manterPerfisBean.closeDlgPerfil",
             "formPerfis:tablePerfis");

  } catch (DaoException e) {
    dialogBean.addMessage(e.getMessage(),DialogType.ERROR);
  }
}

public void listarPerfis(){

  try {
    perfis = perfilFacade.listar("Perfil.all");

    //se o usuario logado nao possuir o perfil dev, nao mostra o perfil de desenvolvedor.
    if(!containsPerfil(userSessionInBean.getPerfisLogado(), 1L)) { //id perfil dev eh 1

      Iterator<Perfil> it = perfis.iterator();

      while (it.hasNext()){
        Perfil p = it.next();
        if(p.getId() == 1){
          it.remove();
        }
      }
    }

  } catch (DaoException e) {
    dialogBean.addMessage(e.getMessage(),DialogType.ERROR);
  }
}

public void confirmarExcluirPerfil (Perfil perfil){

  this.perfil = perfil;

  dialogBean.addConfirmMessage(
    FacesUtil.getMessage("MGL038",new String[]{perfil.getNome()}), //....message
    "manterPerfisBean.excluirPerfil",      //............................actionButtonYes
    null,  //...........................................................actionButtonNo
    null); //...........................................................update
}

public void excluirPerfil(){
  try {

    /* seta funcionalidades e usuarios para null, para nao haver exclusao em cascata.
     * Soh haverah a exclusao na tabela perfil e na tabela perfil_funcionalidade. */
    perfil.setFuncionalidades(null);
    perfil.setUsuarios(null);
    perfilFacade.excluir(perfil);
    perfis.remove(perfil);

    PrimeFaces.current().ajax().update("formPerfis:tablePerfis");

```

continua

Listagem 42.2h A classe **ManterPerfisBean**.

continuação

```
  } catch (DaoException e) {
    dialogBean.addMessage(e.getMessage(),DialogType.ERROR);
  }
}

/*------------------------------------------------------------
 * Traduz cada funcionalidade a partir do seu label,
 * recuperando algo como: '/Administracao/Ferramentas/Show Case'.
 * O ultimo elemento (no exemlo acima eh Show Case), aparecerah na
 * view em destaque, mas o componente a ser utilizado
 * deve ter sua propriedade "escape" setada para "false"
 ------------------------------------------------------------*/
public String getFuncionalidadeTraduzida(String label){

  String sp[] = label.split("/");

  StringBuffer buffer = new StringBuffer();
  int i = 0;

  for(String str:sp){

    buffer.append("/");
    if(sp!=null && sp.length>1){
      if(i == sp.length-1){
        buffer.append("<span style=\"background:#f0ff00;color:black;\">");
        buffer.append(FacesUtil.getMessage(str));
        buffer.append("</span>");

      }else{
        buffer.append(FacesUtil.getMessage(str));
      }
    }

    i++;

  }

  return buffer.toString().replace("/: invalid key", "");
}


/*--------
 * get/set
 -------*/
public List<Perfil> getPerfis() {
  if(perfis == null) {
    this.listarPerfis();
  }
  return perfis;
}

////outros get-set.......
```

Listagem 42.2i A classe **ManterPerfisBean**.

Fim do Laboratório 42.2

Construindo as telas da view

Laboratório 42.3

Sob a pasta *src/main/webapp/pages/adm*, crie mais uma pasta com o nome **manterPerfis**. Dentro desta última, **crie os dois arquivos xhtml**, nomeando-os de **perfis.xhtml** e **dlgPerfil.xhtml** (um fragmento contendo um dialog), conforme as duas listagens a seguir...

```
<ui:composition xmlns="http://www.w3.org/1999/xhtml"
 template="/WEB-INF/layout/template.xhtml"
 xmlns:ui="http://java.sun.com/jsf/facelets"
 xmlns:h="http://java.sun.com/jsf/html"
 xmlns:f="http://java.sun.com/jsf/core"
 xmlns:p="http://primefaces.org/ui"
 xmlns:a="http://java.sun.com/jsf/composite/components">

 <ui:param name="pageTitle" value="#{msg.MPE021}"/>

   <ui:define name="content">
  <h:form id="formPerfis">
   <p:panel style="border:none;background-color:transparent;">
    #{msg.MPE022}<br/>
   </p:panel>

   <p:commandButton icon="ui-icon-circle-plus" style="width:18px;height:18px;border:none;"
    action="#{manterPerfisBean.novoPerfil}" title="#{msg.CGL146}"
    onclick="PF('dlgLoader').show()" oncomplete="PF('dlgLoader').hide()"/>

   <p:dataTable id="tablePerfis" value="#{manterPerfisBean.perfis}" var="perfil"
    paginatorPosition="bottom" style="width:420px;" rowIndexVar="indexPerfil">

    <p:column style="width:16px">
          <p:rowToggler />
       </p:column>

    <p:column headerText="#{msg.CGL056}" style="text-align:left;width:213px;">
     <h:outputText value="#{perfil.nome}"/>
    </p:column>

    <p:column headerText="#{msg.CGL004}"  style="width:65px;text-align:center;">
     <p:commandButton icon="ui-icon-pencil"  style="width:18px;height:18px;border:none;"
      action="#{manterPerfisBean.editarPerfil(perfil)}"  title="#{msg.CGL028}"/>

     <p:commandButton icon="ui-icon-trash" style="width:18px;height:18px;border:none;"
      action="#{manterPerfisBean.confirmarExcluirPerfil(perfil)}"  title="#{msg.CGL032}"
      disabled="#{perfil.id lt 6}"/>
    </p:column>

    <p:rowExpansion>
     <div align="left">
      <h:outputText value="#{perfil.caracteristicas}" escape="false"/>
     </div>
    </p:rowExpansion>
   </p:dataTable>
   <a:status/>
   <br/>
  </h:form>

  <ui:include src="dlgPerfil.xhtml"/>
 </ui:define>
</ui:composition>
```

Listagem 42.3 A página **perfis.xhtml**.

```
<ui:fragment xmlns="http://www.w3.org/1999/xhtml"
 xmlns:ui="http://java.sun.com/jsf/facelets"
 xmlns:h="http://java.sun.com/jsf/html"
 xmlns:f="http://java.sun.com/jsf/core"
 xmlns:p="http://primefaces.org/ui"
 xmlns:a="http://java.sun.com/jsf/composite/components">

 <p:dialog
  widgetVar="dlgPerfil"  header="#{msg.MPE009}"
  modal="true" appendTo="@(body)"  width="730"
  hideEffect="explode" resizable="false" >

  <h:form id="formPerfil">

   <p:panel rendered="#{manterPerfisBean.renderIndexPanel == '0'}"
    style="width:700px;text-align:left;" header="Perfis de Acesso"
    footer="#{manterPerfisBean.perfil.id lt 2?msg.MPE018:msg.CGL148}" >

    <h:panelGrid id="pnlPf" columns="2" columnClasses="right,left">

     <br/>
     <p:focus  context="pnlPf"/>

        <h:outputLabel value="#{msg.CGL147}:"/>
        <p:inputText value="#{manterPerfisBean.perfil.codPerfil}"
         onkeypress="mascara(this,letrasMa)"
         label="#{msg.CGL147}" required="true" maxlength="3">
         <f:validateLength minimum="3"/>
        </p:inputText>

        <h:outputLabel value="#{msg.CGL056}:"/>
        <p:inputText label="#{msg.CGL056}"
          value="#{manterPerfisBean.perfil.nome}"
          required="true" maxlength="30" size="65"
          disabled="#{manterPerfisBean.perfil.id lt 5}"
          onkeypress="mascara(this,letrasMa)"/>

        <h:outputLabel value="#{msg.CGL001}:"/>

        <h:panelGrid>
         <p:inputTextarea autoResize="true"
          cols="80" rows="8"  required="true"
          label="#{msg.CGL001}"
          value="#{manterPerfisBean.perfil.caracteristicas}"
          counter="counter" maxlength="750"
          counterTemplate="{0} caracteres restantes..."/>

         <h:outputText id="counter" />
        </h:panelGrid>
    </h:panelGrid>
    <br/>
   </p:panel>

   <p:panel footer="#{msg.MPE006}"
    rendered="#{manterPerfisBean.renderIndexPanel == '1'}"
    style="width:700px;text-align:left;" >
    #{msg.MPE023}
    <font color='red'><Strong>#{manterPerfisBean.perfil.nome}</Strong></font>)

```

continua

Listagem 42.4a O fragmento de página **dlgPerfil.xhtml**.

continuação

```
    <p:panel  style="text-align:left;width:100%;">

      <p:tree id="tree1" value="#{manterPerfisBean.root}"  orientation="vertical"
        style="border:none;width:500px;" var="node"  selectionMode="checkbox"
          animate="true" propagateSelectionDown="false"
          propagateSelectionUp="false" >

            <p:ajax event="select"  listener="#{manterPerfisBean.onNodeSelect}" />
            <p:ajax event="unselect" listener="#{manterPerfisBean.onNodeUnselect}" />

            <p:treeNode icon="#{node.icon.substring( 0, node.icon.length()-4 )}" >
             <h:outputText value="#{msg[node.label]}"/>
        </p:treeNode>
         </p:tree>

    </p:panel>
   </p:panel>

   <div style="width:700px;text-align:right;">
      <p:commandButton
        icon="arrow_white_right"
        title="#{msg.CGL010}"  action="#{manterPerfisBean.goStep}"
        update="@form"  rendered="#{manterPerfisBean.renderIndexPanel == '0'}"
        style="width:18px;height:18px;border:none;">

        <f:setPropertyActionListener value="1"
          target="#{manterPerfisBean.renderIndexPanel}" />
      </p:commandButton>

      <p:commandButton
        icon="arrow_white_left" title="#{msg.CGL158}"
        rendered="#{manterPerfisBean.renderIndexPanel == '1'}"
        action="#{manterPerfisBean.goStep}" update="@form"
      tyle="width:18px;height:18px;border:none;">

        <f:setPropertyActionListener value="0"
         target="#{manterPerfisBean.renderIndexPanel}" />
      </p:commandButton>

      <p:commandButton
        icon="save_best" title="#{msg.CGL066}"
        rendered="#{manterPerfisBean.renderIndexPanel == '1'}"
        action="#{manterPerfisBean.salvarPerfil}"
        style="width:18px;height:18px;border:none;"/>
   </div>

   <a:status/>

   <p:commandButton
    icon="arrow_yellow_undo" value="#{msg.CGL014}"
    title="#{msg.CGL157}"  immediate="true"
    action="#{manterPerfisBean.cancelar}"/>

  </h:form>
 </p:dialog>

</ui:fragment>
```

Listagem 42.4b O fragmento de página **dlgPerfil.xhtml**.

Fim do Laboratório 42.3

Teste

Laboratório 42.4

Ligue o WildFly e abra o aplicativo. Faça login como usuário desenvolvedor, acesse o menu *Administração, Recursos Humanos, Manter Perfis...*

Clique neste botão...

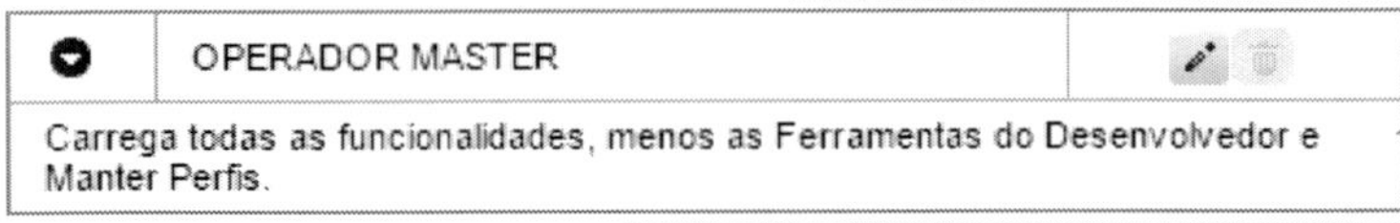

Figura 42.7
Mostra as características do perfil.

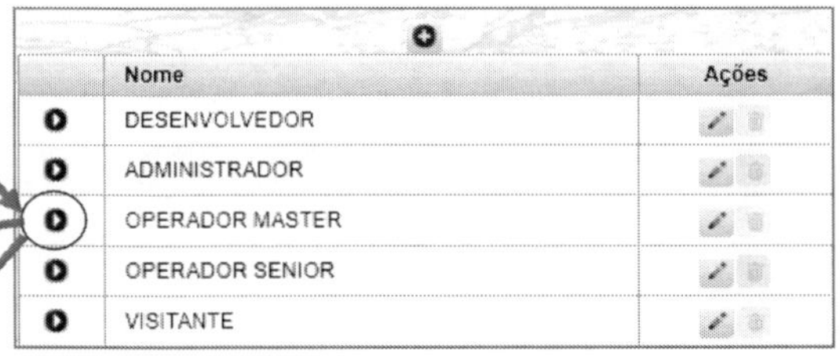

Figura 42.6
Ao acionar o menu, a tela de perfis apresenta todos os perfis cadastrados.

O usuário desenvolvedor nada tem a ver com o sistema em produção, razão pela qual ele deve ser ocultado. Se você realizar o login com qualquer usuário, exceto o de desenvolvedor, verá a implementação disto, veja a imagem ao lado...

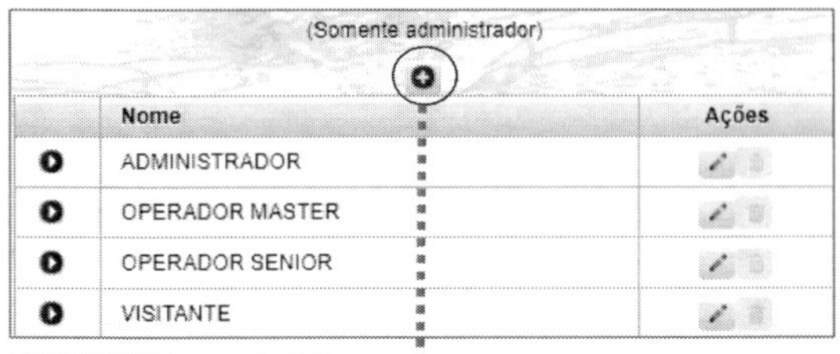

Figura 42.8 Criando um novo perfil.

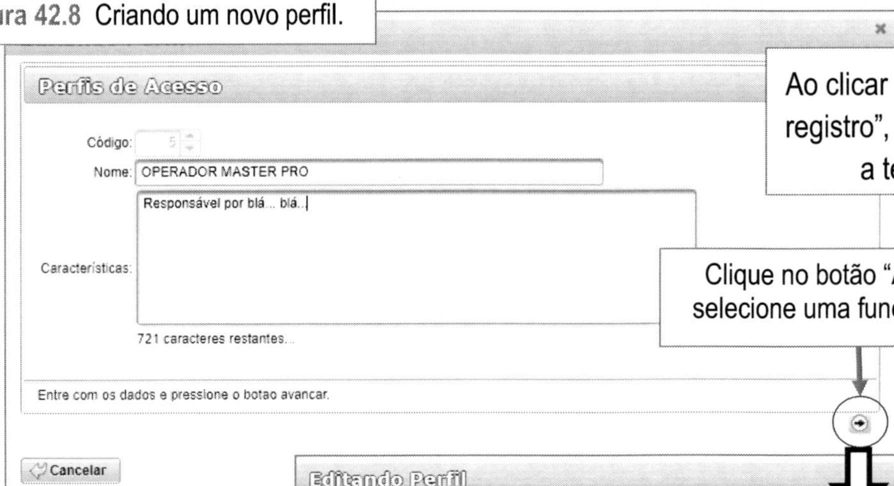

Ao clicar no botão "Criar novo registro", o sistema apresenta a tela de criação.

Clique no botão "Avançar" e selecione uma funcionalidade.

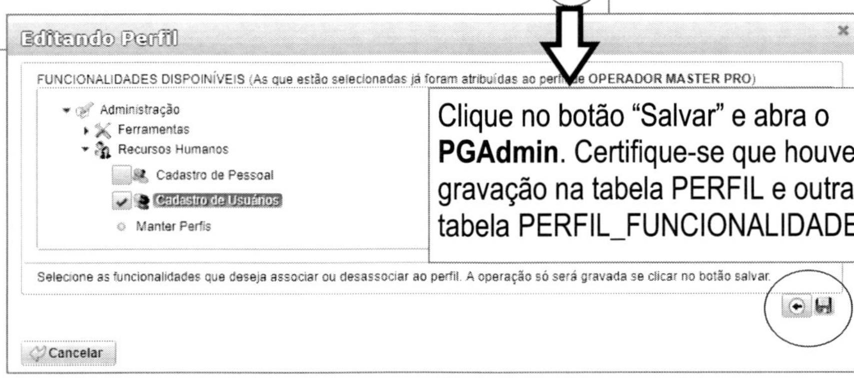

Figura 42.9
Associação das funcionalidades ao perfil.

Clique no botão "Salvar" e abra o **PGAdmin**. Certifique-se que houve uma gravação na tabela PERFIL e outra na tabela PERFIL_FUNCIONALIDADE.

Fim do Laboratório 42.4

Fim da Lição 42.

Lição 43
UC Manter o Cadastro de Pessoas

Objetivos:

- Implementar o Caso de Uso Manter o cadastro de Pessoas
- Utilizar o componente Upload no modo DATABASE
- Realizar paginação Lazy Load

Entendendo o UC Manter o Cadastro de Pessoas

Algoritmo principal

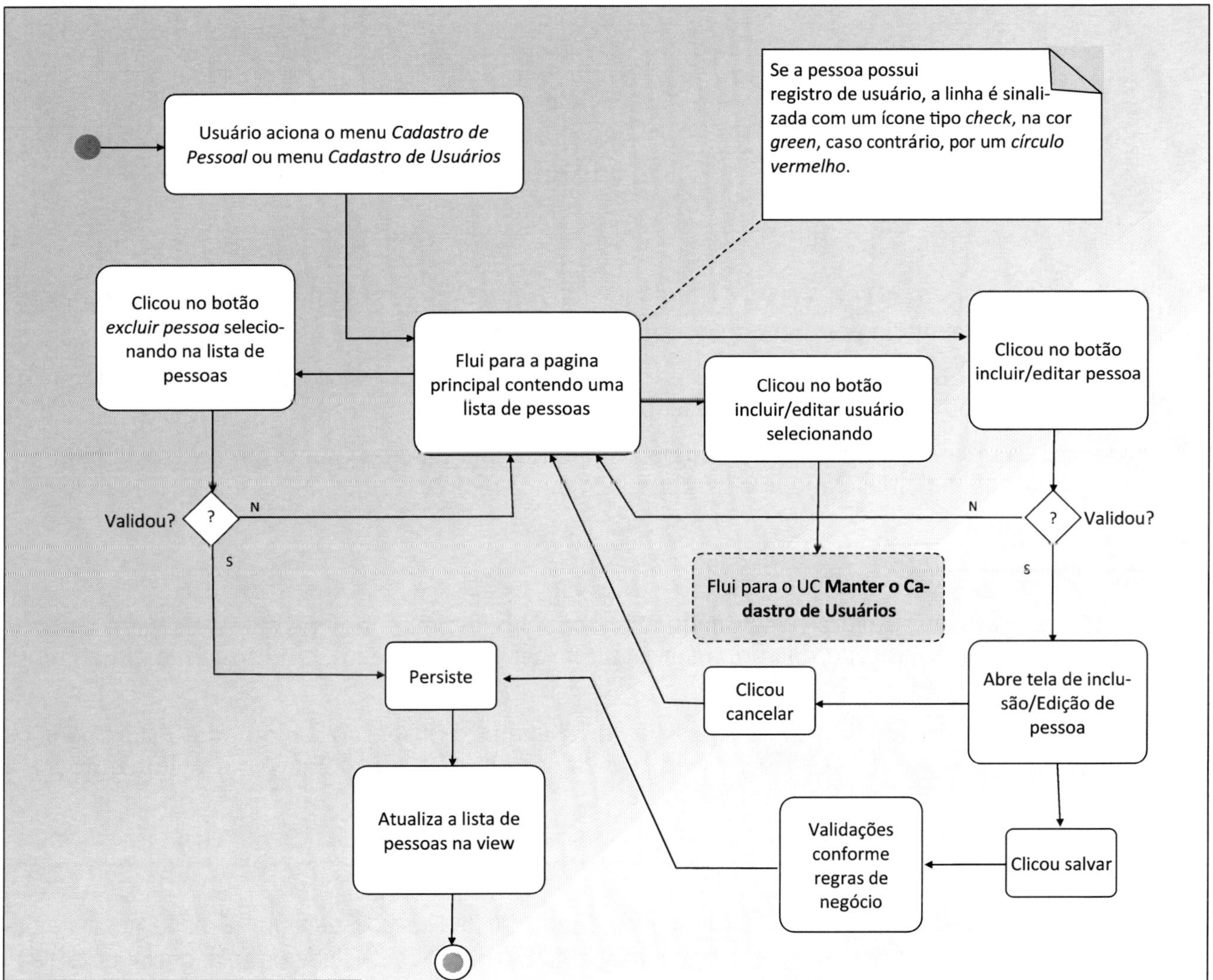

Figura 43.1
Diagrama do algoritmo do UC Manter o Cadastro de Pessoas.

Interface de telas

TELA PRINCIPAL

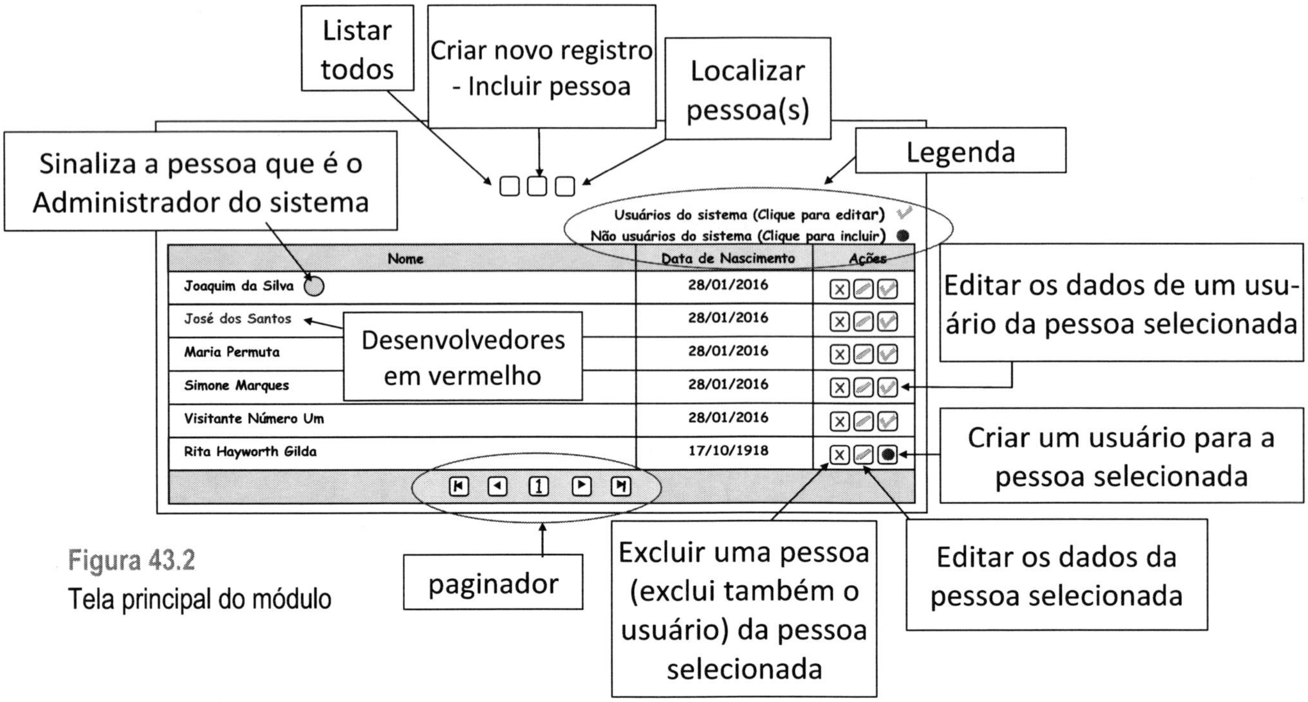

Figura 43.2
Tela principal do módulo

1. O gerenciamento de RH deverá ser feito em único módulo, o Módulo de Recursos Humanos, que será implementado por meio de dois Casos de Uso;
2. A tela principal do módulo deverá conter uma lista de todas as pessoas do cadastro, paginada de 10 em 10, com um painel de navegação entre as páginas;
3. A lista deverá conter três campos: Nome completo, data de nascimento — ordenada pelo nome, e uma última coluna contendo três botões, que deverão executar os seguintes comandos:

   Excluir pessoa;

   Editar os dados da pessoa e

   Incluir ou editar um usuário relacionado à pessoa. O botão que implementa isto deverá renderiza ícones diferentes de acordo com a sua natureza (inclusão/edição), conforme mostra a Figura 43.2.
4. A tela principal do módulo deverá possuir, bem acima da lista, um botão para listar todos os registros da tabela PESSOA (paginação real de 10 em 10), um botão para incluir uma nova pessoa, e um botão para localizar pessoa(s).

NOTA:
Jamais utilize um botão de EXCLUSÃO FÍSICA em um cadastro de pessoas, estamos fazendo isto por motivos didáticos. Em um caso real, considere ter de fazer uma EXCLUSÃO LÓGICA, ou seja, gravar uma "flag" no banco de dados, inabilitando o registro. Agindo assim, o registro poderá ser renderizado ou não, conforme a "flag" gravada, e, óbvio, os dados terão sua integridade garantida — e você não vai querer apagar um registro de uma pessoa tão importante!

5. Ao acionar o menu *Administração, Recursos Humanos, Cadastro de Pessoal*, o sistema vai ao banco de dados e traz uma lista de pessoas da tabela PESSOA, classificada pelo campo NOME e popula uma tabela na tela principal do módulo. O efeito será o mesmo ao clicar no menu *Administração, Recursos Humanos, Cadastro de Usuários.*

6. Ao clicar no botão *Localizar*, uma tela será apresentada para que o usuário entre com as informações de pesquisa:

Figura 43.3
Tela Localizar Pessoa(s)

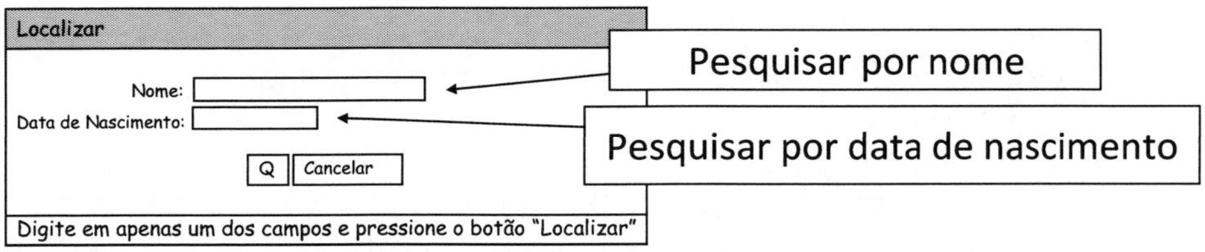

A pesquisa deverá ser feita por apenas um critério, ao preencher as duas caixas de texto, o sistema irá informar da impossibilidade *"digite em apenas uma das caixas de texto como critério para a pesquisa".*

7. Ao clicar no botão *Excluir*, o sistema faz as seguintes validações, antes de realizar a exclusão:
   - Não permite excluir o usuário desenvolvedor se existir apenas um. A pessoa que é o usuário Administrador não pode ser excluída também.

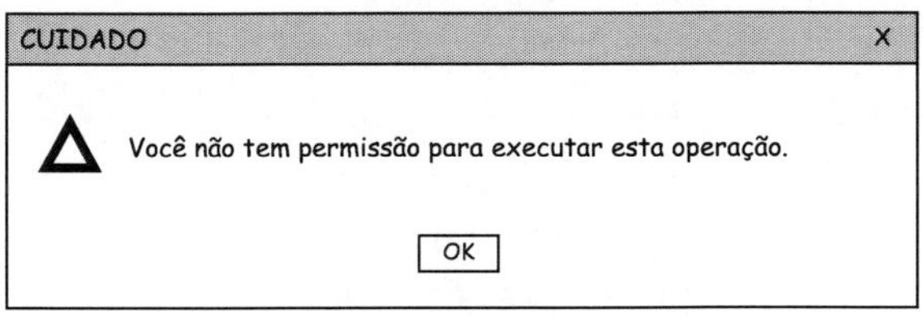

Figura 43.4
"Não pode excluir a pessoa que é o usuário Administrador do sistema, mas pode mudar os seus dados, se o desejar".

   - Depois de passar por todas as validações, emite uma mensagem de confirmação:

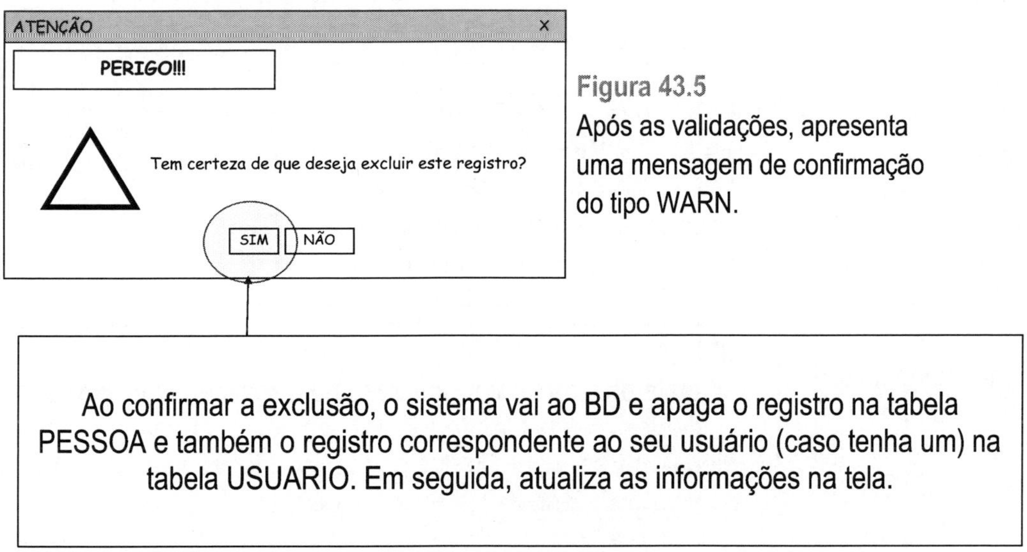

Figura 43.5
Após as validações, apresenta uma mensagem de confirmação do tipo WARN.

TELA DE INCLUSÃO/EDIÇÃO DE PESSOA

1. A tela de inclusão/edição deverá ser um *dialog* do tipo modal, para aproveitar o escopo de *view* do managed bean;
2. Ao clicar no botão *Criar novo registro (incluir uma nova pessoa)* da tela principal, o sistema abre a tela de inclusão com os campos de entrada em branco. A lista de Unidades da Federação (UF) já deverá vir populada.
3. Ao clicar no botão *Editar os dados da pessoa*, na lista de pessoas da tela principal, o sistema abre a tela de edições da pessoa selecionada:
   - A lista de Unidades da Federação (UF) já deverá vir populada.

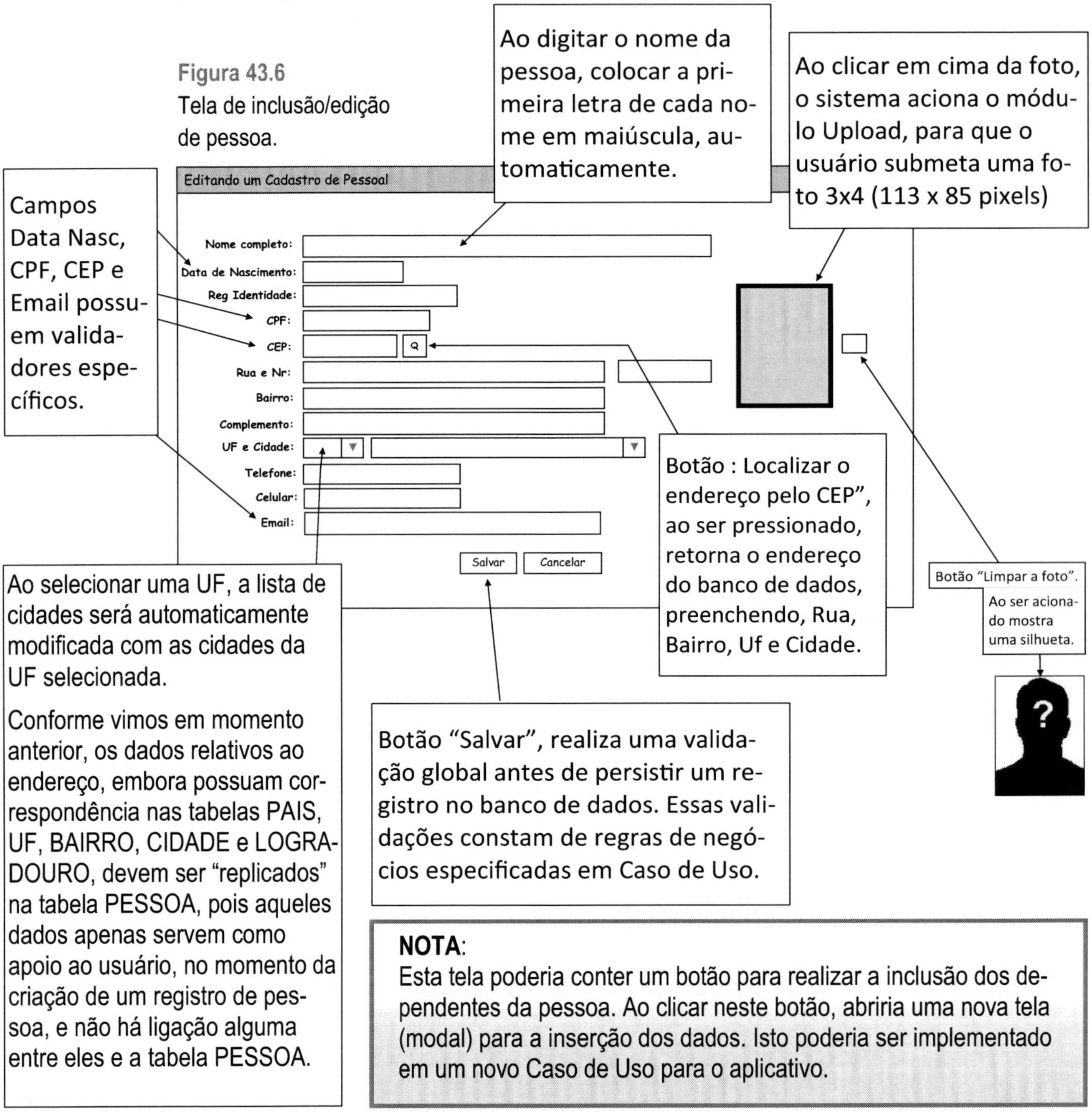

Figura 43.6
Tela de inclusão/edição de pessoa.

NOTA:
Esta tela poderia conter um botão para realizar a inclusão dos dependentes da pessoa. Ao clicar neste botão, abriria uma nova tela (modal) para a inserção dos dados. Isto poderia ser implementado em um novo Caso de Uso para o aplicativo.

Configuração

A configuração dos Casos de Uso Manter o Cadastro de Pessoas e Manter o Cadastro de Usuários será efetuada dentro de um único Backing Bean, o **RecursosHumanosBean**, muito embora isto possa ser feito de forma separada.

Criação de novas NamedQueries

Laboratório 43.1

Abra a classe Pessoa e adicione as seguintes NamedQueries em destaque abaixo...

```
@NamedQuery(name = "Pessoa.recuperarPeloEmail",
    query = "select p from Pessoa p where p.email=:param0"),

@NamedQuery(name = "Pessoa.recuperarPeloEmailPelaEmpresa",
    query = "select p from Pessoa p where p.email =:param0 and p.empresa.id =:param1") ,

  //LICAO 43 EM DIANTE-----------------------------------------------------------
  @NamedQuery(name = "Pessoa.allFetch",
  query = "select p from Pessoa p left join FETCH p.usuario u order by p.nome"),

  @NamedQuery(name = "Pessoa.allCount",  query = "select COUNT(*) from Pessoa"),

  @NamedQuery(name = "Pessoa.similarPeloNomeCount",
   query = "select COUNT(*) from Pessoa p "+
    "where  pworld.sem_acento(upper(p.nome)) like upper(:param0)"),

  @NamedQuery(name = "Pessoa.similarPelaDataNasc",
   query = "select p from Pessoa p left join FETCH p.usuario u " +
    "where p.dataNascimento =:param0 order by p.nome"),

  @NamedQuery(name = "Pessoa.similarPelaDataNascCount",
   query = "select COUNT(*) from Pessoa p where p.dataNascimento =:param0"),

})
public class Pessoa extends AbstractEntity<Long> {
```

Adicione isto

Listagem 43.1
Adicionando NamedQueries na classe **Pessoa**.

Abra a classe Perfil e adicione as seguinte NamedQuery em destaque abaixo..

```
@NamedQuery(
  name="Perfil.peloNome",
     query="select a from Perfil a where a.nome=:param0"
),

@NamedQuery(
  name="Perfil.peloCod",
     query="select a from Perfil a where a.codPerfil=:param0"
) ,

 //LICAO 43 EM DIANTE--------
 @NamedQuery(
   name="Perfil.porUsuario",
     query="select u.perfis from Usuario u where u.id =:param0"
 ),
})
```

Adicione isto

Listagem 43.2
Adicionando NamedQuery na classe **Perfil**.

Fim do Laboratório 43.1

Criação do tipo Enum SqlRepository

Laboratório 43.2

Sob o pacote *br.eti.amazu.infra.persistence*, crie o tipo Enum **SqlRepository** abaixo:

```java
package br.eti.amazu.infra.persistence;

public enum SqlRepository {

  //UC - Manter o Cadastro de Pessoas ======================
  RECUPERAR_CIDADE_UF_DA_PESSOA (recuperarCidadeUfPessoa()),
  RECUPERAR_ENDERECO_PELO_CEP (recuperarEnderecoPeloCep()),
  VERIFICAR_UK_EMAIL_EMPRESA(verificarUKEmailEmpresa()),
  RECUPERAR_QUANTIDADE_USUARIOS_DEV (recuperarQuantUsuarioDev())
  //============================================================
  ;
  private String sql;

  //Construtor
  SqlRepository(String sql) {
    this.sql = sql;
  }

  static String recuperarEnderecoPeloCep() {
    StringBuffer buff = new StringBuffer();
    buff.append("SELECT * FROM PWORLD.LOGRADOURO WHERE CEP=:param0");
    return buff.toString();
  }

  static String recuperarCidadeUfPessoa() {
    StringBuffer buff = new StringBuffer();
    buff.append("SELECT CIDADE.ID_CIDADE, CIDADE.NOME_CIDADE, CIDADE.ID_UF ");
    buff.append("FROM PWORLD.CIDADE INNER JOIN PWORLD.UF "
       + "ON PWORLD.CIDADE.ID_UF = PWORLD.UF.ID_UF ");
    buff.append("WHERE PWORLD.CIDADE.NOME_CIDADE =:param0 ");
    buff.append("AND PWORLD.UF.SIGLA =:param1 ORDER BY CIDADE.NOME_CIDADE");
    return buff.toString();
  }

  static String verificarUKEmailEmpresa() {
    StringBuffer buff = new StringBuffer();
      buff.append("SELECT COUNT(ID_PESSOA) FROM PWORLD.PESSOA "
         + "WHERE EMAIL =:param0 AND ID_EMPRESA =:param1");
    return buff.toString();
  }

  static String recuperarQuantUsuarioDev() {
    StringBuffer buff = new StringBuffer();
    buff.append("SELECT COUNT(*) FROM PWORLD.USUARIO_PERFIL WHERE ID_PERFIL = 1");
    return buff.toString();
  }

  /*--------
   * get/set
   -------*/
  public String getSql() {
    return sql;
  }
}
```

Listagem 43.3 O tipo Enum **SqlRepository.**

Fim do Laboratório 43.2

Laboratório 43.3

Paginação Lazy com PrimeFaces

Para este caso de uso, uma simples paginação não será suficiente. Vamos utilizar o recurso de paginação real — uma consulta ao banco de dados por cada página exibida, que é uma estratégia eficiente para grande quantidade de dados.

Sob o pacote *br.eti.amazu.infra.view.util*, crie a classe **PessoaLazyList** , conforme ao lado:

```
package br.eti.amazu.infra.view.util;

import java.util.ArrayList;
import java.util.Iterator;
import java.util.List;
import java.util.Map;
import java.util.Set;
import org.primefaces.model.SortOrder;
import br.eti.amazu.infra.util.DateUtil;
import org.primefaces.model.LazyDataModel;
import br.eti.amazu.infra.domain.core.Perfil;
import br.eti.amazu.infra.domain.core.Pessoa;
import br.eti.amazu.infra.persistence.appfacade.IAppFacade;
import br.eti.amazu.component.pworld.persistence.exception.DaoException;

public class PessoaLazyList extends LazyDataModel<Pessoa> {
 private static final long serialVersionUID ≥ 7L;
 IAppFacade<Pessoa> pessoaFacade;
 boolean devLogado;
 String modoPesquisa;
 String paramPesquisa;
 private List<Pessoa> pessoas;

 public PessoaLazyList(){
  pessoas = new ArrayList<Pessoa>();
 }
 public PessoaLazyList (IAppFacade<Pessoa> pessoaFacade, boolean devLogado,
     String modoPesquisa, String paramPesquisa){
  this.pessoaFacade = pessoaFacade;
  this.devLogado = devLogado;
  this.modoPesquisa = modoPesquisa;
  this.paramPesquisa = paramPesquisa;
 }

 @Override
 public List<Pessoa> load(int startingAt, int maxPerPage, String sortField,
     SortOrder sortOrder, Map<String, Object> filters) {
  String namedQuery = null;
  String namedQueryTotal = null;
  try{
     List<Object> params = new ArrayList<Object>();

     //Definindo o tipo de consulta, baseado nos parametrod de recursosHumanosBean.
     if(modoPesquisa.equals("listarTodos")){
      params.clear();
      namedQuery = "Pessoa.allFetch";
      namedQueryTotal = "Pessoa.allCount";
     }
     if(modoPesquisa.equals("nome")){
      params.clear();
      params.add("%" + paramPesquisa + "%");
      namedQuery = "Pessoa.similarPeloNome";
      namedQueryTotal = "Pessoa.similarPeloNomeCount";
     }

     if(modoPesquisa.equals("dataNasc")){
```

continua

Listagem 43.4a A classe **PessoaLazyList**.

continuação

```
            params.clear();
            params.add(DateUtil.getDate(paramPesquisa));
            namedQuery = "Pessoa.similarPelaDataNasc";
            namedQueryTotal = "Pessoa.similarPelaDataNascCount";
          }
        pessoas = pessoaFacade.listartPaginado(namedQuery, params, startingAt, maxPerPage);
        setPageSize(maxPerPage);

        /* retirar as pessoas que sao desenvolvedoras, mas isto, somente se
        * a lista de perfis do logado nao contiver esse perfil de dev.*/
        if(!devLogado){ //a lista nao contem um dev (o usuario nao eh um desenvolvedor?)

          //se o usuario logado nao eh Dev, ele nao enxerga os desenvolvedores do sistema.
          Iterator<Pessoa> it = pessoas.iterator();
          while (it.hasNext()){
             Pessoa pessoa = it.next();
             if( pessoa.getUsuario() != null && containsPerfil(
                pessoa.getUsuario().getPerfis(), 1L) ) {
                it.remove();
             }
          }
          if (getRowCount() <= 0) setRowCount(
              pessoaFacade.recuperarMaxResult(namedQueryTotal, params) - 1);
        }else{
          if (getRowCount() <= 0) setRowCount(
             pessoaFacade.recuperarMaxResult(namedQueryTotal, params));
        }
        return pessoas;
      }catch(DaoException e){
          e.printStackTrace();
      }
      return null;
  }

  boolean containsPerfil(Set<Perfil> perfis, Long idPerfil) {
    for(Perfil perfil:perfis) {
      if(perfil.getId() == idPerfil) { //o id do perfil dev eh sempre 1.
        return true;
      }
    }
    return false;
  }

  @Override
  public Object getRowKey(Pessoa pessoa) {
    return pessoa.getId();
  }

  @Override
  public Pessoa getRowData(String pessoaId) {
      Long id = Long.valueOf(pessoaId);
      for (Pessoa pessoa : pessoas) {
          if (id.equals(pessoa.getId())) {
              return pessoa;
          }
      }
      return null;
   }

   public void removeRow(Pessoa pessoa){
     pessoas.remove(pessoa);
  }
```

continua

Listagem 43.4b A classe **PessoaLazyList**.

continuação

```
  public void addRow(Pessoa pessoa){
    pessoas.add(pessoa);
  }

  public void setRow(Pessoa pessoa, Integer index){
    pessoas.set(index, pessoa);
  }
}
```

Listagem 43.4c A classe **PessoaLazyList**.

Fim do Laboratório 43.3

Alterando o bean UserSessionInBean

Laboratório 43.4

Será necessário disponibilizar imagens no bean para serem utilizadas no componente GraphicImage do PrimeFaces. Abra a classe **UserSessionInBean** e adicione o código em destaque abaixo (lembrando que a classe possui vários outros *getters/setters*):

```
public void idleListener() {
  FacesUtil.redirect  ("/pages/errorpages/viewExpired");
  FacesUtil.sessionInvalidate();
}
```

Adicione isto

```
  /* ******************
   * Licao 43 em diante
   *******************/
  private Upload upload;
  private StreamedContent scImage;
  private byte[] foto;
  private String allowTypes;
  public StreamedContent getScImage() {
    try {
      if(foto != null){
        scImage = new DefaultStreamedContent(FileUtil.getThumbnail(foto,null),
            "image/jpeg", "UTF-8");

      }else{
        if(upload != null && upload.getScImage() != null){
          scImage = upload.getScImage();
        }else{
          scImage = new DefaultStreamedContent(FileUtil.getInputStream(FacesUtil.getFullPath(
                "/resources/images/foto_3x4_blank.jpg")),"image/jpeg", "UTF-8" );
        }
      }
    } catch (IOException e) {
      e.printStackTrace();
    }
    return scImage;
  }

  public Upload getUpload() {
    return upload;
  }

  public void setUpload(Upload upload) {
    this.upload = upload;
  }

  public byte[] getFoto() {
    return foto;
  }
```

Depois de concluído, aperte as teclas Ctrl + O para fazer a importação automática.

continua

Listagem 43.5a Alterando a classe **UserSessionInBean**.

continuação

```
  public void setFoto(byte[] foto) {
    this.foto = foto;
  }
  public void setScImage(StreamedContent scImage) {
    this.scImage = scImage;
  }
  public String getAllowTypes() {
    return allowTypes;
  }
  public void setAllowTypes(String allowTypes) {
    this.allowTypes = allowTypes;
  }
  /* ***********************/
```

Listagem 43.5b
Alterando a classe **UserSessionInBean**.

Fim do Laboratório 43.4

O Managed Bean RecursosHumanosBean

Laboratório 43.5

Sob o pacote *br.eti.amazu.blankapp.view.bean*, crie a classe **RecursosHumanosBean** conforme a listagem abaixo:

```
package br.eti.amazu.blankapp.view.bean;

import java.io.Serializable;
import java.util.ArrayList;
import java.util.Date;
import java.util.List;
import java.util.Map;
import java.util.Set;
import java.util.stream.Collectors;

import javax.faces.context.FacesContext;
import javax.faces.event.AjaxBehaviorEvent;
import javax.faces.view.ViewScoped;
import javax.inject.Inject;
import javax.inject.Named;
import org.primefaces.PrimeFaces;
import org.primefaces.component.datatable.DataTable;

import br.eti.amazu.component.dialog.DialogBean;
import br.eti.amazu.component.dialog.DialogType;
import br.eti.amazu.component.pworld.persistence.exception.DaoException;
import br.eti.amazu.component.pworld.util.CompoundMenu;
import br.eti.amazu.component.upload.Upload;
import br.eti.amazu.component.upload.UploadMode;
import br.eti.amazu.infra.domain.brasil.Cidade;
import br.eti.amazu.infra.domain.brasil.Logradouro;
import br.eti.amazu.infra.domain.brasil.Uf;
import br.eti.amazu.infra.domain.core.Empresa;
import br.eti.amazu.infra.domain.core.Perfil;
import br.eti.amazu.infra.domain.core.Pessoa;
import br.eti.amazu.infra.domain.core.Usuario;
import br.eti.amazu.infra.persistence.SqlRepository;
import br.eti.amazu.infra.persistence.appfacade.IAppFacade;
import br.eti.amazu.infra.util.DateUtil;
import br.eti.amazu.infra.util.FacesUtil;
import br.eti.amazu.infra.view.bean.UserSessionInBean;
import br.eti.amazu.infra.view.util.PessoaLazyList;
```

continua

Listagem 43.6a
A classe **RecursosHumanosBean**.

continuação

```
@Named
@ViewScoped
public class RecursosHumanosBean implements Serializable{
 private static final long serialVersionUID = 1L;

 @Inject
 DialogBean dialogBean;
 @Inject
 UserSessionInBean userSessionInBean;
 @Inject
 IAppFacade<Pessoa> pessoaFacade;
 @Inject
 IAppFacade<Usuario> usuarioFacade;
 @Inject
 IAppFacade<Perfil> perfilFacade;
 @Inject
 IAppFacade<Empresa> empresaFacade;
 @Inject
 IAppFacade<Uf> ufFacade;
 @Inject
 IAppFacade<Cidade> cidadeFacade;
 @Inject
 IAppFacade<Logradouro> logradouroFacade;
 @Inject
 IAppFacade<Long> longFacade;

 /* *******************************
  * UC MANTER O CADASTRAO DE PESSOAS
  *******************************/
 private PessoaLazyList pessoas;
 String paramConsulta;

 /* modoConsulta = "listarTodos" -----> consulta serah listar todos os registros.
  * modoConsulta = "nome" ------------> consulta serah uma pesquisa por nome.
  * modoConsulta = "dataNas-----------> consulta serah uma pesquisa por data nascimento */
 String modoConsulta = "listarTodos"; //listarTodos eh o modo default.
 private Pessoa pessoa;
 private String nomeLocalizar;
 private Date dataNascLocalizar;
 private List<Empresa> empresas;
 private Long selectedIdEmpresa;
 Empresa empresa;
 private Uf uf;
 private List<Uf> ufs;
 private Long selectedIdUf;
 private Cidade cidade;
 private List<Cidade> cidades;
 private Long selectedIdCidade;
 private String cep; //Campos de busca nao devem ser atrelados ao dominio.
 byte[] oldFoto;
 private Integer index;

 @CompoundMenu
 public void iniciarManterCadPes(){
  FacesUtil.resetBeans (null);
  FacesUtil.redirect("/pages/adm/recursosHumanos/cadastroPessoas/pessoas");
 }

 //Listar pessoas (realiza paginacao)
 public PessoaLazyList getPessoas() {
```

continua

Listagem 43.6b A classe **RecursosHumanosBean.**

continuação

```java
    if(pessoas == null){
            pessoas = new PessoaLazyList(pessoaFacade,
              userSessionInBean.isUsuarioDevLogado() == true ? true : false,
                 modoConsulta, paramConsulta);
        }
        return pessoas;
   }

public void listarTodos(){
  modoConsulta = "listarTodos";
  paramConsulta = null;
  nomeLocalizar = null;
  dataNascLocalizar = null;

  //Paginacao...
  pessoas = new PessoaLazyList( pessoaFacade,
     userSessionInBean.isUsuarioDevLogado() == true ? true : false,
        modoConsulta, paramConsulta);

  PrimeFaces.current().ajax().update("formPessoas:tablePessoas");
}

public void localizar(){

  //localizar por nome, por data de nascimento
  if(nomeLocalizar == null || nomeLocalizar.trim().length() == 0 && dataNascLocalizar == null){

    //se nao digitou um filtro...
    dialogBean.addMessage(FacesUtil.getMessage("MPS020"), DialogType.ERROR);
    return;
  }

  //se digitou os dois filtros...
  if((nomeLocalizar !=null && nomeLocalizar.trim().length() >0) && dataNascLocalizar !=null){
    dialogBean.addMessage(FacesUtil.getMessage("MPS021"), DialogType.ERROR);
    return;
  }

  modoConsulta = "listarTodos"; //default;

  //se digitou o filtro nomeLocalizar...
  if(nomeLocalizar != null && nomeLocalizar.trim().length() > 0) {
    modoConsulta = "nome";
    paramConsulta = nomeLocalizar;
  }

  //se digitou o filtro dataNascLocalizar...
  if(dataNascLocalizar != null) {
    modoConsulta = "dataNasc";
    paramConsulta = DateUtil.getStringDate(dataNascLocalizar);
  }
  pessoas = null;

  //Abre o dlg Pessoa.
  PrimeFaces.current().executeScript("PF('dlgLocalizar').hide();");
  PrimeFaces.current().ajax().update("formPessoas:tablePessoas");
}

public void openDlgPessoa(Pessoa pessoa){

  try {

```

continua

Listagem 43.6c A classe **RecursosHumanosBean.**

continuação

```
    /* popular a lista de empresas, de acordo com o
     * usuario logado (traz a empresa do usuario logado) */
    if(empresas == null) {
      if(userSessionInBean.isUsuarioDevLogado()) {
        empresas = empresaFacade.listar("Empresa.all"); //Util apenas ao usuario dev

      }else {
        empresas = new ArrayList<Empresa>();
        empresas.add(userSessionInBean.getEmpresa());
      }
    }

    List<Object> params = new ArrayList<Object>();

    //assegurando que upload em userSessionInBean esteja a estado inicial...
    if(userSessionInBean.getUpload() != null) userSessionInBean.getUpload().reset();

    //Popula a combo uf, para todos os casos.
    if(ufs == null || ufs.isEmpty()){
     params.clear();
     params.add(55L); //id do Brasil
     ufs = ufFacade.listar("Uf.porPais", params);
    }

    if(pessoa == null) {
     pessoa = new Pessoa();
     this.pessoa = pessoa;
     uf = null;
     selectedIdCidade = null;
     cidade = null;
     selectedIdUf = null;
     cep = null;
     userSessionInBean.setFoto(null);


    }else{

     this.pessoa = pessoaFacade.recuperar(Pessoa.class, pessoa.getId());

     if(pessoa.getUsuario() != null && pessoa.getUsuario().getPerfis() != null) {
       if(!podeExcluirEditar(pessoa.getUsuario().getPerfis(), 2)) {
         dialogBean.addMessage(FacesUtil.getMessage("MGL059"), DialogType.WARN);
         return; //==>nao deixa editar
       }
     }

     index = Integer.valueOf(FacesUtil.getParam("index")); //pegando o index da view

     //Seta variaveis...
     this.pessoa = pessoa;
     cep = this.pessoa.getCep();
     oldFoto = this.pessoa.getFoto();

     userSessionInBean.setFoto(pessoa.getFoto());


     //Recuperando cidade e uf baseado na cidade/uf da pessoa.
     if(this.pessoa.getCidade() != null && this.pessoa.getUf() != null){
       params.clear();
       params.add(this.pessoa.getCidade());
       params.add(this.pessoa.getUf());
```

continua

Listagem 43.6d A classe **RecursosHumanosBean.**

continuação

```
          cidade = cidadeFacade.recuperarNQ(
            new Cidade(),SqlRepository.RECUPERAR_CIDADE_UF_DA_PESSOA.getSql(),
              params);

          if(cidade !=null){
            selectedIdCidade = cidade.getId();
            uf = cidade.getUf();
            selectedIdUf = uf.getId();

            //Populando os itens da combo cmbCidade, baseado na uf de pessoa.
            params.clear();
            params.add(uf.getId());
            cidades = cidadeFacade.listar("Cidade.porUf", params);
          }
        }
      }
      //Defalt eh a empresa do usuario logado.
      selectedIdEmpresa = userSessionInBean.getEmpresa().getId();
      empresa = userSessionInBean.getEmpresa();
      this.pessoa.setEmpresa(empresa);

      //Abre o dialog de inclusao/alteracao de novo perfil.
      PrimeFaces.current().executeScript("PF('dlgPessoa').show()");
      PrimeFaces.current().ajax().update("formPessoa");
    } catch (DaoException e) {
      e.printStackTrace();
    }
  }

  //Inicializa o componente Upload em modo DATABASE.
  public void chamarUpload(){

    /* se a imagem for maior que 113 x 85 pixels, e se a imagem
     * não for JPGEG o upload nao serah feito.*/
    userSessionInBean.setScImage(null);
    userSessionInBean.setAllowTypes("/(\\.|\\/)(jpe?g)$/");

    userSessionInBean.setUpload(new Upload(
        dialogBean,
        UploadMode.IMAGE_DATABASE,
        null,//FacesUtil.getFullPath("/resources/temp"),
        null,
        113, //tamanho de 113 pixels (altura de uma foto 3x4)
        85, //tamanho de 85 pixels (largura de uma foro 3x4)
        null, null, false));
  }

  public void cancelarEditar(){
    this.resetImage();
    pessoa.setFoto(oldFoto);
    PrimeFaces.current().executeScript("PF('dlgPessoa').hide()");
  }

  /* Este metodo ocorre sempre quando o usuario clica na cmbUf.
   * Recupera a uf (o entityManager soh entra em acao caso nao haja uma uf managed).
   * O selectedIdUf eh extremamente importante ser setado nesta etapa, ele
   * irah propiciar o preenchimento dos itens dentro da cmbCidade.*/
  public void setarUf(AjaxBehaviorEvent event){
    try {
      Map<String, Object> map = event.getComponent().getAttributes();

```

continua

Listagem 43.6e A classe **RecursosHumanosBean.**

continuação

```
        if( map.get("value") != null && (Long) map.get("value") != 0){
         uf = ufFacade.recuperar(Uf.class, (Long) map.get("value"));
         selectedIdUf = uf.getId();
         cidades = uf.getCidades().stream().collect(Collectors.toList());

        }else{
         cidades = new ArrayList<Cidade>();
        }

      } catch (DaoException e) {
        dialogBean.addMessage(e.getMessage(), DialogType.ERROR);
      }
    }

    /* Este metodo ocorre sempre quando o usuario clica na cmbCidade.
     * Recupera a uf (o entityManager soh entra em acao caso nao haja uma cidade managed).
     * O selectedIdCidade eh importante ser setado nesta etapa, ele
     * irah propiciar o preenchimento do valor setado na cmbCidade.*/
    public void setarCidade(AjaxBehaviorEvent event){

      try {

        Map<String, Object> map = event.getComponent().getAttributes();
        if( map.get("value") != null && (Long) map.get("value") != 0){
         cidade= cidadeFacade.recuperar(Cidade.class, (Long) map.get("value"));
         selectedIdCidade = cidade.getId();
        }

      } catch (DaoException e) {
        dialogBean.addMessage(e.getMessage(), DialogType.ERROR);
      }
    }

    /* Este metodo ocorre sempre quando o usuario dev clica na cmbEmpresa.*/
    public void setarEmpresa(AjaxBehaviorEvent event){
      try {
        Map<String, Object> map = event.getComponent().getAttributes();

        if( map.get("value") != null && (Long) map.get("value") != 0){
         empresa = empresaFacade.recuperar(Empresa.class, (Long) map.get("value"));
         selectedIdEmpresa = empresa.getId();

        }else{
         cidades = new ArrayList<Cidade>();
        }
      } catch (DaoException e) {
        dialogBean.addMessage(e.getMessage(), DialogType.ERROR);
      }
    }

    public void salvar() {
      try{
        //Setar uf, cidade e cep (o operador pode ter redefinido essas propriedades).
        pessoa.setUf(uf!=null ? uf.getSigla() : null);
        pessoa.setCidade(cidade!=null ? cidade.getNome() : null);
        pessoa.setCep(cep);
        pessoa.setEmpresa(empresa);

        if(userSessionInBean.getUpload() != null &&
           userSessionInBean.getUpload().getFile() != null){

```

continua

Listagem 43.6f A classe **RecursosHumanosBean.**

continuação

```
     byte[] b = userSessionInBean.getUpload().getImageBytes();
   pessoa.setFoto(b);
  }


  //Se possui um mesmo email em uma mesma empresa nao salva (restricao UK_EMAIL_EMPRESA)
  if(possuiRestricaoUK_EMAIL_EMPRESA()) {
   dialogBean.addMessage(FacesUtil.getMessage("MPS025"), DialogType.INFO_CLOSABLE);
   return;
  }

  /* Neste ponto, o atributo email pode estar nao-nulo e 'empty'.
   * Neste caso, melhor setar para null, devido a restricao UK
   * dos campos EMAIL/ID_EMPRESA da tabela PESSOA.*/
  if(pessoa.getEmail() != null && pessoa.getEmail().equals("")) {
   pessoa.setEmail(null);
  }

  if(pessoa.getId() == null){
   pessoaFacade.incluir(pessoa); //inclui no BD
   pessoas.addRow(pessoa); //atualiza a view

  }else{
   if(userSessionInBean.getUpload() != null &&
     userSessionInBean.getUpload().getScImage() == null) pessoa.setFoto(null);

   //altera no banco e atualiza o objeto.
   pessoa = (Pessoa) pessoaFacade.alterarAtualizar(pessoa);
   pessoas.setRow(pessoa, index); //atualiza a view
  }

  //refresca imagem em userSessionInBean
  if(userSessionInBean.getUpload() != null) {
   userSessionInBean.getUpload().setScImage(null);
   userSessionInBean.getUpload().setFile(null);
   userSessionInBean.getUpload().setImageBytes(null);
  }
  userSessionInBean.setFoto(null);
  userSessionInBean.setScImage(null);

  //atualiza a view e emite mensagem ao usuario.
  PrimeFaces.current().executeScript("PF('dlgPessoa').hide()");
  PrimeFaces.current().ajax().update("formPessoas:tablePessoas");

  dialogBean.addMessage(FacesUtil.getMessage("MGL025"), DialogType.INFO_CLOSABLE);

 }catch(DaoException e){

  //Adiciona a mensagem vinda de DaoException
  dialogBean.addMessage(e.getMessage(), DialogType.ERROR);
 }
}

/* Este metodo verifica se existe uma pessoa cadastrada dentro de
 * uma mesma empresa com um email dado. Se existir um registro assim,
 * nao deixa cadastrar novo registro, para nao violar uma restricao do banco de dados.*/
boolean possuiRestricaoUK_EMAIL_EMPRESA() {
 try {
  if(pessoa.getEmail() == null || pessoa.getEmail().equals("")) {
```

continua

Listagem 43.6g A classe **RecursosHumanosBean.**

continuação

```
        return false;
      }

      List<Object> params = new ArrayList<Object>();
      params.add(pessoa.getEmail());
      params.add(empresa.getId());

      return longFacade.recuperarMaxResultNQ(
          SqlRepository.VERIFICAR_UK_EMAIL_EMPRESA.getSql(), params) >= 1 ? true: false;
    } catch (DaoException e) {
      e.printStackTrace();
    }
    return false;
  }

  public void localizarEnderecoPeloCep(){
    try {
      //Aqui soh necessito de uma validacao (o campo cep nao pode ser nulo).
      if(cep == null || cep.equals("")){
        dialogBean.addMessage(FacesUtil.getMessage("MPS005"), DialogType.ERROR);
        return;
      }

      //Busca o logradouro da pessoa baseado no cep.
      List<Object> params = new ArrayList<Object>();
      params.add(cep);

      Logradouro logradouro = logradouroFacade.recuperarNQ(new Logradouro(),
          SqlRepository.RECUPERAR_ENDERECO_PELO_CEP.getSql(), params);

      //Se nao encontra o logradouro avisa e sai.
      if(logradouro == null){
        dialogBean.addMessage(FacesUtil.getMessage("MPS004"), DialogType.INFO_CLOSABLE);
        return;
      }

      /* Quando encontra o logradouro, encontra tambem:
       * - A cidade;
       * - Seta o id da cidade, forcando a renderizacao na cmbCidade;
       * - A uf;
       * - Seta o id da uf, forcando a renderizacao na cmbUf;
       * - Obtem a lista de cidades da uf para popular os itens da cmbCidade;
       * - Seta os dados do endereco localizado na pessoa que se estah editando. */
      cidade = logradouro.getBairro().getCidade();
      selectedIdCidade = cidade.getId();
      uf = cidade.getUf();
      selectedIdUf = uf.getId();
      cidades = uf.getCidades().stream().collect(Collectors.toList());
      pessoa.setCep(cep);
      pessoa.setLogradouro(logradouro.getNome());
      pessoa.setBairro(logradouro.getBairro().getNome());
      pessoa.setCidade(cidade.getNome());
      pessoa.setUf(uf.getSigla());
    } catch (DaoException e) {
      dialogBean.addMessage(e.getMessage(),DialogType.ERROR);
    }
  }

  public void confirmarExcluirPessoa(Pessoa pessoa){
    try {
```

continua

Listagem 43.6h A classe **RecursosHumanosBean.**

continuação

```
    /* As instrucoes abaixo evitam a LazyInitializationException.
     * Colocando pessoa em estado "managed" (isto pode ser necessario,
     * caso o objeto esteja detach) Colocando os perfis do usuario em usuario
     * (porque a sessao estende demais)*/

    pessoa = (Pessoa) pessoaFacade.recuperar(Pessoa.class, pessoa.getId());
    List<Object> params = new ArrayList<Object>();
    if(pessoa.getUsuario() != null) {
     params.add(pessoa.getUsuario().getId());

     pessoa.getUsuario().setPerfis(
      perfilFacade.listar("Perfil.porUsuario", params).stream().
       collect(Collectors.toSet()));
    }//-----------------------------------------------------------

    if(pessoa.getUsuario() != null && pessoa.getUsuario().getPerfis() != null) {
     if(!podeExcluirEditar(pessoa.getUsuario().getPerfis(), 1)) {
      dialogBean.addMessage(FacesUtil.getMessage("MGL059"), DialogType.WARN);
      return; //==>nao deixa excluir
     }
    }

    this.pessoa = pessoa;

    dialogBean.addConfirmWarnMessage(FacesUtil.getMessage("MGL028"),
      "recursosHumanosBean.excluirPessoa", null, null);

   } catch (DaoException e1) {
    e1.printStackTrace();
   }
  }

  //Metodo comum aos UCs Cadastro de Pessoas e Cadastro de Usuarios
  boolean podeExcluirEditar(Set<Perfil> perfisEmExlusaoOuEdicao, int op) {

   /* Variavel "op" pode assumir os seguintes valores:
    * 1 = excluir
    * 2 = editar pessoa
    * 3 = editar usuario   *
    * Regras para um usuario Dev logado, que pode tudo, exceto:
    * - se perfisEmExlusaoOuEdicao conter o Adm (nao pode excluir nem editar);
    * - se existir apenas um usuario dev nao pode excluir mas pode editar*/
   if(containsPerfil(userSessionInBean.getPerfisLogado().stream().
     collect(Collectors.toSet()), 1L)) {

    if(perfisEmExlusaoOuEdicao != null) {
     if(!containsPerfil(perfisEmExlusaoOuEdicao, 2L)) {
      return true; //pode excluir e editar pessoa e editar usuario

     }else {
      //nao contendo o adm - verifica se possui apenas um usuario dev
      int quantDev = quantUsuarioDev();
      if(quantDev > 1) {
       return true; //pode excluir e editar

      }else {
       if(op == 1) return false; //nao pode excluir
       if(op == 2 || op == 3) return true; //pode editar pessoa e usuario
      }
     }
    }else {
```

continua

Listagem 43.6i A classe **RecursosHumanosBean.**

continuação

```
        return true; //pode excluir e editar pessoa e editar usuario
      }

    }else {
      /* Regras para o Admin logado:
       * - se perfisEmExlusaoOuEdicao conter o Adm (nao pode excluir nem editar);*/
      if(containsPerfil(userSessionInBean.getPerfisLogado().stream().
          collect(Collectors.toSet()), 2L)) {

        if(perfisEmExlusaoOuEdicao != null) {
          if(!containsPerfil(perfisEmExlusaoOuEdicao, 2L)) {
            return true; //pode excluir e editar pessoa e editar usuario

          }else {
            if(op == 1) return false; //nao pode excluir
            if(op == 2 || op == 3) return true; //pode editar pessoa e usuario
          }
        }else {
          if(op == 1) return false; //nao pode excluir
          if(op == 2 || op == 3) return true; //pode editar pessoa e usuario
        }

      }else {
        /* Regras para o Master logado:
         * - se perfisEmExlusaoOuEdicao conter Adm ou Master
         * (nao pode excluir nem editar);*/
        if(containsPerfil(userSessionInBean.getPerfisLogado().stream().
            collect(Collectors.toSet()), 3L)) {

          if(perfisEmExlusaoOuEdicao != null) {
            if(containsPerfil(perfisEmExlusaoOuEdicao, 2L) ||
                containsPerfil(perfisEmExlusaoOuEdicao, 3L)) {
              return false; //nao pode excluir nem editar

            }else {
              return true; //pode excluir, editar pessoa e usuario
            }
          }else {
            return true; //pode excluir, editar pessoa e usuario
          }

        }else {
          /* Regras para o Senior logado:
           * - se perfisEmExlusaoOuEdicao conter Adm ou Master ou Senior
           * (nao pode excluir/editar);*/
          if(containsPerfil(userSessionInBean.getPerfisLogado().stream().
              collect(Collectors.toSet()), 4L)) {
            if(perfisEmExlusaoOuEdicao != null) {
              if(!containsPerfil(perfisEmExlusaoOuEdicao, 2L) &&
                  !containsPerfil(perfisEmExlusaoOuEdicao, 3L) &&
                      !containsPerfil(perfisEmExlusaoOuEdicao, 4L) ) {
                return false; //nao pode excluir nem editar
              }

            }else {
              return false; //nao pode excluir nem editar
            }
          }
        }
      }
    }
```

continua

Listagem 43.6j A classe **RecursosHumanosBean.**

continuação

```
    return false;
  }

  public void excluirPessoa(){
    /* Regra: "ao excluir uma pessoa, apaga tambem o usuario respectivo e
     * seus dependentes. Como existem fortes restricoes, a estrutura abaixo eh fortemente
     * recomendada, na sequencia em que se apresenta. Lembrando que isto conduz a uma
     * exclusao imediata, portanto a regra deve ser repensada.*/
    try {
      if(pessoa.getUsuario() != null) { //Desassocia usuario de perfis e pessoa de usuario
        pessoa.getUsuario().setPerfis(null);
        usuarioFacade.alterar(pessoa.getUsuario());
        pessoa.setUsuario(null); //Dessasocia pessoa de usuario e exclui usuario
        pessoaFacade.alterar(pessoa);
      }

      //Remove a pessoa da empresa e consequentemente a pessoa no banco de dados.
      Empresa empresa = empresaFacade.recuperar(Empresa.class, pessoa.getEmpresa().getId());

      empresa.getPessoas().remove(pessoa);
      empresaFacade.alterar(empresa);

      //atualiza a view
      pessoas.removeRow(pessoa);
      PrimeFaces.current().ajax().update("formPessoas:tablePessoas");
      dialogBean.addMessage(FacesUtil.getMessage("MGL029"), DialogType.INFO_CLOSABLE);
    } catch (DaoException e) {
      e.printStackTrace();
    }
  }

  //Este metodo possibilita dar um update apenas na linha da tabela pessoa.
  public void updateRow() {
    FacesContext ctx = FacesContext.getCurrentInstance();
    DataTable dataTable = (DataTable) ctx.getViewRoot().findComponent(
        "formPessoas:tablePessoas");
    PrimeFaces.current().ajax().update(dataTable.getClientId(ctx)+ ":"
        + index + ":pnlNome");
    PrimeFaces.current().ajax().update(dataTable.getClientId(ctx)+ ":"
        + index + ":pnlDataNasc");
    PrimeFaces.current().ajax().update(dataTable.getClientId(ctx)+ ":"
        + index + ":pnlAcoes");
  }

  public void resetImage(){
    pessoa.setFoto(null);
    if(userSessionInBean.getUpload() != null) {
      userSessionInBean.getUpload().setScImage(null);
      userSessionInBean.getUpload().setFile(null);
    }
    userSessionInBean.setScImage(null);
    userSessionInBean.setFoto(null);
  }

  public void excluirFoto(){
    pessoa.setFoto(null);
    if(userSessionInBean.getUpload() != null) {
      userSessionInBean.getUpload().setScImage(null);
      userSessionInBean.getUpload().setFile(null);
    }
  }
```

continua

Listagem 43.6k A classe **RecursosHumanosBean.**

continuação

```java

//Mensurar a quantidade de usuarios desenvolvedores para validar exclusoes
Integer quantUsuarioDev() {
  try { //melhor buscar no BD...
    return usuarioFacade.recuperarMaxResultNQ(
        SqlRepository.RECUPERAR_QUANTIDADE_USUARIOS_DEV.getSql());
  } catch (DaoException e) {
    e.printStackTrace();
  }
  return null;
}

//Este metodo permite ajustar alguns elementos na dataTable da view pessoas.xhtml
public boolean isPerfilEsperado(Pessoa pessoa, Long idPerfilEsperado) {
  if(pessoa.getUsuario() != null && pessoa.getUsuario().getPerfis() != null) {
    for(Perfil perfil:pessoa.getUsuario().getPerfis()) {
      if(perfil.getId() == idPerfilEsperado) {
        return true;
      }
    }
  }
  return false;
}

//Metodo comum aos UCs Cadastro de Pessoas e Cadastro de Usuarios
boolean containsPerfil(Set<Perfil> perfis, Long idPerfil) {
  for(Perfil perfil:perfis) {
    if(idPerfil == perfil.getId()) {
      return true;
    }
  }
  return false;
}

public void cancelarLocalizar(){
  modoConsulta = "listarTodos";
  PrimeFaces.current().executeScript("PF('dlgLocalizar').hide()");
}
/* ***************************************
 * FIM DO UC MANTER O CADASTRAO DE PESSOAS
 ***************************************/
/*--------
 * get/set
 -------*/

```

Listagem 43.6l A classe **RecursosHumanosBean.**

Fim do Laboratório 43.5

Adicionando novas imagens

Laboratório 43.6

Adicione dentro da pasta *src/main/webapp/resources/images*, o arquivo de imagem ao lado (obtenha no site www.amazu.eti.br, na lição correspondente):

foto_3x4_blank.jpg	

Fim do Laboratório 43.6

Construindo as telas da view

Laboratório 43.7

Sob a pasta *src/main/webapp/pages/adm*, crie mais uma pasta com o nome **recursosHumanos**. Dentro desta pasta que acabou de criar, crie mais uma com o nome **cadastroPessoas** e dentro desta última, **os três arquivos xhtml**, nomeando-os de **pessoas.hxtml, dlgLocalizar.xhtml** e **dlgPessoa.xhtml**, conformes listagens a seguir:

```
<ui:composition xmlns="http://www.w3.org/1999/xhtml"
  template="/WEB-INF/layout/template.xhtml"
  xmlns:ui="http://java.sun.com/jsf/facelets"
  xmlns:h="http://java.sun.com/jsf/html"
  xmlns:f="http://java.sun.com/jsf/core"
  xmlns:p="http://primefaces.org/ui"
  xmlns:a="http://java.sun.com/jsf/composite/components">

  <ui:param name="pageTitle" value="#{msg.MPS007}"/>

  <ui:define name="content">

    <h:form id="formPessoas">
      <h:panelGrid columns="3">
        <p:commandButton
          icon="ui-icon-document" style="width:18px;height:18px;border:none;"
          action="#{recursosHumanosBean.listarTodos}" title="#{msg.CGL046}"
          onclick="PF('dlgLoader').show()" oncomplete="PF('dlgLoader').hide()" />

        <p:commandButton
          icon="ui-icon-circle-plus" style="width:18px;height:18px;border:none;"
          action="#{recursosHumanosBean.openDlgPessoa(null)}"
          title="#{msg.CGL146}" onclick="PF('dlgLoader').show()"
          oncomplete="PF('dlgLoader').hide()" />

        <p:commandButton
          icon="ui-icon-search" style="width:18px;height:18px;border:none;"
          title="#{msg.CGL047}" onclick="PF('dlgLocalizar').show()" />
      </h:panelGrid>

      <div align="right" style="width: 600px;" class="inoutput">
        <h:outputLabel value="#{msg.MPS015}" />
        <p:graphicImage value="/images/buttons/check_green.gif" />
        <br />

        <h:outputLabel value="#{msg.MPS016}" />
        <p:graphicImage value="/images/buttons/ball_red.gif" />
      </div>

      <p:dataTable
        id="tablePessoas" widgetVar="tablePessoas" rows="10" lazy="true"
        value="#{recursosHumanosBean.pessoas}" paginator="true" paginatorPosition="bottom"
        rowKey="#{pessoa.id}" rowIndexVar="index" style="width:600px;text-align:left;"
        var="pessoa" rendered="#{not empty recursosHumanosBean.pessoas}"
        emptyMessage="Nenhum registro encontrado.">

        <p:column headerText="#{msg.CGL056}">
          <p:outputPanel id="pnlNome">
            <h:outputText value="#{pessoa.nome}"
              style="#{recursosHumanosBean.isPerfilEsperado(pessoa, 1) ?
                'color:red' : 'color:inherit'};"/>
```

continua

Listagem 43.7a A página **pessoas.xhtml.**

continuação

```

      <h:graphicImage
       style="margin-left:4px;margin-top:2px"
       rendered="#{recursosHumanosBean.isPerfilEsperado(pessoa, 2)}"
       value="/images/buttons/face-happy.gif" title="#{msg.MPE001}" />
     </p:outputPanel>
    </p:column>

    <p:column headerText="#{msg.CGL105}" width="120">
     <p:outputPanel id="pnlDataNasc">
      <center>
       <h:outputText value="#{pessoa.dataNascimento}" converter="dateConverter"/>
      </center>
     </p:outputPanel>
    </p:column>

    <p:column headerText="#{msg.CGL004}" width="60">
     <p:outputPanel id="pnlAcoes">
      <center>
       <p:commandButton
        icon="ui-icon-trash" style="width:18px;height:18px;border:none;"
        action="#{recursosHumanosBean.confirmarExcluirPessoa(pessoa)}"
        title="#{msg.CGL032}" onclick="PF('dlgLoader').show()"
        oncomplete="PF('dlgLoader').hide()" />

       <p:commandButton
        icon="ui-icon-pencil" style="width:18px;height:18px;border:none;"
        action="#{recursosHumanosBean.openDlgPessoa(pessoa)}"
        title="#{msg.CGL028}" onclick="PF('dlgLoader').show()"
        oncomplete="PF('dlgLoader').hide()" >
        <f:param name="index" value="#{index}" />
       </p:commandButton>

       <p:commandButton
        icon="#{pessoa.usuario == null ? 'ball_red' : 'check_green'}"
        style="width:18px;height:18px;border:none;"
        title="#{pessoa.usuario==null ? msg.MPS017 : msg.MPS018}"
        action="#{recursosHumanosBean.openDlgUsuario(pessoa)}" >
        <f:param name="index" value="#{index}" />
       </p:commandButton>
      </center>
     </p:outputPanel>
    </p:column>
   </p:dataTable>
  </h:form>

  <!-- O componente a:upload deve ser colocado por fora de qualquer form-->
  <a:upload id="formComponenteUpload" bean="#{userSessionInBean}" update="formPessoa:img"
   allowTypes="#{userSessionInBean.allowTypes}" label="#{msg.MPS002}"
   invalidFileMessage="#{msg.MGL020}" invalidSizeMessage="#{msg.MAR009}" />

  <ui:include src="dlgLocalizar.xhtml" />
  <ui:include src="dlgPessoa.xhtml" />

  <!-- ***** espaco reservado ao dlgUsuario ***** -->

  <!-- ************************************* -->

 </ui:define>
</ui:composition>
```

Listagem 43.7b A página **pessoas.xhtml.**

```
<ui:fragment xmlns="http://www.w3.org/1999/xhtml"
 xmlns:ui="http://java.sun.com/jsf/facelets"
 xmlns:h="http://java.sun.com/jsf/html"
 xmlns:f="http://java.sun.com/jsf/core"
 xmlns:p="http://primefaces.org/ui"
 xmlns:a="http://java.sun.com/jsf/composite/components">

 <p:dialog
  widgetVar="dlgLocalizar"
  modal="true"
  appendTo="@(body)"
  width="400"
  hideEffect="explode"
  resizable="false"
  closable="false">

  <f:facet name="header">
   <h:outputText styleClass="textShadow" value="#{msg.CGL047}"/>
  </f:facet>

  <h:form id="formLocalizar">

   <br/>

   <h:panelGrid columns="2" columnClasses="right,left">
    <h:outputLabel value="#{msg.CGL056}:" />
    <h:inputText label="#{msg.CGL056}" value="#{recursosHumanosBean.nomeLocalizar}"  />

    <h:outputLabel value="#{msg.CGL105}:" />
    <h:inputText label="#{msg.CGL105}" value="#{recursosHumanosBean.dataNascLocalizar}"
     onkeypress="mascara(this,data);" maxlength="10" converter="dateConverter" size="8"/>
   </h:panelGrid>

   <br/>

   <center>
    <p:commandButton
     icon="ui-icon-search"
     title="#{msg.CGL047}"
     action="#{recursosHumanosBean.localizar}"
     onclick="PF('dlgLoader').show()"
     oncomplete="PF('dlgLoader').hide();" />

    <p:commandButton value="#{msg.CGL014}"
     action="#{recursosHumanosBean.cancelarLocalizar}" />
   </center>

   <br/>

  </h:form>

  <f:facet name="footer">
   #{msg.MPS022}
  </f:facet>

 </p:dialog>

</ui:fragment>
```

Listagem 43.8 o fragmento de página **dlgLocalizar.xhtml.**

```
<ui:fragment xmlns="http://www.w3.org/1999/xhtml"
 xmlns:ui="http://java.sun.com/jsf/facelets"
 xmlns:h="http://java.sun.com/jsf/html"
 xmlns:f="http://java.sun.com/jsf/core"
 xmlns:p="http://primefaces.org/ui"
 xmlns:a="http://java.sun.com/jsf/composite/components">

 <p:dialog
  widgetVar="dlgPessoa" modal="true" appendTo="@(body)" width="710"
  hideEffect="explode" resizable="false" closable="false">

  <f:facet name="header">
   <h:outputText styleClass="textShadow" value="#{msg.MPS011}"/>
  </f:facet>

  <h:form id="formPessoa">

   <div style="margin-bottom: -185px; margin-left: 550px; padding-top: 80px;">
    <h:panelGrid columns="2">
     <h:panelGroup>
      <p:commandLink action="#{recursosHumanosBean.chamarUpload}"
       immediate="true">
       <p:graphicImage title="#{msg.MPS008}" id="img" cache="false"
        style="height:115px;width:85px;border: 1px solid;"
        value="#{userSessionInBean.scImage}" />
      </p:commandLink>
      <br />
     </h:panelGroup>

     <h:panelGrid columns="1">
      <p:commandButton icon="ui-icon-trash"
       style="width:18px;height:18px;" immediate="true"
       action="#{recursosHumanosBean.resetImage}"
       update="formPessoa:img" title="#{msg.MPS009}" />
     </h:panelGrid>
    </h:panelGrid>
   </div>

   <h:panelGrid id="pnlPessoa" columns="2" columnClasses="right,left">
    <br />
    <p:focus context="pnlPessoa"/>

    <h:outputLabel value="Empresa: " rendered="#{userSessionInBean.usuarioDevLogado}"/>
    <p:selectOneMenu id="cmbEmpresa" style="width:200px;" filter="true"
          filterMatchMode="startsWith" value="#{recursosHumanosBean.selectedIdEmpresa}"
          rendered="#{userSessionInBean.usuarioDevLogado}">

     <p:ajax event="change" listener="#{recursosHumanosBean.setarEmpresa}"/>

     <f:selectItem itemLabel="" />
     <f:selectItems value="#{recursosHumanosBean.empresas}" var="empresa"
      itemLabel="#{empresa.nomeFantasia}" itemValue="#{empresa.id}" />
    </p:selectOneMenu>

    <h:outputLabel value="#{msg.CGL026}: " />
    <p:inputText label="#{msg.CGL026} " size="60" maxlength="70"
     required="true" value="#{recursosHumanosBean.pessoa.nome}"
     onkeypress="mascara(this,firstName)" />
    <h:outputLabel value="#{msg.CGL105}: " />
```

continua

Listagem 43.9a o fragmento de página **dlgPessoa.xhtml.**

continuação

```
    <p:inputMask required="true" label="#{msg.CGL105}"
     value="#{recursosHumanosBean.pessoa.dataNascimento}"
     mask="99/99/9999" size="11" converter="dateConverter" />

    <h:outputLabel value="#{msg.MPS003}: " />
    <p:inputText label="#{msg.MPS003}" maxlength="20" size="20"
     value="#{recursosHumanosBean.pessoa.idt}" />

    <h:outputLabel value="#{msg.CGL022}: " />
    <p:inputMask required="true" label="#{msg.CGL022}"
     mask="999.999.999-99" value="#{recursosHumanosBean.pessoa.cpf}"
     size="15" validator="cpfValidator">
    </p:inputMask>

    <h:outputLabel value="#{msg.CGL016}:" />
    <h:panelGrid columns="3" cellpadding="0" cellspacing="0">
     <p:inputMask required="true" id="maskCep" label="#{msg.CGL016}"
      mask="99999-999" value="#{recursosHumanosBean.cep}" size="10"
      converter="cepConverter">
     </p:inputMask>
     <p:spacer width="6" />
     <p:commandButton update="pnlPessoa" icon="ui-icon-search"
      style="width:18px;height:18px;border:none;"
      action="#{recursosHumanosBean.localizarEnderecoPeloCep}"
      title="#{msg.MPS006}"/>
    </h:panelGrid>

    <h:outputLabel value="#{msg.MPS012}: " />
    <h:panelGrid columns="3">
     <p:inputText label="#{msg.MPS012}" size="43"
      value="#{recursosHumanosBean.pessoa.logradouro}" />
     -
     <p:inputText id="nrEnd" label="#{msg.MPS012}: "
      onkeypress="mascara(this,numero)" size="10"
      value="#{recursosHumanosBean.pessoa.nr}" />
    </h:panelGrid>

    <h:outputLabel value="#{msg.CGL029}: " />
    <p:inputText label="#{msg.CGL029}" size="43"
     value="#{recursosHumanosBean.pessoa.bairro}" />

    <h:outputLabel value="#{msg.CGL133}: " />
    <p:inputText label="#{msg.CGL133}" maxlength="100"
     value="#{recursosHumanosBean.pessoa.complemento}"
     onkeypress="mascara(this,firstName)" size="43" />

    <h:outputLabel value="#{msg.MPS013}:" />
    <h:panelGrid columns="3" cellpadding="0" cellspacing="0">
     <p:selectOneMenu id="cmbUf" style="width:60px;" filter="true"
          filterMatchMode="startsWith"
      value="#{recursosHumanosBean.selectedIdUf}">

      <p:ajax event="change" listener="#{recursosHumanosBean.setarUf}"
       update="cmbCidade" />

      <f:selectItem itemLabel="" />
      <f:selectItems value="#{recursosHumanosBean.ufs}" var="uf"
       itemLabel="#{uf.sigla}" itemValue="#{uf.id}" />
     </p:selectOneMenu>
      -
```

continua

Listagem 43.9b o fragmento de página **dlgPessoa.xhtml.**

continuação

```
            <p:selectOneMenu id="cmbCidade" style="width:265px;" filter="true"
             filterMatchMode="startsWith"
             value="#{recursosHumanosBean.selectedIdCidade}">

        <p:ajax event="change"
         listener="#{recursosHumanosBean.setarCidade}" />

        <f:selectItem itemLabel="" />
        <f:selectItems value="#{recursosHumanosBean.cidades}" var="cidade"
         itemLabel="#{cidade.nome}" itemValue="#{cidade.id}" />
       </p:selectOneMenu>
      </h:panelGrid>

      <h:outputLabel value="#{msg.CGL074}:" />

      <p:inputText label="#{msg.CGL074}" onkeydown="mascara(this,tel)"
       maxlength="14" validator="phoneValidator"
       value="#{recursosHumanosBean.pessoa.fone}">
      </p:inputText>

      <h:outputLabel value="#{msg.CGL015}:" />
      <p:inputText label="#{msg.CGL015}" onkeydown="mascara(this,tel)"
       maxlength="14" validator="phoneValidator"
       value="#{recursosHumanosBean.pessoa.celular}">
      </p:inputText>

      <h:outputLabel value="#{msg.CGL131}:" />
      <p:inputText label="#{msg.CGL131}" size="43" maxlength="50"
       validator="emailValidator"
       value="#{recursosHumanosBean.pessoa.email}" />
     </h:panelGrid>

     <div align="center">
      <a:status />

      <p:commandButton icon="ui-icon-disk" title="#{msg.CGL066}"
       style="border:none;" action="#{recursosHumanosBean.salvar}" />
      <p:spacer width="5" />

      <p:commandButton immediate="true" value="#{msg.CGL014}"
       action="#{recursosHumanosBean.cancelarEditar}" />
     </div>

     <br /><br />
    </h:form>

  </p:dialog>

</ui:fragment>
```

Listagem 43.9c o fragmento de página **dlgPessoa.xhtml.**

Fim do Laboratório 43.7

Teste

Laboratório 43.8

Coloque o WildFly para funcionar e abra o aplicativo. No browser (fizemos os testes no Google Chrome), execute os comandos abaixo:

1. Faça o login como **usuário dev**. Em seguida, acione o menu *Administração/Recursos Humanos/Cadastro de Pessoal*. Verifique se todas as pessoas do cadastro estão sendo apresentadas na dataTable.
2. Deslogue e logue novamente como **usuário adm**. Acione novamente o módulo e observe que a dataTable não mostra mais a pessoa de usuário dev (porque usuários — todos, exceto o dev — não precisam saber que existe uma pessoa que é um usuário desenvolvedor).
3. Clique no botão *Listar todos os registros* e observe no console do Eclipse que o sistema vai ao banco de dados e busca o resultado da primeira paginação.
4. Clique no botão *Localizar* e faça as pesquisas desejadas, comprove que tudo irá funcionar.
5. Clique no botão *Criar novo registro*. Vai abrir um dialog para a criação de uma nova pessoa. Tente salvar algum dado em branco ou inválido (perceba as validações, CPF ou email incorretos, por exemplo).
6. Busque o endereço da pessoa digitando o CEP e clicando no botão *Localizar pelo CEP* (recorra ao banco de dados para copiar um CEP válido).
7. Clique na imagem e localize no seu computador uma foto 3x4 válida (85 x 113 pixels) — limpe a imagem para saber se está funcionando e coloque-a novamente no recipiente.
8. Complete os dados e salve clicando no botão *Salvar*.
9. Para a pessoa que acabou de incluir, clique no botão *Incluir Usuário* (bolinha vermelha) ou no botão *Ver ou editar usuário* (check verde).. O recurso não irá funcionar porque ainda não foi codificado.
10. Exclua uma pessoa acionando o botão *Excluir*. Dependendo do tipo de usuário logado, não vai deixar excluir, faça essas comprovações.
11. Edite os dados de uma pessoa acionando o botão *Editar*.

Fim do Laboratório 43.8

Fim da Lição 43.

As inevitáveis e extensas linhas de código exigem uma refatoração imediata, imprescindível para melhorar a legibilidade e a manutenibilidade.

Lição 44
UC Manter o Cadastro de Usuários

Objetivos:

- Implementar o Caso de Uso manter o Cadastro de Usuários

Entendendo o UC Manter o Cadastro de Usuários

Algoritmo principal

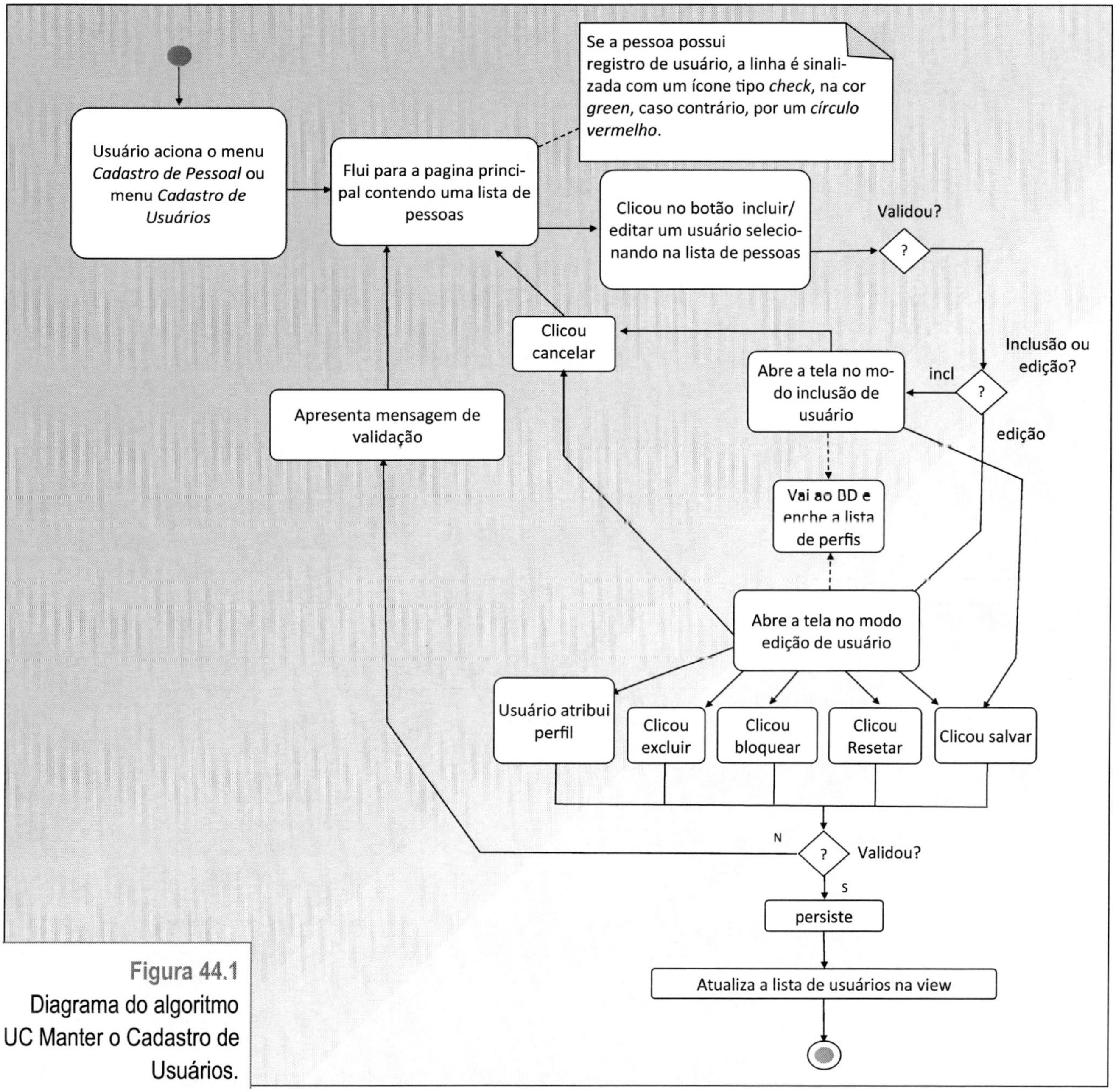

Figura 44.1
Diagrama do algoritmo UC Manter o Cadastro de Usuários.

Interface de telas

TELA PRINCIPAL

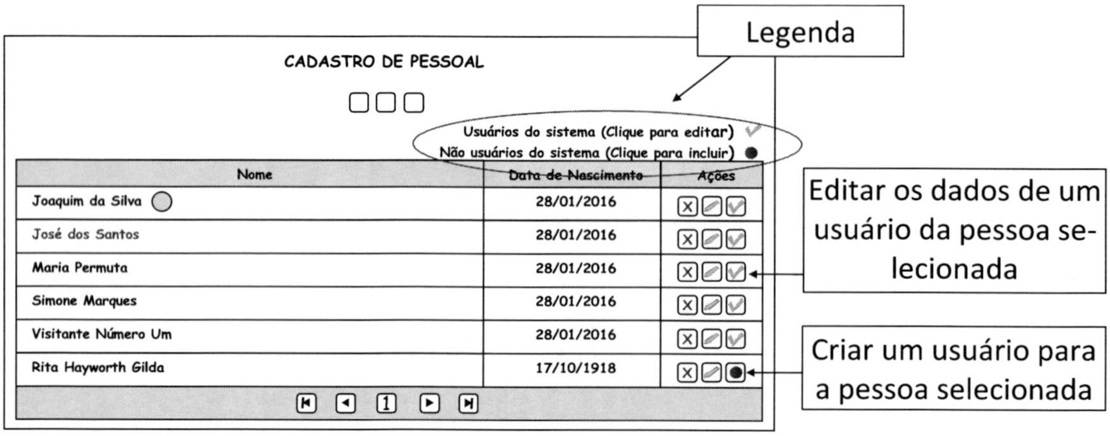

Figura 44.2

Tela principal do UC Manter o Cadastro de Pessoas, que é a porta de acesso ao módulo de Cadastro de Usuários.

O acesso à tela do UC Manter o Cadastro de Usuários deverá ser feito pela tela de cadastro de pessoas por meio de um botão: o **Botão de inclusão ou de edição do usuário** relacionado à pessoa. Esse botão renderiza ícones diferentes, de acordo com a sua natureza (inclusão/edição), e aí possui uma série de restrições, conforme o usuário logado no momento. Veja a Figura 44.2.

TELA DO USUÁRIO - MODO INCLUSÃO

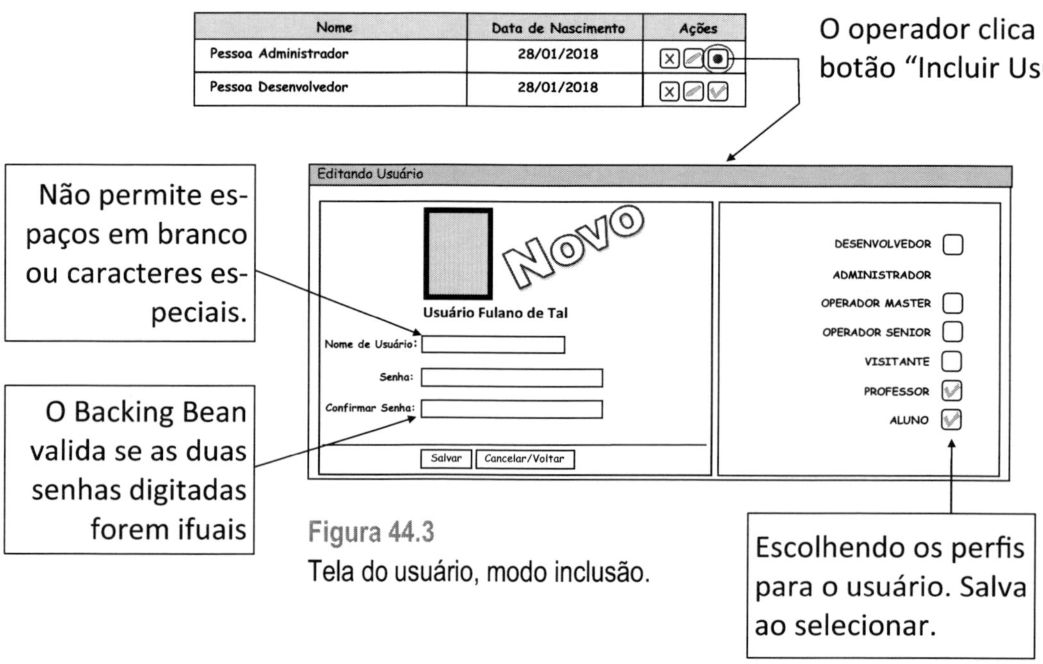

Figura 44.3

Tela do usuário, modo inclusão.

TELA DO USUÁRIO - MODO EDIÇÃO

1. A tela de edição do usuário não pode ser aberta para mudar os dados dos usuários dev ou adm, a mensagem abaixo irá aparecer...

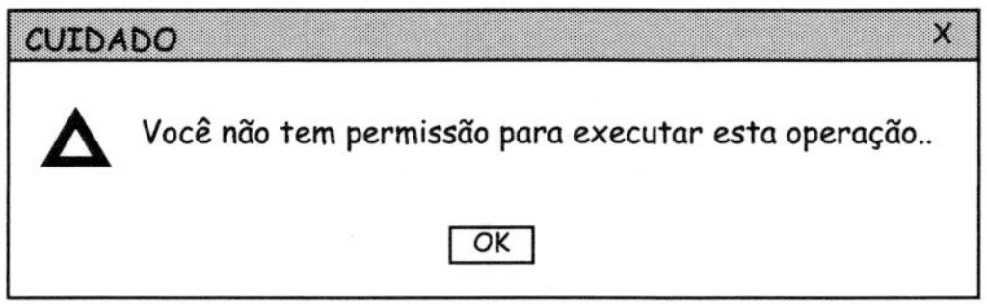

Figura 44.4
O sistema não permite alterar os dados do usuário dev.

Lembrando que um usuário desenvolvedor (dev) somente irá aparecer para ele próprio, após devidamente logado no sistema — aí pode alterar.

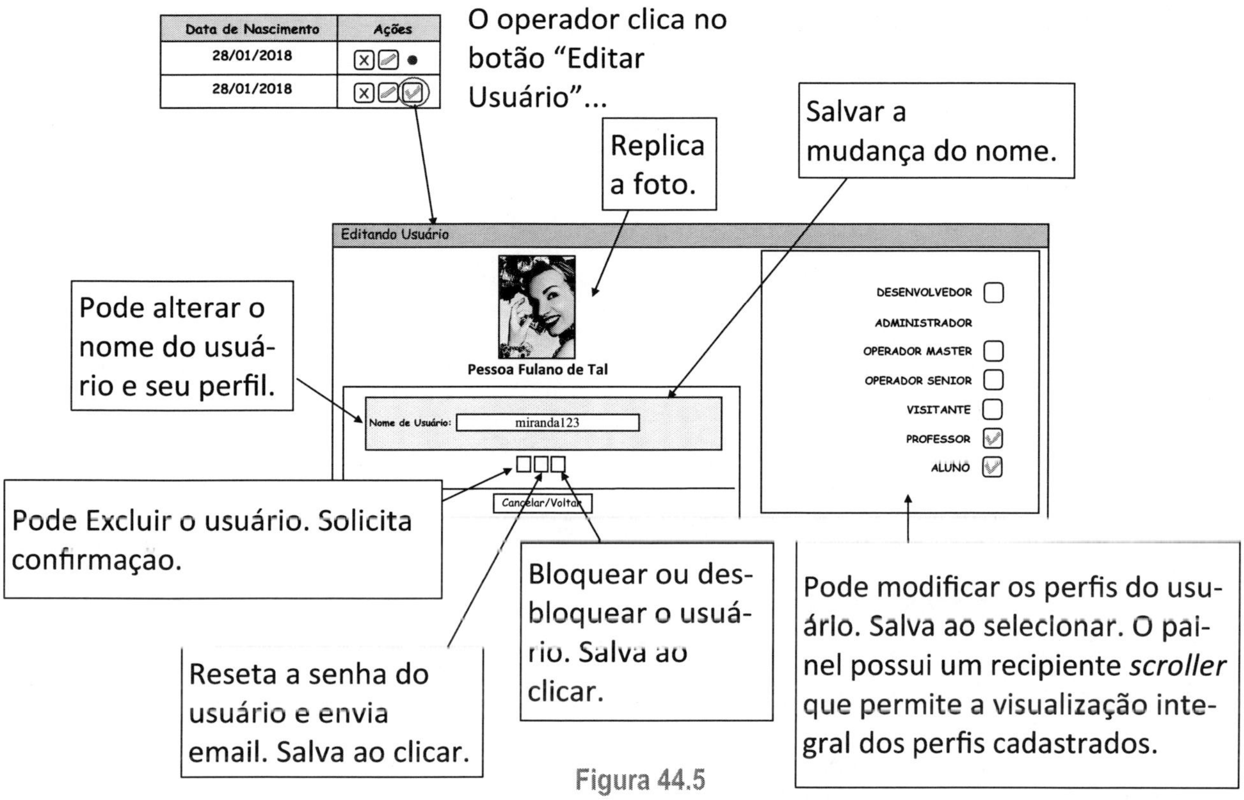

Figura 44.5
Tela do usuário, modo edição.

2. O usuário administrador também não pode ser excluído. Uma mensagem como a da Figura 44.4 será apresentada. Nem mesmo o usuário dev poderá executar esta operação. Assim sendo, os dados do administrador (tabela USUARIO) deverão ser lançados diretamente no banco de dados, pelos desenvolvedores. Isto tem de ser assim para evitar o travamento — um sistema tem de possuir um administrador para dar a partida, o que é imprescindível. A priori, um novo Caso de Uso poderia ser aprovisionado: o **UC Substituir Administrador**. Com este UC o sistema estaria sempre operacionalizado, não necessitando de intervenções futuras do desenvolvedor.

Configuração

Alterando a Enum SqlRepository

Laboratório 44.1

Abra a enum **SqlRepository** e adicione o código em destaque abaixo:

```
//UC - Manter o Cadastro de Pessoas ========================
RECUPERAR_CIDADE_UF_DA_PESSOA (recuperarCidadeUfPessoa()),
RECUPERAR_ENDERECO_PELO_CEP (recuperarEnderecoPeloCep()),
VERIFICAR_UK_EMAIL_EMPRESA(verificarUKEmailEmpresa()),
RECUPERAR_QUANTIDADE_USUARIOS_DEV (recuperarQuantUsuarioDev()) ,
//============================================================
```

Adicione isto

```
 //UC - Manter o Cadastro de Usuarios =========
 INSERIR_USUARIO_PERFIL(inserirUsuarioPerfil()),
 EXCLUIR_USUARIO_PERFIL(excluirUsuarioPerfil()),
 ALTERAR_USUARIO(alterarUsuario()),
 //==============================
;

private String sql;

//Construtor
SqlRepository(String sql) {
 this.sql = sql;
}
```

Adicione isto

```
 static String inserirUsuarioPerfil() {
  StringBuffer buff = new StringBuffer();
  buff.append("INSERT INTO PWORLD.USUARIO_PERFIL VALUES(:param0,:param1)");
  return buff.toString();
 }

 static String excluirUsuarioPerfil() {
  StringBuffer buff = new StringBuffer();
  buff.append(
     "DELETE FROM PWORLD.USUARIO_PERFIL WHERE ID_USUARIO =:param0 AND ID_PERFIL =:param1");
  return buff.toString();
 }

 static String alterarUsuario() {
  StringBuffer buff = new StringBuffer();
  buff.append("UPDATE PWORLD.USUARIO SET NOME_USUARIO =:param0 WHERE ID_USUARIO =:param1");
  return buff.toString();
 }

static String recuperarEnderecoPeloCep() {
 StringBuffer buff = new StringBuffer();
 buff.append("SELECT * FROM PWORLD.LOGRADOURO WHERE CEP=:param0");
 return buff.toString();
}
```

Listagem 44.1 Alterando a Enum **SqlRepository**.

Fim do Laboratório 44.1

Adicionando código em RecursosHumanosBean

Laboratório 44.2

Abra a classe **RecursosHumanosBean**, e adicione o código em destaque a seguir — não se esquecendo de encapsular os novos atributos adicionados e realizar os *imports*.

```
//Metodo comum aos UCs Cadastro de Pessoas e Cadastro de Usuarios
boolean containsPerfil(Set<Perfil> perfis, Long idPerfil) {
  for(Perfil perfil:perfis) {
    if(idPerfil == perfil.getId()) {
      return true;
    }
  }
  return false;
}
/* ****************************************
 * FIM DO UC MANTER O CADASTRAO DE PESSOAS
 ****************************************/
```

Adicione isto

```
/* ********************************
 * UC MANTER OS USUARIOS DO SISTEMA
 ********************************/
@Inject
RealizarLoginBean realizarLoginBean;
private List<Perfil> perfis;
private List<Perfil> perfisSelecionados;
private String password;
private String confirmPassword;
private String nomeUsuario;
String nomeUsuarioBackup;

/* ------
 * perfis
 * ----*/
private TreeNode root; //org.primefaces.model.TreeNode
private TreeNode node[];
Perfil perfil;
/*          */

@CompoundMenu
public void iniciarManterCadUs(){
  FacesUtil.resetBeans (null);
  FacesUtil.redirect("/pages/adm/recursosHumanos/cadastroPessoas/pessoas");
}

public void openDlgUsuario(Pessoa pessoa){
  Set<Perfil> perfisDoUsuario = null;
  if(pessoa.getUsuario() != null && pessoa.getUsuario().getPerfis() != null) {
    perfisDoUsuario = pessoa.getUsuario().getPerfis();
  }
  if(!podeExcluirEditar(perfisDoUsuario, 3)) {
    dialogBean.addMessage(FacesUtil.getMessage("MGL059"), DialogType.WARN);//==>nao deixa
                                                                          //   editar
    return; //==>nao deixa editar
  }
  this.pessoa = pessoa;
  index = Integer.valueOf(FacesUtil.getParam("index")); //pegando o index da view
  this.listarPerfis(); //disponibiliza a lista de perfis para a select de perfis
```

ATENÇÃO:
Encapsule os novos atributos e faça os *imports* convenientemente.

continua

Listagem 44.2a Adicionando código na classe **RecursosHumanosBean**.

continuação

```
//se usuario eh null ----> modo inclusao
 if(this.pessoa.getUsuario() == null || this.pessoa.getUsuario().getId() == null){
  perfisSelecionados = new ArrayList<Perfil>();
  this.pessoa.setUsuario(new Usuario());
  nomeUsuario = null;
  password = null;

 }else{

  /* se usuario nao eh null -----> modo edicao
   * Mesmo assim, buscar e setar usuario em pessoa: isto evitarah uma
   * LazyInitializationException neste ponto */
  List<Object> params = new ArrayList<Object>();
  params.add(1);
  try {
   Usuario u = usuarioFacade.recuperar(Usuario.class, pessoa.getId());

   //pegar os perfis que o militar jah possui e setar perfisSelecionados
   perfisSelecionados = u.getPerfis().stream().collect(Collectors.toList());

   /* aqui, evitando a  LazyInitializationException
   ----------------------------------------------*/
   this.pessoa.setUsuario(u);

   nomeUsuario = u.getNomeUsuario();

  } catch (DaoException e) {
   e.printStackTrace();
  }
  //selectedIdPerfil = this.pessoa.getUsuario().getPerfil().getId();
  //Comparar com isto, sempre ao salvar depois.
  nomeUsuarioBackup = this.pessoa.getUsuario().getNomeUsuario();
 }

 //se o usuario logado nao eh o dev, nao mostra o perfil DEV
 if(!containsPerfil(perfis.stream().collect(Collectors.toSet()), 1L)) {
  //localizar a string DESENVOLVEDOR, e apagar
  Iterator<Perfil> it = perfisSelecionados.iterator();
  while(it.hasNext()){
   Perfil p = it.next();
   if(p.getNome().equalsIgnoreCase("DESENVOLVEDOR")){
    it.remove();
   }
  }
 }

 //popular root (arvore tree)
 this.popularRoot();


 //setando a foto da pessoa em userSessionInBean
 userSessionInBean.setFoto(this.pessoa.getFoto());
 PrimeFaces.current().ajax().update("formDlgUsuario");
 PrimeFaces.current().executeScript("PF('dlgUsuario').show()");
}

void popularRoot() {
 int i = 0;
```

continua

Listagem 44.2b Adicionando código na classe **RecursosHumanosBean**.

continuação

```
    root = new DefaultTreeNode("Root", null);
    node = new DefaultTreeNode[perfis.size()];
    for(Perfil perfil : perfis){
      node[i] = new DefaultTreeNode(perfil, root);
      //node[i].setSelectable(true);
      if(perfisSelecionados != null) {
        if(perfisSelecionados.contains(perfil)){
          node[i].setSelected(true);
        }else{
          node[i].setSelected(false);
        }

        if(perfil.getNome().equals("ADMINISTRADOR")){
          node[i].setSelectable(false);
        }
      }
      i++;
    }
  }

  /* Metodo que Seleciona o perfil */
  public void onNodeSelect(NodeSelectEvent event) {
      try {
            //pega o perfil clicado
            perfil = (Perfil) event.getTreeNode().getData();

            //se eh modo edicao, jah salva no banco
            if(pessoa.getUsuario().getId() != null){
              List<Object> params = new ArrayList<Object>();
              params.add(pessoa.getId());
              params.add(perfil.getId());
              perfilFacade.executarNQ(SqlRepository.INSERIR_USUARIO_PERFIL.getSql(), params);
            }

          //atualiza a lista de perfis do militar
           perfisSelecionados.add(perfil); //atualiza a dlgPerfis

           Log.setLogger("", "Atribuiu o perfil " + perfil.getNome(), Level.INFO);

    } catch (DaoException e) {
      e.printStackTrace();
    }
  }

  /* Metodo que Deseleciona o perfil */
  public void onNodeUnselect(NodeUnselectEvent event) {

    try {
      //pega o perfil clicado
      perfil = (Perfil) event.getTreeNode().getData();

      //se eh modo edicao, jah salva no banco
        if(pessoa.getUsuario().getId() != null){
          List<Object> params = new ArrayList<Object>();
            params.add(pessoa.getId());
            params.add(perfil.getId());
            perfilFacade.executarNQ(SqlRepository.EXCLUIR_USUARIO_PERFIL.getSql(), params);

        }
```

continua

Listagem 44.2c Adicionando código na classe **RecursosHumanosBean**.

continuação

```
      //atualiza a lista de perfis do militar
      perfisSelecionados.remove(perfil);

      Log.setLogger("", "Desselecionou do usuario o perfil " + perfil.getNome(), Level.INFO);

    } catch (DaoException e) {
      e.printStackTrace();
    }
  }

  public List<Perfil> listarPerfis() {
    if(perfis == null){
      try {
        perfis = perfilFacade.listar("Perfil.all");

        //se nao eh o dev logado, nao mostra o perfil de desenvolvedor.
        if(!userSessionInBean.isUsuarioDevLogado()) {
          Iterator<Perfil> it = perfis.iterator();
          while (it.hasNext()){
            Perfil p = it.next();
            if(p.getId() == 1) it.remove();
          }
        }
      } catch (DaoException e) {
        dialogBean.addMessage(e.getMessage(),DialogType.ERROR);
      }
    }
    return perfis;
  }

  public void salvarNomeUsuario() {
    try {
      this.validarUsuario(pessoa.getUsuario());
      List<Object> params = new ArrayList<Object>();
      params.add(pessoa.getUsuario().getNomeUsuario());
      params.add(pessoa.getUsuario().getId());
      usuarioFacade.executarNQ(SqlRepository.ALTERAR_USUARIO.getSql(), params);
      dialogBean.addMessage(FacesUtil.getMessage("MGL025"), DialogType.INFO_CLOSABLE);
    } catch (DaoException e) {
      e.printStackTrace();
    }
  }

  public String salvarUsuario(String dlg){
    try{
      if(this.validarUsuario(pessoa.getUsuario())){
        pessoa.getUsuario().setBloqueado("F");
        pessoa.getUsuario().setPrimeiroAcesso("T");
        pessoa.getUsuario().setDataPrimeiroAcesso(new Date());
        pessoa.getUsuario().setNomeUsuario(nomeUsuario);

        if(pessoa.getUsuario().getId() == null){

          /* Chegando aqui a senha criptografada. Recebe a senha digitada no browser.
           * Lembrando que esta senha foi mascarada com CriptpJs (deve ser descriptografada)
           * antes de cmparar com a do banco de dados.*/
          String newPassw = Crypt.decrypt(password);
          String confirmeNewPassw = Crypt.decrypt(confirmPassword);
```

continua

Listagem 44.2d Adicionando código na classe **RecursosHumanosBean**.

continuação

```
        //verifica se possui minimo de 3 caracteres
        if(newPassw.length() < 3) {
          dialogBean.addMessage(FacesUtil.getMessage("RLO045"), DialogType.ERROR);
          return null;
        }
        //verifica se possui caracteres invalidos...
        if (!newPassw.matches("[a-zA-Z0-9_]+")) {
          dialogBean.addMessage(FacesUtil.getMessage("MGL004"), DialogType.ERROR);
          return null;
        }
        if(newPassw.equals(confirmeNewPassw)){

          /* Isto irah atualizar os dados do usuario em seu primeiro acesso.*/
          List<Object> params = new ArrayList<Object>();
          params.add(userSessionInBean.getUserLogged());
          pessoa.getUsuario().setSenha(Crypt.getHash(newPassw));

        }else{
          dialogBean.addMessage(FacesUtil.getMessage("RLO013"), DialogType.INFO_CLOSABLE);
          return null;
        }
        pessoa.getUsuario().setPessoa(pessoa); //Setar o id da pessoa em USUARIO
        usuarioFacade.incluir(pessoa.getUsuario()); //primeiro inclui o usuario

        //Setando os perfis selecionados pelo usuario
        pessoa.getUsuario().setPerfis(perfisSelecionados.stream().
            collect(Collectors.toSet()));

        //Associa usuario com pessoa...
        usuarioFacade.alterar(pessoa.getUsuario());

      }else{
        //Setando os perfis selecionados pelo usuario
        pessoa.getUsuario().setPerfis(perfisSelecionados.stream().
            collect(Collectors.toSet()));

        //altera
        usuarioFacade.alterar(pessoa.getUsuario());
      }

      pessoas.setRow(pessoa, index); //atualiza a lista

      //Sincroniza o BD com o entityManager.
      usuarioFacade.flush(); //Sicroniza o banco de dados antes de pegar o objeto.

      PrimeFaces.current().executeScript("PF('" + dlg + "').hide()");

      dialogBean.addActionMessage(FacesUtil.getMessage("MGL025"),
        "recursosHumanosBean.updateRow", null);
    }

  }catch(DaoException e){

    //Adiciona a mensagem vinda de DaoException (eh personalizada em InterceptorException).
    dialogBean.addMessage(e.getMessage(), DialogType.ERROR);
  }
  return null;
}
```

continua

Listagem 44.2e Adicionando código na classe **RecursosHumanosBean**.

continuação

```
//O metodo valida um usuario para inclusao no DB
public boolean validarUsuario(Usuario usuario){

  //O usuario dev (com um nome = dev) eh reservado ao sistema
  if(usuario.getNomeUsuario().equals("dev")){
   dialogBean.addMessage(FacesUtil.getMessage("MUS023"),DialogType.WARN);
   return false;
  }

  //Nao pode salvar um usuario com a lista de perfis nula
  if(perfisSelecionados == null || perfisSelecionados.size() == 0) {
   dialogBean.addMessage(FacesUtil.getMessage("MUS009"), DialogType.ERROR);
   return false;
  }

  //Verifica se existe o nome de usuario que estah tentando atribuir.
  String nomeUsLoc = nomeUsuarioLocalizado(usuario);

  if(usuario.getId()==null){

    /* No caso de inclusao...
     * Se as senhas nao sao iguais avisa e retorna false. */
    if(!password.equals(confirmPassword)){
     dialogBean.addMessage(FacesUtil.getMessage("RLO013"),DialogType.WARN);
     return false;
    }

    //Se encontrou um nome de usuario igual, avisa e retorna false.
    if(nomeUsLoc != null){
     dialogBean.addMessage(FacesUtil.getMessage("MUS002",
        new String[]{usuario.getNomeUsuario()}),DialogType.WARN);

     return false;
    }

  }else{
    /* No caso de alteracao...
     * Precisa verificar se o usuario trocou o nome.
     * Isto eh necessario para nao invalidar caso mudando atributo diferente do nome.*/
    if(!nomeUsuarioBackup.equals(usuario.getNomeUsuario())){
     if(nomeUsLoc != null){

       /* Mudou o nome...(apresenta a mensagem apenas se mudou o
        * nome e caso esse nome exista no BD). */
       dialogBean.addMessage(FacesUtil.getMessage("MUS002",
          new String[]{usuario.getNomeUsuario()}),DialogType.WARN);

       return false;
     }
    }
  }
  return true; //Passou por todas as validacoes sem erro...
 }

 String nomeUsuarioLocalizado(Usuario usuario){
  try{
    List<Object> params = new ArrayList<Object>();
    params.add(usuario.getNomeUsuario());
```

continua

Listagem 44.2f Adicionando código na classe **RecursosHumanosBean**.

continuação

```
    return usuarioFacade.recuperar(
      "Usuario.recuperarPeloNome", params)!=null?usuario.getNomeUsuario():null;

  }catch(DaoException e){
    dialogBean.addMessage(e.getMessage(),DialogType.ERROR);
  }

  return null;
}

public void confirmarExcluirUsuario(){

  //colocando pessoa em estado "managed" (pode ser necessario, caso o objeto esteja detach)
  try {
    pessoa = (Pessoa) pessoaFacade.recuperar(Pessoa.class, pessoa.getId());

  } catch (DaoException e) {
    e.printStackTrace();
  }

  //Nao permite excluir o usuario administrador (mesmo que o logado seja um usuario dev)
  if(containsPerfil(pessoa.getUsuario().getPerfis().stream().
      collect(Collectors.toSet()), 2L)){
    dialogBean.addMessage(FacesUtil.getMessage("MGL059"), DialogType.WARN);
    return;
  }

  dialogBean.addConfirmMessage(
      FacesUtil.getMessage("MGL028"), //..................message
      "recursosHumanosBean.excluirUsuarioEdita",     //...actionButtonYes
      null, //.........................................actionButtonNo
      null, //.........................................updateButtonYes
      null); //........................................updateButtonNo
}

public void excluirUsuarioEdita(){
  this.excluirUsuario("dlgEditaUsuario");
}

public String excluirUsuario(String dlg){
  try {
    //Nao pode excluir o usuario administrador
    if(containsPerfil(pessoa.getUsuario().getPerfis(), 2L)){
      dialogBean.addMessage(FacesUtil.getMessage("MUS024"),DialogType.WARN);
      return null;
    }

    //inicialmente - desassocia usuario com perfis e salva usuario
    pessoa.getUsuario().setPerfis(null);
    usuarioFacade.alterar(pessoa.getUsuario());

    pessoa.setUsuario(null); //Exclui o usuario da pessoa.
    pessoaFacade.alterar(pessoa);
    pessoas.setRow(pessoa, index); //atualiza a lista

    //Sincroniza o BD com o entityManager.
    usuarioFacade.flush(); //Sicroniza o banco de dados antes de pegar o objeto.
```

continua

Listagem 44.2g Adicionando código na classe **RecursosHumanosBean**.

continuação

```
      PrimeFaces.current().executeScript("PF('dlgUsuario').hide()");

      dialogBean.addActionMessage(FacesUtil.getMessage("MUS022",
        new String[]{pessoa.getNome()}), "recursosHumanosBean.updateRow", null);
    } catch (DaoException e) {
      dialogBean.addMessage(e.getMessage(),DialogType.ERROR);
    }
    return null;
  }

  public void resetPassword(){

    try {
      //Reseta a senha do usuario.
      String senhaDescriptografada = realizarLoginBean.getSenhaPosReset(); //Gera nova senha

      //setando o hash da senha
      pessoa.getUsuario().setSenha(Crypt.getHash(senhaDescriptografada));

      pessoa.getUsuario().setPrimeiroAcesso("T");
      pessoa.getUsuario().setDataPrimeiroAcesso(new Date());

      /* Salva e iguala o objeto da view com o do EntityManager,
       * evitando o aviso de lock para o mesmo usuario. */
      pessoa.setUsuario( (Usuario) usuarioFacade.alterarAtualizar(pessoa.getUsuario()));

      //Refresca o datamodel.
      pessoas.setRow(pessoa, index); //atualiza a lista
      PrimeFaces.current().ajax().update("formUsuario");

      //enviar um email ao usuario
      if(pessoa.getEmail() != null) {
        realizarLoginBean.enviarEmail(pessoa.getEmail(), //email do usuario
        FacesUtil.getMessage("RLO017") + ": " + senhaDescriptografada);

        dialogBean.addMessage(FacesUtil.getMessage("MUS018",
          new String[]{pessoa.getUsuario().getNomeUsuario()}), DialogType.INFO_CLOSABLE);
      }else {
        Log.setLogger("", FacesUtil.getMessage("MGL079"), Level.WARN);

        dialogBean.addMessage(FacesUtil.getMessage("MUS025",
          new String[]{pessoa.getUsuario().getNomeUsuario()}), DialogType.INFO_CLOSABLE);
      }
    } catch (DaoException e) {
      dialogBean.addMessage(e.getMessage(),DialogType.ERROR);
    }
  }

  public void bloquearDesbloquear(){
    try {
      if(pessoa.getUsuario().getBloqueado().equals("T")){
        pessoa.getUsuario().setBloqueado("F");

      }else{
        //Nao permite bloquear o usuario administrador ou dev
        if( (containsPerfil(pessoa.getUsuario().getPerfis(), 1L) ||
              containsPerfil(pessoa.getUsuario().getPerfis(), 2L)) ) {
          dialogBean.addMessage(FacesUtil.getMessage("MGL059"), DialogType.WARN);
          return;
        }
```

continua

Listagem 44.2h Adicionando código na classe **RecursosHumanosBean**.

continuação

```
      pessoa.getUsuario().setBloqueado("T");
    }

    /* Salva e iguala o objeto da view com o do EntityManager,
     * evitando o aviso de lock para o mesmo usuario. */
    pessoa.getUsuario().setPrimeiroAcesso("T");
    pessoa.getUsuario().setDataPrimeiroAcesso(new Date());
    pessoa.setUsuario( (Usuario) usuarioFacade.alterarAtualizar(pessoa.getUsuario()));

    //Refresca o datamodel.
    pessoas.setRow(pessoa, index); //atualiza a lista
    PrimeFaces.current().ajax().update("formUsuario");

  } catch (DaoException e) {
    dialogBean.addMessage(e.getMessage(),DialogType.ERROR);
  }
}

public String getLimitCharNotBlankSpace() {
  return RegexUtil.getLimitCharNotBlankSpace(); //Tratamentode strings - limitacoes
}
/* *************************************
 * FIM DE UC MANTER OS USUARIOS DO SISTEMA
 **************************************/

/*--------
 * get/set
 -------*/
```

Não se esqueça de encapsular os novos atributos adicionados.

Listagem 44.2i Adicionando código na classe **RecursosHumanosBean**.

Fim do Laboratório 44.2

Configuração da Camada View

Laboratório 44.3

Sob a pasta *src/main/webapp/pages/adm/recursosHumanos*, crie uma nova pasta com o nome de cadastroUsuarios e, dentro dela, o fragmento de página **dlgUsuario.xhtml**, conforme a listagem abaixo:

```
<ui:fragment xmlns="http://www.w3.org/1999/xhtml"
 xmlns:ui="http://java.sun.com/jsf/facelets"
 xmlns:h="http://java.sun.com/jsf/html"
 xmlns:f="http://java.sun.com/jsf/core"
 xmlns:p="http://primefaces.org/ui"
 xmlns:a="http://java.sun.com/jsf/composite/components">

 <p:dialog id="dialog111" widgetVar="dlgUsuario" modal="true"
  header="#{msg.MUS006}" appendTo="@(body)" width="720" height="420"
  hideEffect="puff" resizable="false" closable="false">

  <h:form id="formDlgUsuario"> <br />
   <center>
    <h:panelGrid>
     <p:panelGrid columns="2" columnClasses="top,top">
      <h:panelGrid>
       <br />
       <center>
        <p:graphicImage title="#{msg.MPS008}" cache="false"
         value="#{userSessionInBean.scImage}"

```

continua

Listagem 44.3a O fragmento de página **dlgUsuario.xhtml**.

continuação

```
          style="height:115px;width:85px;border: 1px solid;" />
        <br />
        <h:outputText value="#{recursosHumanosBean.pessoa.nome}"
          style="font-size:15px;font-weight:bold; color:blue;" />
      </center> <br />

      <!-- PAINEL DE INCLUSAO -->
      <h:panelGrid style="display:#{recursosHumanosBean.pessoa.usuario.id
          != null ? 'none':null}; width:300px;line-height:30px;">
        <p:focus for="nomeUsuario"/>

         <h:inputHidden label="#{msg.CGL068}" id="hidden1"
           value="#{recursosHumanosBean.password}"/>
         <h:inputHidden label="#{msg.RLO023}" id="hidden2"
           value="#{recursosHumanosBean.confirmPassword}"/>

        <h:outputText
          styleClass="ui-dialog-title" value="#{msg.CGL153}"
          style="margin-top:-160px;margin-left:100px;
           position:absolute;font-size:50px !important; transform: rotate(-15deg)" />

        <h:panelGrid columns="2" columnClasses="right,left">
          <h:outputLabel value="#{msg.RLO034}:"/>
          <p:inputText id="nomeUsuario" label="#{msg.RLO034}"
           value="#{recursosHumanosBean.nomeUsuario}"
           required="true" validatorMessage="#{msg.RLO002}"/>

          <h:outputLabel value="#{msg.CGL068}:"/>
          <p:password id="mask1" feedback="true" maxlength="8"
           promptLabel="#{msg.RLO068}" goodLabel="#{msg.CGL068}"
           weakLabel="#{msg.CGL072}" strongLabel="#{msg.CGL048}"
           required="true" label="#{msg.CGL068}"
           rendered="#{recursosHumanosBean.pessoa.usuario.id== null}" />

          <h:outputLabel value="#{msg.CGL149}:"/>
          <p:password id="mask2" label="#{msg.CGL149}" required="true"
           maxlength="8" feedback="false"
           rendered="#{recursosHumanosBean.pessoa.usuario.id== null}" />
        </h:panelGrid>
      </h:panelGrid>
      <!-- FIM DE PAINEL DE INCLUSAO -->

      <!-- PAINEL DE EDICAO -->
      <h:panelGrid
        style="display:#{recursosHumanosBean.pessoa.usuario.id
          == null ? 'none':null}; width:300px;">
        <h:outputLabel value="#{msg.RLO034}:"/>
        <h:panelGrid columns="2">
          <p:inputText value="#{recursosHumanosBean.pessoa.usuario.nomeUsuario}"/>
          <p:commandButton icon="save_best" title="#{msg.CGL066}"
           action="#{recursosHumanosBean.salvarNomeUsuario}"/>
        </h:panelGrid>
        <br />
        <h:panelGrid columns="3">
          <p:commandButton icon="ui-icon-trash" title="#{msg.CGL032}"
           style="width:18px;height:18px;border:none;" immediate="true"
           action="#{recursosHumanosBean.confirmarExcluirUsuario}" />

          <p:commandButton icon="ui-icon-arrowrefresh-1-w"
           title="#{msg.MUS012}" style="width:18px;height:18px;border:none;"
```

continua

Listagem 44.3b O fragmento de página **dlgUsuario.xhtml**.

continuação

```
            action="#{recursosHumanosBean.resetPassword}" />

          <p:commandButton
           icon="#{recursosHumanosBean.pessoa.usuario.bloqueado=='T'?
                'padlock_F':'padlock_T'}"
            title="#{recursosHumanosBean.pessoa.usuario.bloqueado?msg.MUS013:msg.MUS014}"
            style="width:18px;height:18px;border:none;" update="@this"
            action="#{recursosHumanosBean.bloquearDesbloquear}" />
        </h:panelGrid>
      </h:panelGrid>
      <!-- FIM DE PAINEL DE EDICAO -->
    </h:panelGrid>

    <h:panelGrid>
      <p:panel style="border:0px !important;">
        <p:outputLabel value="Perfis disponíveis"
          style="font-size:15px !important;" />

        <p:scrollPanel style="width:300px;height:290px;"
          styleClass="just-row">
          <p:tree id="tree1" value="#{recursosHumanosBean.root}"
            var="node" orientation="vertical"
            style="border:none;width:280px;background:none;"
            selectionMode="checkbox" propagateSelectionDown="false"
            propagateSelectionUp="false" dir="rtl" animate="true">
            <p:ajax ignoreAutoUpdate="true" event="select"
              listener="#{recursosHumanosBean.onNodeSelect}" />
            <p:ajax ignoreAutoUpdate="true" event="unselect"
              listener="#{recursosHumanosBean.onNodeUnselect}" />

            <p:treeNode id="treee">
              <h:outputText value="#{node.nome}"
                style="#{node.nome=='ADMINISTRADOR' ?
                  'margin-right:º2px; color:red' :
                   'margin-right:0px;color:inherit;'}" />
            </p:treeNode>
          </p:tree>
        </p:scrollPanel>
      </p:panel>
    </h:panelGrid>
  </p:panelGrid>

  <p:spacer width="0" height="5" />

  <f:facet name="footer">
    <center>
      <p:commandButton icon="save_best" title="#{msg.CGL066}"
        rendered="#{recursosHumanosBean.pessoa.usuario.id == null}"
        action="#{recursosHumanosBean.salvarUsuario('dlgUsuario')}"
        oncomplete="document.getElementById('formDlgUsuario:hidden1').value='';
          document.getElementById('formDlgUsuario:hidden2').value='';"
        onclick="document.getElementById('formDlgUsuario:hidden1').value='';
          document.getElementById('formDlgUsuario:mask1').value==''?
          document.getElementById('formDlgUsuario:hidden1').value='':
          document.getElementById('formDlgUsuario:hidden1').
          value=encrypt(document.getElementById('formDlgUsuario:mask1').value);
          document.getElementById('formDlgUsuario:hidden2').value='';
          document.getElementById('formDlgUsuario:mask2').value==''?
          document.getElementById('formDlgUsuario:hidden2').value='':
          document.getElementById('formDlgUsuario:hidden2').
```

continua

Listagem 44.3c O fragmento de página **dlgUsuario.xhtml**.

continuação

```
              value=encrypt(document.getElementById('formDlgUsuario:mask2').value)"/>

            <p:commandButton immediate="true" value="#{msg.CGL157}"
              onclick="PF('dlgUsuario').hide()" />
          </center>
        </f:facet>
      </h:panelGrid>
      <br />
    </center>
  </h:form>
 </p:dialog>
</ui:fragment>
```

Listagem 44.3d O fragmento de página **dlgUsuario.xhtml**.

Abra a página **pessoas.xhtml** e adicione o código em destaque baixo...

```
    <ui:include src="dlgLocalizar.xhtml" />
    <ui:include src="dlgPessoa.xhtml" />

    <!-- ***** espaco reservado ao dlgUsuario ***** -->
    <ui:include src="../cadastroUsuarios/dlgUsuario.xhtml" />
    <!-- ***************************************** -->

  </ui:define>
</ui:composition>
```

Adicione isto

Listagem 44.4 Setup do fragmento de página **dlgUsuario.xhtml**.

Fim do Laboratório 44.3

Teste

Laboratório 44.4

Coloque o WildFly para funcionar e abra o aplicativo. No browser (fizemos os testes no Google Chrome), execute os comandos abaixo:

1. Faça o login como usuário dev. Em seguida, acione o menu *Administração/Recursos Humanos/Cadastro de Usuários*. Verifique se todas as pessoas estão sendo mostradas na dataTable (como no teste anterior, mas desta vez acionando outro menu).
2. Deslogue e logue novamente com o usuário das outras pessoas. A ideia é perceber as renderizações dos menus — que já comprovamos em lições anteriores
3. Crie uma nova pessoa, complete os dados e salve clicando no botão *Salvar*.
4. Para a pessoa que acabou de incluir, clique no botão *Incluir Usuário* (bolinha vermelha). Digite os dados solicitados e pressione o botão *Salvar*. Perceba que após salvar, o ícone *bolinha vermelha* transformou-se em um ícone de *check verde*.
5. Clique no botão *Ver ou editar usuário* (check verde).
6. Acione os botões da barra de ferramentas na base da tela (*Excluir*, *Resetar a senha*, *Bloquear ou desbloquear usuário* e *Salvar*) - veja o que cada um deles faz.

Fim do Laboratório 44.4

Fim da Lição 44.

Lição 45
UC Manter Arquivos

Objetivos:

- Implementar o Caso de Uso Manter Arquivos
- Lidar com downloads e uploads de arquivos

Entendendo o UC Manter Arquivos

Algoritmo principal

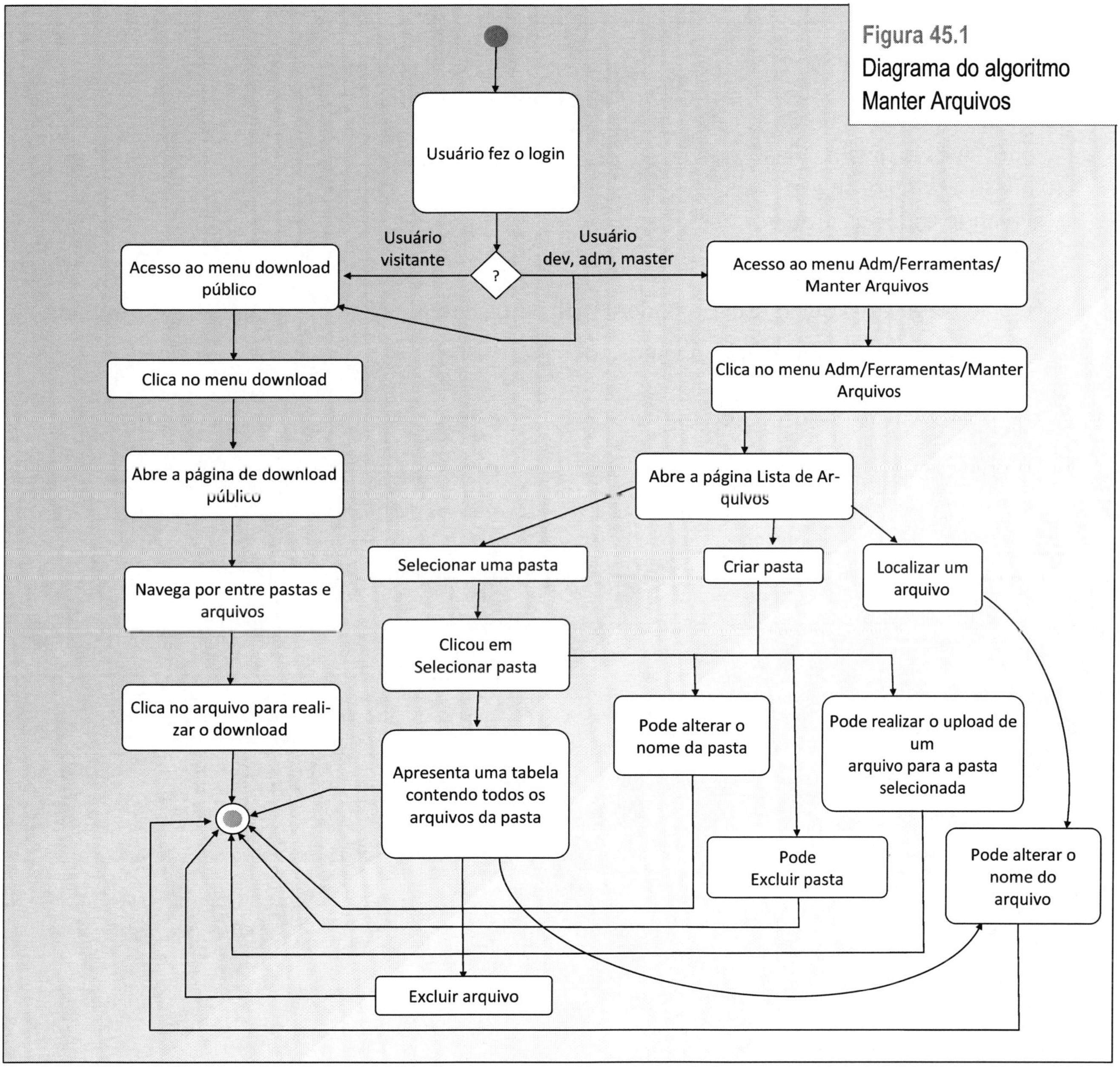

Figura 45.1
Diagrama do algoritmo Manter Arquivos

Interface de telas

DOWNLOAD: PÚBLICO EXTERNO

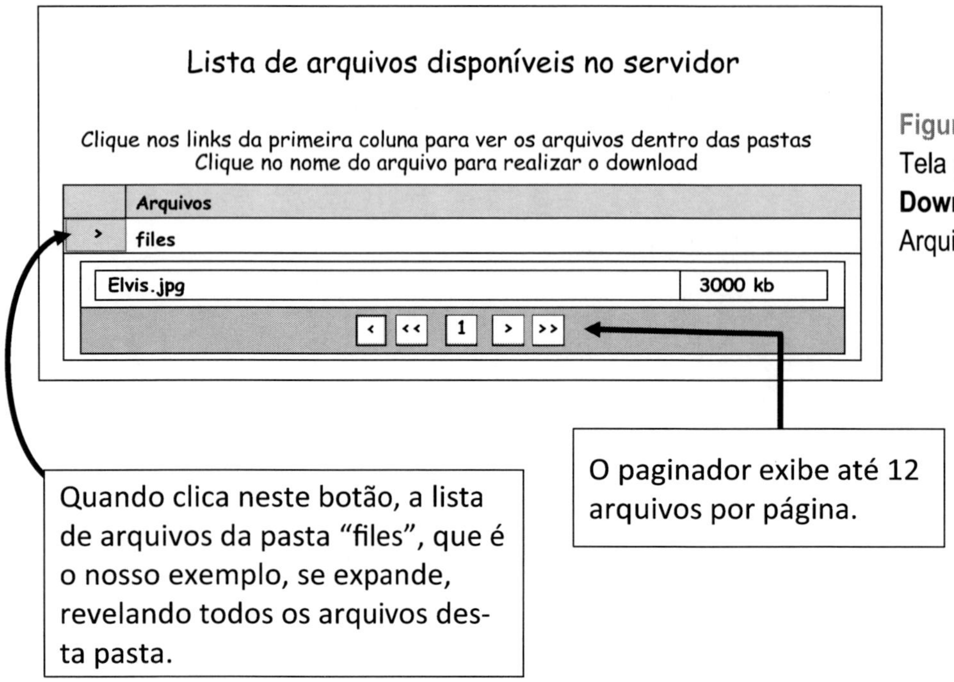

Figura 45.2
Tela principal do módulo **Downloads** do UC Manter Arquivos.

Somente após *logado* é que o usuário poderá realizar os downloads, cuja quantidade é ilimitada. Abaixo, visualizamos um teste que fizemos...

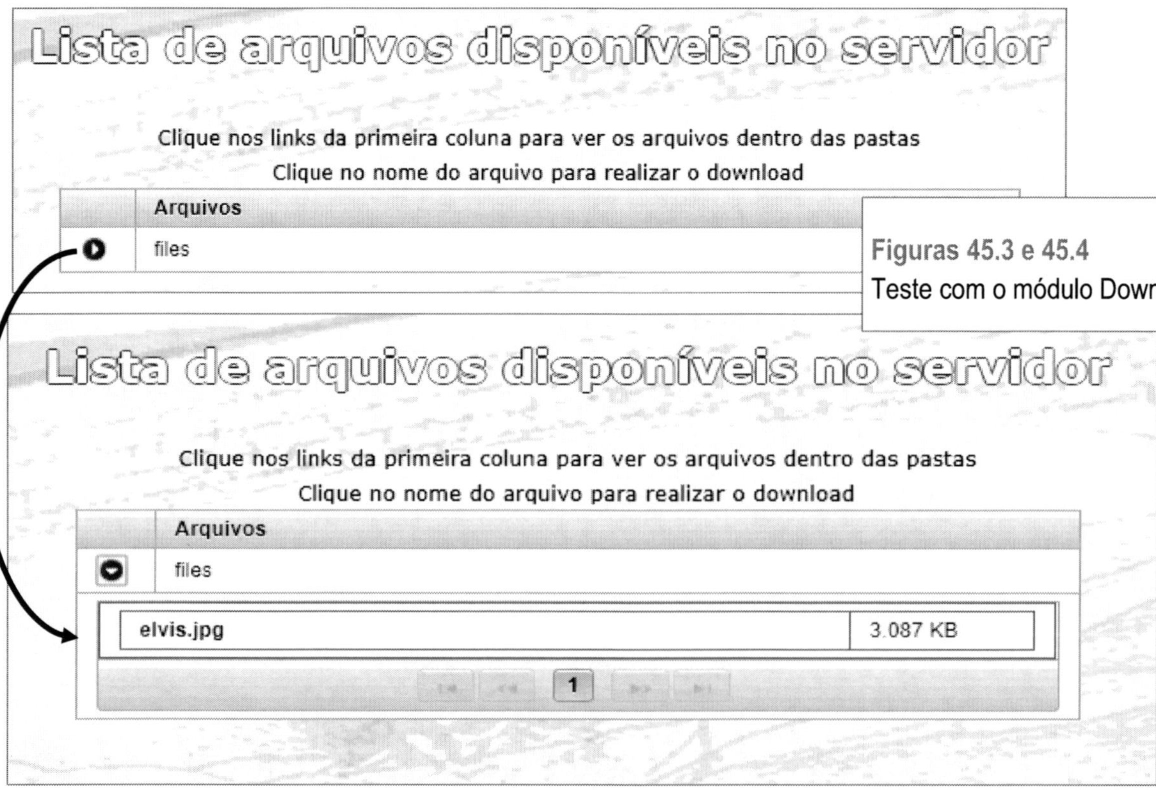

Figuras 45.3 e 45.4
Teste com o módulo Download.

MANTER OS ARQUIVOS NO SERVIDOR: PÚBLICO INTERNO

Por este módulo será possível realizar uploads e downloads de arquivos. Os usuários administradores do sistema terão pleno acesso, como criar e excluir pastas e também renomear e excluir arquivos ou pastas. Os usuários visitantes não poderão ter acesso ao módulo.

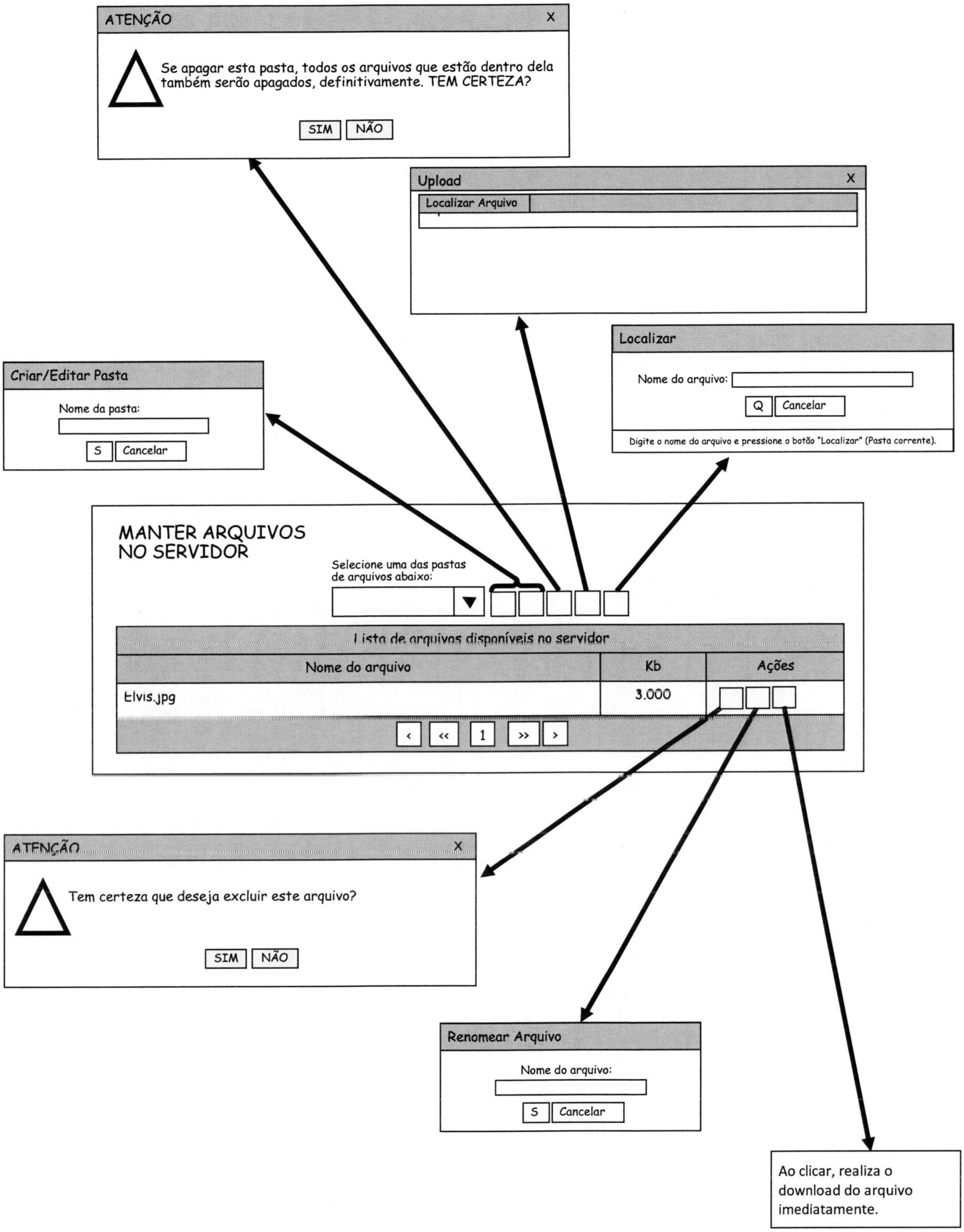

Figura 45.5 Interface de telas do UC Manter Arquivos — Público Interno.

Configuração

Laboratório 45.1

Classes de apoio

Além das classes rotineiramente dependentes (FileUtil, FacesUtil, etc), todas já estudadas, vamos utilizar o componente Upload e ainda criar mais duas classes de apoio, no pacote *br.eti.amazu.infra.view.vo*, crie a classe **Arquivo** e a classe **Path**, conforme codificadas abaixo:

```
package br.eti.amazu.infra.view.vo;

import java.util.List;
import br.eti.amazu.component.pworld.domain.AbstractEntity;

public class Path extends AbstractEntity<Long> {

  private static final long serialVersionUID = 1L;

  private Long id;
  private String name;
  private List<Arquivo> listaArquivos;

  public Path() {
    super();
  }

  public Path(Long id) {
    super();
    this.id = id;
  }

  /*--------
   * get/set
   ---------*/

```

Listagem 45.1
A classe **Path**

```
package br.eti.amazu.infra.view.vo;

import br.eti.amazu.component.pworld.domain.AbstractEntity;

public class Arquivo extends AbstractEntity<Long> {

  private static final long serialVersionUID = 1L;

  public Arquivo() {
    super();
  }

  public Arquivo(Long id) {
    super();
    this.id = id;
  }

  private Long id;
  private String name;
  private Double size;

  /*--------
   * get/set
   ---------*/
```

Listagem 45.2
A classe **Arquivo**

Fim do Laboratório 45.1

O Managed Bean ManterArquivosBean

Laboratório 45.2

Dentro do pacote *br.eti.amazu.blankapp.view.bean*, crie a classe **ManterArquivosBean**, conforme codificação a seguir...

```java
package br.eti.amazu.blankapp.view.bean;

import java.io.File;
import java.io.FileNotFoundException;
import java.io.IOException;
import java.io.Serializable;
import java.util.ArrayList;
import java.util.Collections;
import java.util.Comparator;
import java.util.Iterator;
import java.util.List;
import java.util.Map;
import javax.faces.context.FacesContext;
import javax.faces.view.ViewScoped;
import javax.inject.Inject;
import javax.inject.Named;

import org.apache.log4j.Level;
import org.primefaces.PrimeFaces;
import org.primefaces.component.datatable.DataTable;
import org.primefaces.model.DefaultStreamedContent;
import org.primefaces.model.StreamedContent;

import br.eti.amazu.component.dialog.DialogBean;
import br.eti.amazu.component.dialog.DialogType;
import br.eti.amazu.component.pworld.util.CompoundMenu;
import br.eti.amazu.component.upload.Upload;
import br.eti.amazu.component.upload.UploadMode;
import br.eti.amazu.infra.util.FacesUtil;
import br.eti.amazu.infra.util.FileUtil;
import br.eti.amazu.infra.util.log.Log;
import br.eti.amazu.infra.view.vo.Arquivo;
import br.eti.amazu.infra.view.vo.Path;

@Named
@ViewScoped
public class ManterArquivosBean implements Serializable{

  private static final long serialVersionUID = 1L;

  @Inject
  DialogBean dialogBean;

  /* default eh o disco "C:/uniapp/files/"*/
  static final String RESOURCE = "C:/uniappFiles/";
  String visibilidade;
  private List<Path> paths = new ArrayList<Path>();
  private Path path;
  private Arquivo arquivo;
  private StreamedContent scArquivo;
  private Upload upload;
  private String fullPath;
  String directoryOldName;
  String fileOldName;
  private String nomeLocalizar;
```

ATENÇÃO:
Este é o local no servidor onde serão gravados as pastas e os arquivos submetidos a upload.

continua

Listagem 45.3a A classe **ManterArquivosBean**.

continuação

```
private Integer index;
private String allowTypes;

@CompoundMenu //O metodo que executa o menu "Download" (publico externo).
public void iniciarPaginaDownloads(){
  Log.setLogger(ManterArquivosBean.class, "modulo download - publico externo",
     Level.INFO, null);
  FacesUtil.resetBeans(null);
  visibilidade = "pubExterno"; //Visibilidade: Inicializa o UC para o publico externo.
  this.listarArquivos();
}

@CompoundMenu //Executa "Administracao/Ferramentas/Manter Arquivos" (publico interno).
public void iniciarManterArquivos(){
  Log.setLogger(ManterArquivosBean.class, "modulo download - publico interno",
     Level.INFO, null);
  FacesUtil.resetBeans("manterArquivosBean"); //Reseta todos os beans, exceto este.
  visibilidade = "pubInterno"; //Visibilidade: Inicializa o UC para o publico interno.
  this.listarArquivos();
}


public void listarArquivos(){
  String resourceFiles = RESOURCE;

  if(visibilidade.equals("pubInterno")){

    /* Verifica se o path existe no servidor, se nao existir, cria-o.
     * path = O caminho relativo do aplicativo, onde estao arquivos ("/resources/files").
     * fullResourceFiles = "C:\meuServidor\meuAplicativo\...."
     * - O caminho completo do servidor onde possam estar os arquivos.*/
    if(!FileUtil.isExisteFileOrDir(resourceFiles)){
      FileUtil.criarDiretorio(resourceFiles);
    }

    /* O retorno eh condicional:
     * - Se a visibilidade for "pubInterno", apresenta a lista de arquivos.
     * - Se a visibilidade for "pubExterno", apresenta a pagina de dowload publica. */
    FacesUtil.redirect("/pages/adm/manterArquivos/listaArquivos");

  }else{
    FacesUtil.redirect("/pages/home/homeDownload");
  }
}

List<Arquivo> getListaArquivos(String fullPathFile, List<Arquivo> listaArquivos) {
     File dir = new File(fullPathFile);
     String lista[] = dir.list();
     if(lista != null){
     Long l = 1L;
         for(String strArq:lista){
          File file = new File(fullPathFile + "/" + strArq);
          Arquivo arquivo = new Arquivo();
          if(file.isFile()){
            arquivo.setId(l);
            arquivo.setName(file.getName());
            arquivo.setSize((double) file.length()/1000);
            listaArquivos.add(arquivo);
            l++;
          }
         }
     }
```

continua

Listagem 45.3b A classe **ManterArquivosBean**.

continuação

```
     Collections.sort(listaArquivos, new Comparator<Arquivo>() {
       @Override
    public int compare(Arquivo c1, Arquivo c2) {
           return (c1.getName().compareTo (c2.getName()));
        }
     });
  return listaArquivos;
}

/*--------------------
 * OPERACOES COM PASTAS
 --------------------*/
public void setarPasta(javax.faces.event.AjaxBehaviorEvent event){
    Map<String, Object> map = event.getComponent().getAttributes();
    path = (Path) map.get("value");
    if(path == null){
       fullPath = null;
    }else{
       fullPath = RESOURCE + path.getName();
    }
}

public void chamarIncluirOuAlterarPasta(String op){
  /* op = "1" = new
   * op = "2" = edit*/
  if(op.equals("1" )) {
   path = new Path();

  }else{
   directoryOldName = path.getName();
  }
  PrimeFaces.current().ajax().update("formFolder");
  PrimeFaces.current().executeScript("PF('dlgFolder').show()");
}

public void incluirOuAlterarPasta(){
  try{
   if(!FileUtil.isExisteFileOrDir(RESOURCE + path.getName())){
     if(path.getId() == null){
      FileUtil.criarDiretorio(RESOURCE + path.getName());

      //Atualiza a lista de paths e mostra mensagem de sucesso.
      path.setId(Long.valueOf(String.valueOf(paths.size()+1)));
      paths.add(path);;
      dialogBean.addMessage(FacesUtil.getMessage("MAR020"), DialogType.INFO_CLOSABLE,null);

     }else{
      //se modificou, salva o novo nome
      FileUtil.renomearFileOrDir(RESOURCE + directoryOldName, RESOURCE + path.getName());
      dialogBean.addMessage(FacesUtil.getMessage("MAR023"), DialogType.INFO_CLOSABLE,null);
     }

   }else{
     //ver se modificou o nome do path
     if(!path.getName().equals(directoryOldName)){
      dialogBean.addMessage(FacesUtil.getMessage("MAR024"), DialogType.INFO_CLOSABLE,null);
      return;
     }
   }
   PrimeFaces.current().ajax().update("formArquivos:selectPasta");
   closeDlgFolder();
```

continua

Listagem 45.3c A classe **ManterArquivosBean**.

continuação

```
    } catch (FileNotFoundException e) {
      dialogBean.addMessage(FacesUtil.getMessage("MGL074"), DialogType.INFO_CLOSABLE,null);

    } catch (IOException e) {
      dialogBean.addMessage(FacesUtil.getMessage("MGL074"), DialogType.INFO_CLOSABLE,null);
    }
  }

  public void cancelarIncluirOuAlterarPasta(){
     closeDlgFolder();
  }

  void closeDlgFolder(){
    PrimeFaces.current().executeScript("PF('dlgFolder').hide();");
  }

  public String confirmarExcluirPasta(){
    String[] params = {path.getName()};
    dialogBean.addConfirmMessage(FacesUtil.getMessage("MAR025",params),
       "manterArquivosBean.excluirPasta", null, ":formArquivos");
    return null;
  }

  public void excluirPasta(){
    FileUtil.excluirDiretorio(RESOURCE + path.getName());

    //Atualiza a lista de paths e mostra mensagem de sucesso.
    Iterator<Path> it = paths.iterator();
    while (it.hasNext()) {
       Path p = it.next();
       if (p.equals(path)){
          it.remove();
          continue;
       }
    }
    path = null; //permite retornar ao estado atual do selectOne ([SELECT]).
    this.getPaths();
  }

  public List<Path> getPaths() {
    paths = new ArrayList<Path>();
    String resourceFiles = RESOURCE;

    //Listando todos as pastas no diretorio de fullResourceFiles...
    List<String> lista = FileUtil.listarDiretorios(resourceFiles);
    Long l =1L;
    for(String str : lista){
      Path path = new Path();
      path.setId(l);
      path.setName(str);

      //buscando os arquivos em cada path...
      List<Arquivo> listaArquivos = new ArrayList<Arquivo>();
      path.setListaArquivos(this.getListaArquivos(
         resourceFiles + path.getName(), listaArquivos));
      paths.add(path);
      l++;
    }
    return paths;
  }
```

continua

Listagem 45.3d A classe **ManterArquivosBean**.

continuação

```java
/*-----------------------
 * OPERACOES COM ARQUIVOS
 ----------------------*/
public void chamarRenomearArquivo(){
  index = Integer.valueOf(FacesUtil.getParam("index")); //pegando o index da view
  fileOldName = arquivo.getName();
  PrimeFaces.current().ajax().update("formRenFile");
  PrimeFaces.current().executeScript("PF('dlgRenFile').show();");
}

public String renomearArquivo(){
  try {
    String oldName = fileOldName;
    String newName = arquivo.getName();
    int posO = oldName.lastIndexOf("."); //Pega extensao original do arquivo.
    int posN = newName.lastIndexOf("."); //Pega extensao digitada pelo usuario.

    //Verifica se usuario digitou extensao.
    if(posN != -1){
      newName = newName.substring(0,posN) + oldName.substring(posO);
    }else{
      newName = newName + oldName.substring(posO);
    }
    arquivo.setName(newName);

    //atualizando ao veiw
    path.getListaArquivos().set(path.getListaArquivos().indexOf(arquivo), arquivo);
    FileUtil.renomearFileOrDir(RESOURCE + path.getName() + "/" +
        oldName, RESOURCE + path.getName() + "/"  + newName);

    closeDlgRenFile();
    dialogBean.addMessage(FacesUtil.getMessage("MAR026"), DialogType.INFO_CLOSABLE,null);
  } catch (FileNotFoundException e) {
    dialogBean.addMessage(FacesUtil.getMessage("MGL073"), DialogType.INFO_CLOSABLE,null);
  } catch (IOException e) {
    dialogBean.addMessage(FacesUtil.getMessage("MGL073"), DialogType.INFO_CLOSABLE,null);
  }
  return null;
}

public void cancelarRenomearArquivo(){
  closeDlgRenFile();
}

void closeDlgRenFile(){
  PrimeFaces.current().executeScript("PF('dlgRenFile').hide();");
  updateRow();
}
//Este metodo possibilita dar um update apenas na linha da tabela pessoa.
public void updateRow() {
  if(index != null){
    FacesContext ctx = FacesContext.getCurrentInstance();
    DataTable dataTable = (DataTable)
       ctx.getViewRoot().findComponent("formArquivos:tableArquivos");
    PrimeFaces.current().ajax().update(dataTable.getClientId(ctx)+ ":"
       + index + ":pnlName");
  }
}

public String confirmarExcluirArquivo(){
  String[] params = {arquivo.getName()};
```

continua

Listagem 45.3e A classe **ManterArquivosBean**.

continuação

```
    dialogBean.addConfirmMessage(FacesUtil.getMessage("MAR027",params),
       "manterArquivosBean.excluirArquivo", null, ":formArquivos");
    return null;
  }

  public void excluirArquivo(){
    try {
      FileUtil.excluirArquivo(RESOURCE + path.getName() + "/" + arquivo.getName());

      //Atualiza a lista de paths e mostra mensagem de sucesso.
      Iterator<Arquivo> it = path.getListaArquivos().iterator();
      while (it.hasNext()) {
         Arquivo a = it.next();
         if (a.equals(arquivo)){
           it.remove();
           continue;
         }
      }

    } catch (FileNotFoundException e) {
      dialogBean.addMessage(FacesUtil.getMessage("MGL073"), DialogType.INFO˘CLOSABLE,null);
    } catch (IOException e) {
      dialogBean.addMessage(FacesUtil.getMessage("MGL073"), DialogType.INFO˘CLOSABLE,null);
    }
  }

  public void chamarLocalizarArquivos(){
    PrimeFaces.current().ajax().update("formLocalizar");
    PrimeFaces.current().executeScript("PF('dlgLocalizar').show()");
  }

  public void cancelarLocalizarArquivos(){
    PrimeFaces.current().executeScript("PF('dlgLocalizar').hide()");
    nomeLocalizar = null;
  }

  public void localizarArquivos(){
    if(nomeLocalizar.length() < 3){
      dialogBean.addMessage(
         "Digite um minimo de 3 caracteres para a pesquisa.", DialogType.INFO˘CLOSABLE);
      return;
    }

    this.getPathLocalizaArquivos(nomeLocalizar);
    PrimeFaces.current().ajax().update("formArquivos:tableArquivos");
    PrimeFaces.current().executeScript("PF('dlgLocalizar').hide()");
  }

  void getPathLocalizaArquivos(String nomeArquivo){
    List<Arquivo> listaArquivos = new ArrayList<Arquivo>();
    for(Path p:paths){
      for(Arquivo a:p.getListaArquivos()){
        if(a.getName().toLowerCase().contains(nomeArquivo.toLowerCase())){
          listaArquivos.add(a);
        }
      }
    }
    path.setListaArquivos(listaArquivos);
  }
```

continua

Listagem 45.3f A classe **ManterArquivosBean**.

continuação

```
public StreamedContent getScArquivo() {
  try {
        String fullFile = RESOURCE + path.getName() + "/" + arquivo.getName();

        scArquivo = new DefaultStreamedContent(
         FileUtil.getInputStream(fullFile),
         FileUtil.getMimeType(fullFile),
         arquivo.getName()
        );
    return scArquivo;

  } catch (Exception e) {
    e.printStackTrace();
  }
  return null;
}

/*-------------------
 * UPLOAD DE ARQUIVOS
 ------------------*/
public void chamarUpload(){ //Inicializa o componente Upload em modo FILE.

  allowTypes =
"/(\\.|\\/)(gif|jpe?g|png|pdf|zip|jar|xml|xhtml|html|css|js|txt|mp3|doc|doc|xls|xlsx)$/";

  upload = new Upload(
     dialogBean,
     UploadMode.FILE_SERVER,
     fullPath,
     "manterArquivosBean.atualizeAposUpload", //a acao que serah executada apos o upload
     false);
}

public void atualizeAposUpload(){

  //buscando os arquivos em cada path...
  List<Arquivo> listaArquivos = new ArrayList<Arquivo>();
  path.setListaArquivos(this.getListaArquivos(RESOURCE + path.getName(), listaArquivos));

  paths.set(paths.indexOf(path), path);
  PrimeFaces.current().ajax().update("formArquivos:tableArquivos");
}

/*----------------
 * get/set simples
 ---------------*/
```

Listagem 45.3g A classe **ManterArquivosBean**.

Fim do Laboratório 45.2

Páginas da Camada View

Laboratório 45.3

Sob a pasta *src/main/webapp/pages/adm*, crie mais uma com o nome *manterArquivos* e, dentro dela, as páginas **listaArquivos.xhtml, dlgFolder.xhtml, dlgLocalizar.xhtml e dlgRenFile.xhtml,** conforme codificação a seguir...

```
<ui:composition xmlns="http://www.w3.org/1999/xhtml"
 template="/WEB-INF/layout/template.xhtml"
 xmlns:ui="http://java.sun.com/jsf/facelets"
 xmlns:h="http://java.sun.com/jsf/html"
 xmlns:f="http://java.sun.com/jsf/core"
 xmlns:p="http://primefaces.org/ui"
 xmlns:a="http://java.sun.com/jsf/composite/components">

 <ui:param name="pageTitle" value="#{msg.MAR003}"/>

 <ui:define name="content">
   <h:form id="formArquivos">
     <p:outputLabel value="#{msg.MAR018}"/> <br/>
      <h:panelGrid columns="2" id="panel1">
      <h:panelGrid columns="7" id="grid1">
      <p:selectOneMenu id="selectPasta" value="#{manterArquivosBean.path}"
       converter="objectConverter" effect="fade" >
       <p:ajax event="change"
          listener="#{manterArquivosBean.setarPasta}"  update="@form" />
       <f:selectItem itemLabel="[SELECIONE]" itemValue=""/>
             <f:selectItems value="#{manterArquivosBean.paths}" var="path"
           itemLabel="#{path.name}" itemValue="#{path}"/>
        </p:selectOneMenu>

        <p:commandButton
          action="#{manterArquivosBean.chamarIncluirOuAlterarPasta('1')}"
          icon="ui-icon-circle-plus"  styleClass="imgButton"
          title="#{msg.MAR019}" onclick="PF('dlgLoader').show()"
          oncomplete="PF('dlgLoader').hide()"/>

        <p:commandButton
          action="#{manterArquivosBean.chamarIncluirOuAlterarPasta('2')}"
          title="#{msg.MAR021}"   icon="ui-icon-pencil"
          styleClass="imgButton"  disabled="#{manterArquivosBean.path == null}"
          onclick="PF('dlgLoader').show()"  oncomplete="PF('dlgLoader').hide()"/>

        <p:commandButton
          icon="ui-icon-trash"  styleClass="imgButton"
          disabled="#{manterArquivosBean.path == null}"
       title="#{msg.MAR022}"    action="#{manterArquivosBean.confirmarExcluirPasta}"
       immediate="true">
      </p:commandButton>

      <p:commandButton
       icon="ui-icon-arrowreturn-1-n"   style="width:18px;height:18px;border:none;"
       title = "#{msg.MAR004}"  action="#{manterArquivosBean.chamarUpload}"
       disabled="#{manterArquivosBean.path == null}"/>

      <p:commandButton
       icon="ui-icon-search" style="width:18px;height:18px;border:none;"
       title="#{msg.CGL047}" action="#{manterArquivosBean.chamarLocalizarArquivos}"
       disabled="#{manterArquivosBean.path == null}"/>
     </h:panelGrid>
     </h:panelGrid>
```

continua

Listagem 45.4a A página **listaArquivos.xhtml**.

continuação

```

    <p:dataTable id="tableArquivos"
      emptyMessage="#{msg.MGL026}"
      var="arquivo"  rowIndexVar="index"
      value="#{manterArquivosBean.path.listaArquivos}"
      paginator="true" rows="10" pageLinks="7"
      style="width:550px;"  paginatorPosition="bottom"
      paginatorAlwaysVisible="true">

    <f:facet name="header">#{msg.MAR008}</f:facet>

    <p:column headerText="#{msg.MAR002}">
      <p:outputPanel id="pnlName">
        <div align="left"><h:outputText value="#{arquivo.name}"/></div>
      </p:outputPanel>
    </p:column>

    <p:column style="width:60px;" headerText="Kb">
        <div align="right"><h:outputText value="#{arquivo.size}"/></div>
    </p:column>

    <p:column style="width:85px;" headerText="#{msg.CGL004}">
      <p:commandButton icon="ui-icon-trash" style="width:18px;height:18px;border:none;"
        title="#{msg.CGL032}"  action="#{manterArquivosBean.confirmarExcluirArquivo}">

        <f:setPropertyActionListener value="#{arquivo}"
          target="#{manterArquivosBean.arquivo}"/>
      </p:commandButton>

      <p:commandButton
        icon="ui-icon-pencil" style="width:18px;height:18px;border:none;"
        title="#{msg.MAR006}" action="#{manterArquivosBean.chamarRenomearArquivo}">
        <f:param name="index" value="#{index}" />

        <f:setPropertyActionListener value="#{arquivo}"
          target="#{manterArquivosBean.arquivo}"/>
      </p:commandButton>

      <p:commandButton
        icon="ui-icon-arrowreturn-1-s" style="width:18px;height:18px;border:none;"
        title="Download"   ajax="false">
        <f:setPropertyActionListener value="#{arquivo}"
            target="#{manterArquivosBean.arquivo}"/>
        <p:fileDownload value="#{manterArquivosBean.scArquivo}"/>
      </p:commandButton>
    </p:column>
   </p:dataTable>
  </h:form>

  <ui:include src="dlgFolder.xhtml"/>
  <ui:include src="dlgRenFile.xhtml"/>
  <ui:include src="dlgLocalizar.xhtml"/>

  <!-- O componente a:upload deve ser colocado por fora de qualquer form-->
  <a:upload
   bean="#{manterArquivosBean}" allowTypes="#{manterArquivosBean.allowTypes}"
   label="#{msg.MAR013}" invalidFileMessage="#{msg.MGL020}"
   invalidSizeMessage="#{msg.MAR009}"  writherPath="#{manterArquivosBean.fullPath}"/>

 </ui:define>
</ui:composition>
```

Listagem 45.4b A página **listaArquivos.xhtml**.

```
<ui:fragment xmlns="http://www.w3.org/1999/xhtml"
  xmlns:ui="http://java.sun.com/jsf/facelets"
  xmlns:h="http://java.sun.com/jsf/html"
  xmlns:f="http://java.sun.com/jsf/core"
  xmlns:p="http://primefaces.org/ui"
  xmlns:a="http://java.sun.com/jsf/composite/components">

  <p:dialog draggable="true"  hideEffect="explode"  appendTo="@(body)"  modal="true"
   widgetVar="dlgFolder" header="CRIAR/EDITAR PASTA" width="350"  height="100"
   closable="false" resizable="false" style="-webkit-user-select: none;cursor:pointer;">

   <center>
    <h:form id="formFolder">
     <p:outputPanel>
      <br/>
      <p:outputLabel value="#{msg.MAR029}:"/><br/>
      <p:inputText label="#{msg.MAR029}"  value="#{manterArquivosBean.path.name}"
       maxlength="35" size="35"  required="true"/>
      <a:status/>
      <h:panelGrid columns="2">
       <p:commandButton icon="ui-icon-disk" title="#{msg.CGL066}"  styleClass="imgButton"
        action="#{manterArquivosBean.incluirOuAlterarPasta}" onclick="PF('dlgLoader').show()"
        oncomplete="PF('dlgLoader').hide()"/>

       <p:commandButton value="Cancelar"  immediate="true"
        action="#{manterArquivosBean.cancelarIncluirOuAlterarPasta}"/>
      </h:panelGrid>
     </p:outputPanel>
    </h:form>
   </center>
  </p:dialog>
</ui:fragment>
```

Listagem 45.5 O fragmento de página **dlgFolder.xhtml**.

```
<ui:fragment xmlns="http://www.w3.org/1999/xhtml"
  xmlns:ui="http://java.sun.com/jsf/facelets"
  xmlns:h="http://java.sun.com/jsf/html"
  xmlns:f="http://java.sun.com/jsf/core"
  xmlns:p="http://primefaces.org/ui"
  xmlns:a="http://java.sun.com/jsf/composite/components">

  <p:dialog draggable="true"   hideEffect="explode"   appendTo="@(body)"  modal="true"
   widgetVar="dlgRenFile"  header="RENOMEAR ARQUIVO"  width="350"  height="100"
   closable="false" resizable="false" style="-webkit-user-select: none;cursor:pointer;">

   <center>
    <h:form id="formRenFile">
     <br/>
     <p:outputLabel value="#{msg.MAR002}:"/><br/>
     <p:inputText label="#{msg.MAR002}"  value="#{manterArquivosBean.arquivo.name}"
      maxlength="35"  size="35"  required="true"/>
     <a:status/>
     <p:commandButton icon="ui-icon-disk"  title="#{msg.CGL066}"  styleClass="imgButton"
      action="#{manterArquivosBean.renomearArquivo}"/>

     <p:commandButton  value = "Cancelar"   immediate="true"
      action="#{manterArquivosBean.cancelarRenomearArquivo}"/>
    </h:form>
   </center>
  </p:dialog>
</ui:fragment>
```

Listagem 45.6 O fragmento de página **dlgRenFile.xhtml**.

```
<ui:fragment xmlns="http://www.w3.org/1999/xhtml"
 xmlns:ui="http://java.sun.com/jsf/facelets"
 xmlns:h="http://java.sun.com/jsf/html"
 xmlns:f="http://java.sun.com/jsf/core"
 xmlns:p="http://primefaces.org/ui"
 xmlns:a="http://java.sun.com/jsf/composite/components">

 <p:dialog widgetVar="dlgLocalizar" header="#{msg.CGL047}" modal="true" appendTo="@(body)"
  width="400" hideEffect="explode" resizable="false" closable="false">

  <h:form id="formLocalizar">
   <center>
    <br/>
    <h:panelGrid columns="2" columnClasses="right,left">
     <h:outputLabel value="Nome do arquivo" />
     <h:inputText label="#{msg.CGL056}" size="35"
      value="#{manterArquivosBean.nomeLocalizar}" required="true" />
    </h:panelGrid>
    <br/>
    <p:commandButton icon="ui-icon-search" title="#{msg.CGL047}"
     oncomplete="PF('dlgLoader').hide();" onclick="PF('dlgLoader').show()"
     action="#{manterArquivosBean.localizarArquivos}" />

    <p:commandButton value="#{msg.CGL014}" immediate="true"
     action="#{manterArquivosBean.cancelarLocalizarArquivos}" />
   </center>
   <br/>
  </h:form>

  <f:facet name="footer">
   Digite o nome do arquivo e pressione o botão "Localizar" (pasta corrente).
  </f:facet>
 </p:dialog>
</ui:fragment>
```

Listagem 45.7 O fragmento de página **dlgLocalizar.xhtml**.

Sob a pasta *src/main/webapp/pages/home*, crie a página **homeDownload.xhtml**, conforme o código a seguir...

```
<ui:composition xmlns="http://www.w3.org/1999/xhtml"
 template="/WEB-INF/layout/template.xhtml"
 xmlns:ui="http://java.sun.com/jsf/facelets"
 xmlns:h="http://java.sun.com/jsf/html"
 xmlns:f="http://java.sun.com/jsf/core"
 xmlns:p="http://primefaces.org/ui"
 xmlns:a="http://java.sun.com/jsf/composite/components">

 <ui:param name="pageTitle" value="#{msg.MAR008}"/>

   <ui:define name="content">
    <h:form>
      <h:outputText value="#{msg.MAR031}" styleClass="inoutput"/><br/>
      <h:outputText value="#{msg.MAR032}" styleClass="inoutput"/><br/>

     <p:dataTable id="tablePaths" value="#{manterArquivosBean.paths}" var="path"
       paginatorPosition="bottom" style="width:520px;" rowIndexVar="indexPath">

     <p:column style="width:16px">
       <p:rowToggler />
     </p:column>
```

continua

Listagem 45.8a A página **homeDownload.xhtml**.

continuação

```
        <p:column headerText="#{msg.MAR017}" style="text-align:left;width:413px;">
          <h:outputText value="#{path.name}"/>
        </p:column>

        <p:rowExpansion>
          <p:dataGrid value="#{path.listaArquivos}" var="arquivo" paginator="true"
            rows="20" columns="1"  effectSpeed="fast" paginatorPosition="bottom">
            <p:column>
              <h:panelGrid columns="2" columnClasses="top80,top20">
                <h:commandLink title="Download"
                   style="text-decoration:none;font-weight: bold;">
                   <h:outputText value="#{arquivo.name}" />

                    <f:setPropertyActionListener value="#{path}"
                      target="#{manterArquivosBean.path}"/>

                    <f:setPropertyActionListener value="#{arquivo}"
                      target="#{manterArquivosBean.arquivo}"/>

                    <p:fileDownload value="#{manterArquivosBean.scArquivo}"/>
                 </h:commandLink>

                 <h:outputText value="#{arquivo.size} KB" />
              </h:panelGrid>
            </p:column>
          </p:dataGrid>
        </p:rowExpansion>

      </p:dataTable>
    </h:form>
  </ui:define>

</ui:composition>
```

Listagem 45.8b A página **homeDownload.xhtml**.

Fim do Laboratório 45.3

Teste

Laboratório 45.4

Coloque o WildFly para funcionar e acesse o aplicativo utilizando um browser qualquer e execute os passos que se seguem:

1. Clique no menu *Administração/Ferramentas/Show Case*. Na página que se abre, clique no **link da Lição 45** e, na página inicial do UC, perceba que não existe nenhuma pasta de arquivos disponível no servidor.

2. Vamos Criar uma pasta. Para tanto, clique no botão *Incluir pasta*, preencha os dados e clique *Salvar* (no exemplo criamos uma pasta com o nome *Meus Arquivos*).

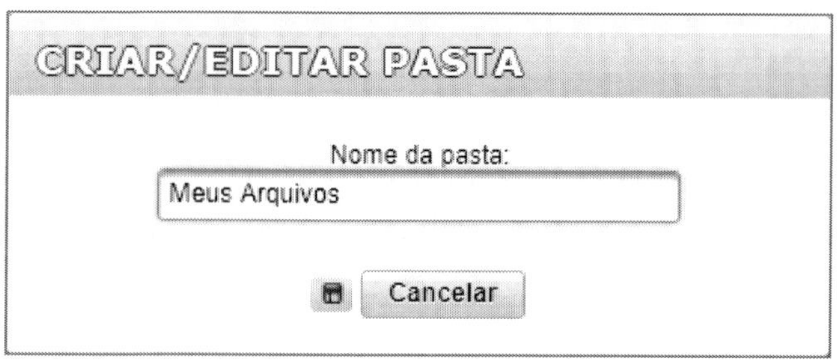

Figura 45.6 Criando pasta.

3. Selecione uma pasta (Meus Arquivos, recém criada) e veja que todos os botões são habilitados. Agora você poderá alterar o nome da pasta ou até excluí-la.
4. Com a pasta selecionada, clique no botão Upload e selecione um arquivo qualquer para realizar o upload. Após a submissão do arquivo escolhido, perceba que a lista sofre um update de forma automática e o nome desse arquivo irá aparecer na lista.
5. Navegue até *C:/uniappFiles/Meus Arquivos* (ou a pasta que você criou) e veja que o arquivo realmente foi parar lá.
6. OK, acabamos de testar o módulo do PÚBLICO INTERNO. Você poderá adicionar este módulo no menu do aplicativo, Para tanto, acesse o módulo **Manter Menus**, disponível em *Administração/Ferramentas/ Manter Menus*. Faça isto agora, se tiver dúvidas recorra à Lição 41, adicionando um menu para o módulo de modo que ele fique enquadrado dentro de *Administração/Ferramentas*, tendo o cuidado de setar o método correto.
7. Acione agora o menu *Download* e perceba que existe um arquivo disponível para download.

Fim do Laboratório 45.4

Parabéns!

Você concluiu todas as lições do livro. Visite o site ***www.amazu.eti.br*** *e obtenha gratuitamente outros módulos para o aplicativo e customize o seu BlankApp.*

"A experiência nunca falha, apenas as nossas opiniões falham, ao esperar da experiência aquilo que ela não é capaz de oferecer."

Leonard da Vinci

Palavras Finais

A você que concluiu os estudos do Volume III, parabéns. Não há dúvidas de que adquiriu para si conhecimentos de programação de dados e noções de desenvolvimento de software com as fantásticas ferramentas da Linguagem Java. Cabe agora se aprofundar um pouco mais para não ficar estagnado, pois na seara da Tecnologia da Informação o conhecimento se modifica a cada dia que passa, fazendo com que o incauto se esforce um pouco mais que os outros, na atualização e exploração de novas ferramentas que surgem a cada segundo!

De minha parte, acredito ter feito um bom trabalho, no sentido de mostrar as principais tecnologias e como os engenheiros de software hoje estão lidando com elas, com as versões mais modernas de cada uma. Existe uma preocupação constante com a evolução dessas ferramentas e uma enxurrada de estudos a respeito delas, basta dar uma olhada na internet para comprovar. É por isto que os três volumes desta obra deu um trabalho enorme para ser finalizado, pois também tive a mesma preocupação em colocar as últimas versões das ferramentas, atualizando-as também. Por causa disto, o livro passou por várias revisões, às vezes mudando radicalmente a abordagem, evidentemente não esgotou o assunto, haja vista a vastidão tecnológica existente, e até porque a imaginação não tem limites — o desenvolvedor é quem as delimita.

O Volume I introduziu os estudos começando bem do básico, desde um simples Hello World até a configuração de componentes mais avançados, preparando o leitor para os estudos do Volume II, que trouxe a modelagem de bancos de dados com Java Persistence API. Este Volume III mostrou a confecção de um aplicativo utilizando o modelo de engenharia por Casos de Uso, evidentemente a parte prática, sem levar em conta a engenharia de requisitos e toda a parafernália envolvida. A metodologia utilizada para o aprendizado nos três volumes desta obra foi a de "Prática de Laboratório", em forma sequencial e evolutiva, o que propiciou maior segurança na construção do código-fonte e na aquisição do conhecimento.

Obrigado por adquirir o meu livro. Tenho a plena convicção de que se o que procurava era "aprender" a construir software relevante, aqui o encontrou, entretanto, caso o leitor deseje se aprofundar um pouco mais, é mister que ele adquire os outros dois volumes, pois nada pode impedir que as portas do saber permaneçam abertas.

Que venham novos desafios!

Brasília, 09 de julho de 2018.

Alan S C Mazuco

APÊNDICE

APÊNDICE

Dando Partida com o Arquivo *blankApp-volume-II.zip*

Se você não executou os laboratórios dos Volumes I e II desta obra, poderá realizar os passos abaixo para a configuração do projeto **BlankApp** no seu computador, visto que todos os laboratórios deste Volume III pressupõe a existência desse projeto previamente configurado.

PASSO 1: Instalar as Ferramentas

Instale o **jdk** versão **1.8.0_172**. Se ainda não possui o Eclipse, faça o download em **https://www.eclipse.org/downloads/eclipse-packages/**, clicando no link *Eclipse IDE for Enterprise Java Developers*. A última versão, enquanto trabalhava na redação deste apêndice era a 2019-06-R. O nome do arquivo a ser baixado é **eclipse-jee-2019-06-R-win32-x86_64.zip** (versão para Windows). Você poderá consultar os volumes I e II desta obra, caso tenha alguma dúvida sobre o processo.

Instale o plugin **Ansi Escape in Console** no Eclipse.

Baixe o WildFly (**wildfly.org**), que embora já existam as versões 12 até a 17, deverá ser, obrigatoriamente, a versão 11. O arquivo a ser baixado é **wildfly-11.0.0.Final.zip.**

Depois de equalizar a JVM do Eclipse para a JDK (e não JRE) do seu Java, instale o adaptador do servidor WildFly (JBoss Tools) e configure o servidor convenientemente. Todos os passos para a execução dessas tarefas podem ser vistas, passo-a-passo, no Volume I desta obra.

PASSO 2: Baixar o Arquivo blankApp-volume-II.zip

Visite o site www.amazu.eti.br (ou www.amazu.com.br) e baixe o arquivo blankApp-volume-II.zip. Faça isto clicando no menu *Download*. Com a lista de arquivos aberta, clicar no ícone "toogle" ...

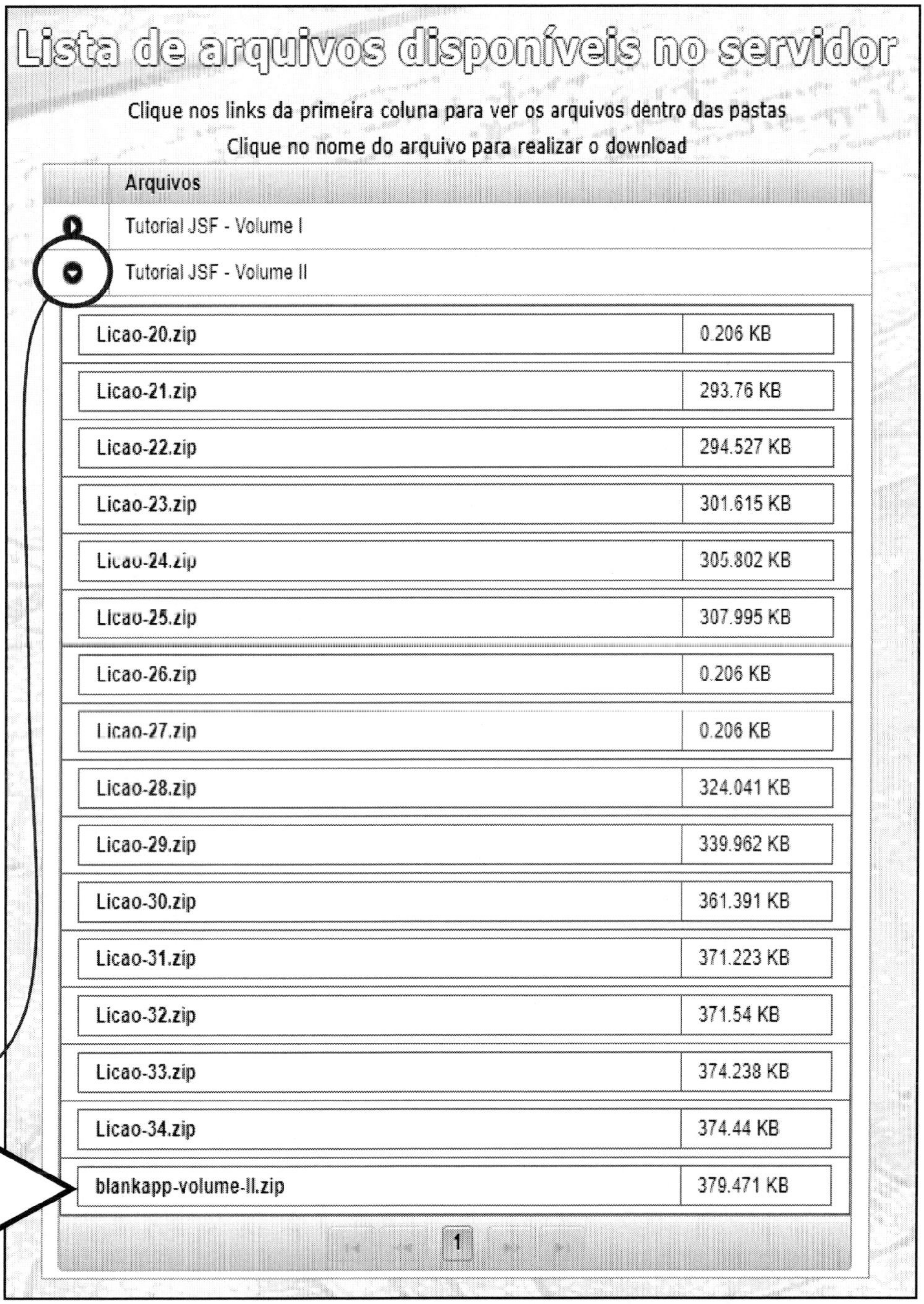

Baixar este arquivo.

Aguardar até que todos os arquivos apareçam.

PASSO 3: Descompactar o arquivo blankApp-volume-II.zip

Descompactar o arquivo blankApp-volume-II.zip para dentro do seu workspace, lembrando que seu workspace deverá estar vazio para realizar esta tarefa (na verdade, após a configuração do Eclipse você tem a pasta **.metada** dentro dele). Utilize o programa 7-Zip para isto, que é bem mais intuitivo, como mostramos no Volume I.

PASSO 4: Configurar o projeto no Eclipse

Abrir o Eclipse, já configurado como no passo 1.

Clicar no menu *File, Import* e abrir a pasta *Maven*. Dentro dela, acionar a opção *Existing Maven Project*.

Aperte o botão *Next* e localize a pasta **blankapp** (utilize o botão Browser) que você descompactou no passo anterior. No próximo passo selecione o arquivo **pom.xml**.

Clique no botão *Finish* e pronto!

Não se esqueça de dar o comando *Run as... Maven Build... Clean Install.*

Adicione o projeto no servidor WildFly (com o *database* já configurado, ver o Volume II).

TUDO PRONTO!

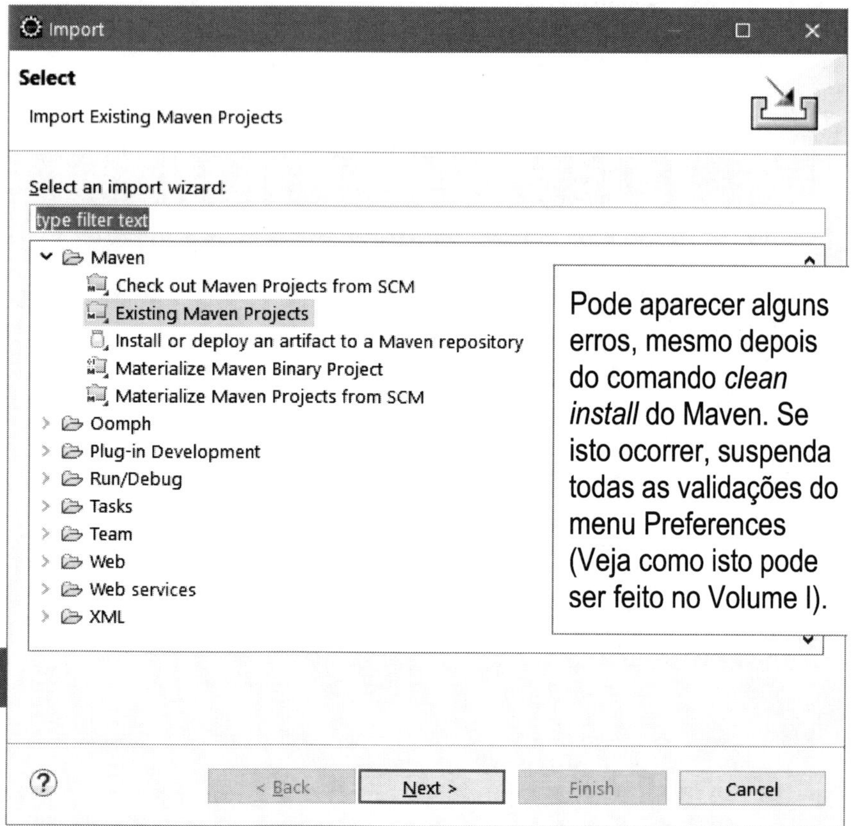

Pode aparecer alguns erros, mesmo depois do comando *clean install* do Maven. Se isto ocorrer, suspenda todas as validações do menu Preferences (Veja como isto pode ser feito no Volume I).

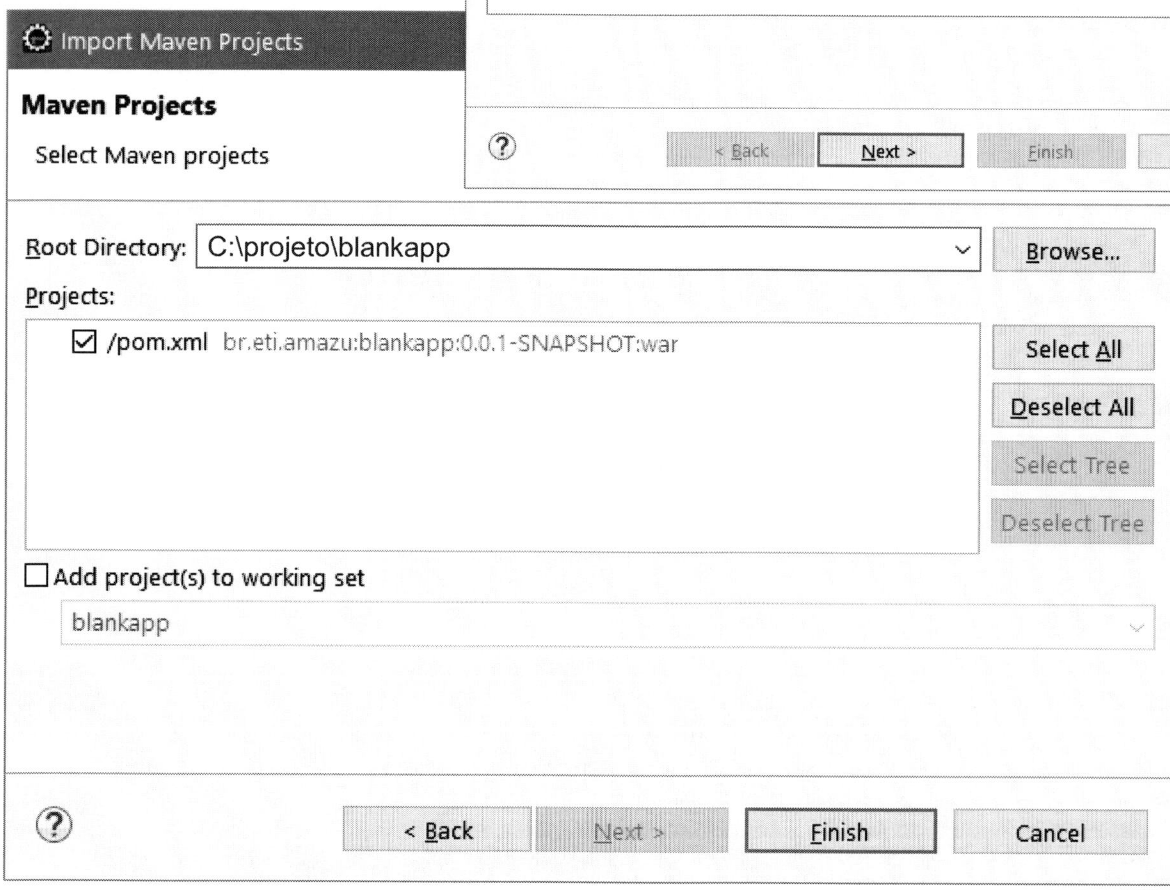

Bibliografia

AGÜERO, Martín; BALLEJOS, Luciana. *Dependency management in the cloud: An efficient proposal for Java*. In: Computer Conference (CLEI), 2017 XLIII Latin American. IEEE, 2017. p. 1-9.

BAUER, Christian; KING, Gavin. *Java Persistance with Hibernate*. Dreamtech Press, 2006.

BAUER, Christian; KING, Gavin. *Hibernate in action*. 2005.

BEAUDOIN-LAFON, Michel; MACKAY, Wendy. *Prototyping tools and techniques*. Human Computer Interaction-Development Process, pages 122–142, 2003. 49

BLOCH, Joshua. *Effective java*. Addison-Wesley Professional, 2017.

BOEKEL, Rafael Van. *Por dentro do PrimeFaces 2.2–artigo revista java magazine 93*. 2014.

BRAVO, M.. *Programação extrema*. http://www.agilcoop.org.br/poster, 2016. [Online; accessed 20-August-2016]. xiii, 111

CIVICI, Çağatay; DARÇIN, Y. *PrimeFaces Users Guide*. 2017.

CORDEIRO, Gilliard. *CDI: Integre as dependências e contextos do seu código Java*. Editora Casa do Código, 2014.

CUONG, Le Ba et. al. *JCIA: A Tool for Change Impact Analysis of Java EE Applications*. In: Information Systems Design and Intelligent Applications. Springer, Singapore, 2018. p. 105-114.

DA ROCHA, Helder. *JPA java persistence api*.

DE LUCA, Jeff et. al. *Java modeling in color with uml: Enterprise components and process*, 1999. 95.

DOYLE, Patrick R.; HEIDINGA, Daniel J.; VAARDAL, Bjoern. *Interface method resolution in object oriented programming models*. U.S. Patent n. 9,632,755, 25 abr. 2017.

EVANS, Nicholas D. *Business innovation and disruptive technology: Harnessing the power of breakthrough technology... for competitive advantage*. FT Press, 2003. xiii,118

EXÉRCITO BRASILEIRO. *Sistema de Gestão de Desempenho - SGD*. http://daprom.dgp.eb.mil.br/index.php/2017-01-25-11-35-04, 2014. [Online; accessed 13-april-2017]. 134

FINNEGAN, Ken. *JBoss Weld CDI for Java Platform*. Packt Publishing Ltd, 2013.

FOWLER, Martin; BECK Beck. *Refactoring: improving the design of existing code*. Addison-Wesley Professional, 1999. 135

FUGARO, Luigi. *WildFly Cookbook*. Packt Publishing Ltd, 2015.

HAMILTON, Marc. *Software development: building reliable systems*. Prentice Hall Professional, 1999. 99

JUNEAU, Josh. *Contexts and Dependency Injection*. In: Java EE 7 Recipes. Apress, Berkeley, CA, 2013. p. 497-516.

JUNEAU, Josh. *Java Web Applications with JavaServer Faces*. In: Java 9 Recipes. Apress, Berkeley, CA, 2017. p. 499-527.

KEITH, Mike; SCHINCARIOL, Merrick; NARDONE, *Massimo. Introduction. In: Pro JPA 2 in Java EE 8*. Apress, Berkeley, CA, 2018. p. 1-24.

LEE, Kent D. *Object-Oriented Programming. In: Foundations of Programming Languages*. Springer, Cham, 2017. p. 111-177.

PRESSMAN, Roger S.; MAXIM, Bruce R. *Software Engineering A practitioner's Aproach, 8th Edition*. McGral-Hill Education, 2016

RON, Juan Allo; COHEN, Ariel; CARRIL, Esteban Alejandro Capillo. *Request cache to improve web applications performance*. U.S. Patent Application n. 15/478,043, 22 mar. 2018.

ROWE, Lawrence A.; STONEBRAKER, Michael R. The *POSTGRES data model*. Readings in object-oriented database systems, p. 461-473, 1990.

SADEGHI, R.; SAMSON, W. B.; DEEN, S. Misbah. *HQL-A Historical Query Language*. In: BNCOD. 1988. p. 86.

SHAH, Sanjay. *Maven for Eclipse*. Packt Publishing Ltd, 2014.

TAKIZAWA, Ryota et al. *Performing External Join Operator on PostgreSQL with Data Transfer Approach*. In: Proceedings of the International Conference on High Performance Computing in Asia-Pacific Region. ACM, 2018. p. 271-277.

VARAKSIN, Oleg. *PrimeFaces Cookbook*. Packt Publishing Ltd, 2013.

WOLF, Dave; HENLEY, A. J. *Creating a Web Application*. In: Java EE Web Application Primer. Apress, Berkeley, CA, 2017. p. 27-29.

Tutorial JavaServer Faces com PrimeFaces, CDI e WildFly

VOL. 2

Autor: Alan Saulo da Costa Mazuco
256 páginas
1ª edição - 2019
Formato: 21 x 28
ISBN: 9788539910596

Tutorial JavaServer Faces com PrimeFaces, CDI e WildFly" é uma obra composta por três volumes, onde o autor revela, de forma didática e com um passo a passo, todos os segredos do desenvolvimento Java para a Web com as ferramentas mais modernas da Tecnologia da Informação.

O Volume I realiza toda a ambientação necessária e prepara a arquitetura básica para a criação de um sistema verdadeiramente corporativo.

O Volume II insere elementos de bancos de dados e o mapeamento objeto-relacional, criando um framework genérico de acesso a dados.

O Volume III complementa o desenvolvimento do sistema com a implementação de alguns casos de uso.

Mais de 200 laboratórios ao longo dos três volumes, onde o leitor irá adquirir a prática necessária para se tornar um verdadeiro desenvolvedor de sistemas Java.

Todos os arquivos necessários ao desenvolvimento são disponibilizados pelo autor em seu site pessoal.
www.amazu.com.br

À venda nas melhores livrarias.

EDITORA CIÊNCIA MODERNA

Impressão e acabamento
Gráfica da Editora Ciência Moderna Ltda.
Tel: (21) 2201 - 6662